中华现代学术名著丛书

中国天主教传教史概论

徐宗泽 著

商務印書館
创于1897
The Commercial Press

图书在版编目(CIP)数据

中国天主教传教史概论/徐宗泽著. —北京:商务印书馆,2015(2023.1重印)
(中华现代学术名著丛书)
ISBN 978-7-100-10070-0

Ⅰ.①中… Ⅱ.①徐… Ⅲ.①罗马公教—基督教史—中国 Ⅳ.①B979.2

中国版本图书馆CIP数据核字(2013)第135375号

中华现代学术名著丛书
中国天主教传教史概论
徐宗泽 著

商 务 印 书 馆 出 版
(北京王府井大街36号 邮政编码100710)
商 务 印 书 馆 发 行
北 京 通 州 皇 家 印 刷 厂 印 刷
ISBN 978-7-100-10070-0

2015年12月第1版 开本880×1240 1/32
2023年1月北京第2次印刷 印张9 插页1
定价:92.00元

徐 宗 泽

(1886—1947)

出版说明

百年前,张之洞尝劝学曰:“世运之明晦,人才之盛衰,其表在政,其里在学。”是时,国势颓危,列强环伺,传统频遭质疑,西学新知亟亟而入。一时间,中西学并立,文史哲分家,经济、政治、社会等新学科勃兴,令国人乱花迷眼。然而,淆乱之中,自有元气淋漓之象。中华现代学术之转型正是完成于这一混沌时期,于切磋琢磨、交锋碰撞中不断前行,涌现了一大批学术名家与经典之作。而学术与思想之新变,亦带动了社会各领域的全面转型,为中华复兴奠定了坚实基础。

时至今日,中华现代学术已走过百馀年,其间百家林立、论辩蜂起,沉浮消长瞬息万变,情势之复杂自不待言。温故而知新,述往事而思来者。“中华现代学术名著丛书”之编纂,其意正在于此,冀辨章学术,考镜源流,收纳各学科学派名家名作,以展现中华传统文化之新变,探求中华现代学术之根基。

“中华现代学术名著丛书”收录上自晚清下至20世纪80年代末中国大陆及港澳台地区、海外华人学者的原创学术名著(包括外文著作),以人文社会科学为主体兼及其他,涵盖文学、历史、哲学、政治、经济、法律和社会学等众多学科。

出版“中华现代学术名著丛书”，为本馆一大夙愿。自1897年始创起，本馆以“昌明教育，开启民智”为己任，有幸首刊了中华现代学术史上诸多开山之著、扛鼎之作；于中华现代学术之建立与变迁而言，既为参与者，也是见证者。作为对前人出版成绩与文化理念的承续，本馆倾力谋划，经学界通人擘画，并得国家出版基金支持，终以此丛书呈现于读者面前。唯望无论多少年，皆能傲立于书架，并希冀其能与“汉译世界学术名著丛书”共相辉映。如此宏愿，难免汲深绠短之忧，诚盼专家学者和广大读者共襄助之。

商务印书馆编辑部

2010年12月

凡 例

一、“中华现代学术名著丛书”收录晚清以迄20世纪80年代末，为中华学人所著，成就斐然、泽被学林之学术著作。入选著作以名著为主，酌量选录名篇合集。

二、入选著作内容、编次一仍其旧，唯各书卷首冠以作者照片、手迹等。卷末附作者学术年表和题解文章，诚邀专家学者撰写而成，意在介绍作者学术成就，著作成书背景、学术价值及版本流变等情况。

三、入选著作率以原刊或作者修订、校阅本为底本，参校他本，正其讹误。前人引书，时有省略更改，倘不失原意，则不以原书文字改动引文；如确需校改，则出脚注说明版本依据，以“编者注”或“校者注”形式说明。

四、作者自有其文字风格，各时代均有其语言习惯，故不按现行用法、写法及表现手法改动原文；原书专名（人名、地名、术语）及译名与今不统一者，亦不作改动。如确系作者笔误、排印舛误、数据计算与外文拼写错误等，则予径改。

五、原书为直（横）排繁体者，除个别特殊情况，均改作横排简体。其中原书无标点或仅有简单断句者，一律改为新式标点，专名号从略。

六、除特殊情况外，原书篇后注移作脚注，双行夹注改为单行夹注。文献著录则从其原貌，稍加统一。

七、原书因年代久远而字迹模糊或纸页残缺者，据所缺字数用“□”表示；字数难以确定者，则用“（下缺）”表示。

目　　录

《中国天主教传教史概论》叙略

本书论文，已载《圣教杂志》第二十五、六二卷中，读者以散漫零落，不得整个观念为恨，故促重编，汇为一册，亦化零为整之义也。惟杂志论文，迫于出版，每欠推敲：措辞也，说理也，布局也，考据也，凡一切关于质与量之方面，难免弊病；此书既集旧文，付印前又乏暇润饰，读者不弃拙陋，慨赐指正为盼。

徐宗泽

中华民国二十七年十一月追思已亡瞻礼日

第一章　开封犹太教

利玛窦首先研究犹太教　河南开封有犹太遗民，及犹太寺，利玛窦前，人多未注意及之，盖首先研究者利子也。利子在京，尝遇一犹太青年，因得知在开封有一犹太寺，及犹太人有十家或十二家，且尚保存五六百年之古圣经（Pentateuque）。利子乃出示希伯文圣经，该青年识经中文字而不能念诵。利子因教务羁身，又因路途迢远，不克亲往考察，三四年后，乃遣一华籍同会修士前去（参观Lettres Édifiantes et-curieuses，t. XXXI，1774 p. 297，译文附后）。此段记事与艾儒略所述大西利先生行迹，微有不同：

> 中州都会，原有教堂，乃如德亚国所传天主古教，适其教中艾孝廉计偕，入京造访利子，利子将天主经典一大全部，系如德亚原文，并翻译大西文字示之。艾君诵读其文，深喜而拜焉。艾子同袍张君，同访利子，谓汴梁昔有一教，名十字教，以奉天主为主。张孝廉亦奉教之后裔也，奈百年后多不得其传。利子以所佩十字架示之，张君一见，不禁泪下。是后利子遣从游黄明沙驰书访其实，果如二君之言，但不得其初来之详耳。

继而艾儒略　利子殁后，第二人研究犹太寺者是艾儒略；艾子学问渊博，人称为西来孔子。一六一三年，艾子奉长命往开封考察此事，但无相当之效果（参观 Lettres édifiantes，t. XXXI p. 300）。

以上所言犹太之发现乃取材于金尼阁所著：Trigaut，de expédit. Sinica，lib Ⅰ cap. Ⅱ，p. 118 及鲁德昭所著：Semedo Relationne della China. part Ⅰ. cap. 30 p. 193 二书；而 Lettres Édifiantes 乃综合诸教士之所记，另著开封犹太人记录一篇。

孟正气之调查最为详细　艾子之调查，未著功效，而骆保禄（P. Gozani）、孟正气（P. Dominge）之工作得其要领焉。骆公于一七〇四年十月五日致书于其同会士苏霖（P. Joseph Suarez），详述犹太寺之位置及圣经之情况（此函见 Lettres Édifiantes，译文附后），孟公曾居开封八阅月，一七二一年绘有犹太寺图二帧，一为寺之全图，一为寺之内容，惟其所绘之寺图，乃一六四三年水没后犹太人赵姓者所重建之寺（孟公所绘之寺图刻存 Bibliothèque du collège Ste Geneviève à Paris，余前年在英国耶稣会院所藏之 Lettres Édifiantes 书中亦见过是图）。

韩国英之研究　最后韩国英（P. Petrus-Martial Cibot）于一七七〇年十月二十八日，关于犹太寺亦有一长函致其法国之同会士，原函手本今尚存在耶稣会文献库中，其原文已刊布在一八七七年之法文 Etudes 杂志。

十九世纪之查访　十九世纪中叶访查犹太者有："一千八百五十年清道光三十年伦敦犹太布教会（London Society for Promoting Christianity Among the Jews）遣委员至开封调查，所得结果，香港史密斯（G. Smith）曾于一千八百五十一年咸丰元年在上海刊布（按此调查书英文名 The Jews at K'ae-fung-foo）。同年在开封犹太教堂所得之经典，亦在上海刊印。一千七百六十年清乾隆二十五年伦敦犹太商人尝用希伯来文致书问候开封同胞。一千八百六十七年同治二年奥国维也纳京城之商人李伯曼（J. L. Lieberman）尝至开封访查之。一千八百五十七年咸丰七年粤匪至开封，居民多逃散，犹太人多随之而逃亡。同治六年美人丁韪良（W. P. Martin）亦至其地访犹太教之遗迹，见寺已倾圮，片木无存，只见二碑立矗而已，与其人讲弥施诃降之事，咸蒙然罔觉云。”张星烺撰《中西交通史料汇篇》第四册二一页。

关于犹太教之研究书籍　开封犹太寺欧美人之研究者不少其人，且已有多书出版；惟其中最有价值之著述，当推十八世纪之天主教耶稣会士骆保禄、孟正气、宋君荣三人（Gaubil, Chronologie Chinoise p. 264）；十九世纪伦敦犹太布教委员会之调查，与美人丁韪良之论著亦不少新获之资料。一九〇〇年上海徐家汇管宜穆（P. Tobar）将前人研究之所获汇萃而著有法文本 Inscriptions juives de K'ai-fong-fou。此书允为善本，中文书有陈垣先生所撰之《开封一赐乐业教考》。

教碑　今欲考一赐乐业教，除上言之各著述外，有该教之碑三：一为弘治二年（一四八九年）重建清真寺记，二为正德七年（一五一二年）尊崇道德经寺记，三为康熙二年（一六六三年）重建清真寺记。

犹太人入中国　犹太人之入居中国，犹太寺之建造，教中之祭祀，信仰，礼仪，人物等等，碑上均有记载。犹太人何时入中国，论者不一其说：据弘治碑谓在宋时，据正德碑谓在汉时，据康熙碑谓在周时。三碑所记，既各不同，其孰从之。依陈垣先生言：“康熙碑所谓周时始传于中州者，似因弘治碑考之在周朝二句，及正德碑稽之周朝一句而云然，未必确有所见。”管司铎亦言康熙碑谓于周朝始传入者其说不确；其错误之故，因撰此碑记之刘昌诵前二碑时似欠注意，故有此误会焉。据骆保禄所记，谓“据若辈言，犹太人之来中国始于汉朝，初则子孙繁多，今已愈见减少”。见《圣教杂志》第二十卷第一期十八页。

又据盘老帝（P. Brotier）言，“犹太人入居中国之年代，彼等常以汉时始来一语，以答传教士。碑碣中亦载此说，恐在日路撒冷灭亡之后来中国也。”见《圣教杂志》第二十一卷第二期八十一页（译文原文见 Lettres édif, XXI. Rec. pp. 306. 366）。宋君荣则谓自周朝始来。（Traité sur la chronol. chinoise p. 264）宋公之误点亦因康熙碑故也。近人法国汉学家高尔第（H. Cordier）亦主张犹太人自汉始来，在日路撒冷毁灭之后，大约在汉明帝时经波斯而到中国。（见 L'Anthropol-ogie, sept-oct, 1890, n. 50, p. 549. et Encyclop. Lamirault, au mot China, Ⅵ Religions, Judaisme, vol. 11, p. 92.）

以上数家之言，虽无明确之史证，然十八世纪初之耶稣会士从犹太人相传下之自述，及其寺碑之记载而又旁证以日路撒冷犹太人之被逐，流徙各方之事证之，犹太人在汉时入中国，不无相当可信之事实作佐证也。

但陈垣先生以种种方法证明开封犹太族为非宋以前所至，断为元代始来；盖犹太族之见于汉文记载者，莫先于元，“元史文宗纪天历二年诏僧道，也里可温，术忽，合失蛮为商者，仍旧制纳税，术忽即犹太族也。”（《开封一赐乐业教考》）另一方面观察，陈先生亦说“汉以前已有犹太人曾至中国则可，谓开封犹太族为汉所遗留则不可。”又谓“唐末犹太人至中国有确证，然其人以贸易之故，由海道来往广州，不过侨寓一时，未必即为永住。是犹太人之至中国为一事，犹太人是否永住中国又为一事也。”

余按陈先生之意见是以科学式的史证，分别永居在开封之犹太人，与来中国暂寓经商之犹太人；故亦不否认日路撒冷灭亡时，犹太人民转徙于波斯、阿富汗及中亚细亚而至中国之可能。依此而论，陈先生之主张与西士所言汉时犹太人已到中国之说未尝不能融合焉。

犹太教经典　至论犹太教经典，据弘治碑谓“正经一部，五十三卷，”又言：“天顺年石斌，李荣，高鉴，张瑄，取宁波本教道经一部，宁波赵应捧经一部赍至汴梁归寺。”故云：“成化年高鉴、高锐、高铉自备资财增建后殿三间；明金五彩妆成，安置道经三部。”

正德碑谓“道经四部，五十三卷”，盖维扬金溥又请来一部。

康熙碑云：“殿中藏道经一十三经，方经散经各数十册”……“殿中原藏道经一十三部胥沦于水，虽获数部，止纂序为一部，众咸宗之，今奉上尊经龛之中。其左右之十二部乃水患后所渐次修理者也。”……“殿中旧藏道经十三部，壬午（一四六二年）胥沦于水。贡生高选捞获一部，教人李承俊捞获三部，赍至河北，聘请掌教，去其模糊，裁其漫坏，参互考订，止纂成全经一部，尊入龛中，教人宗之。其在左一部乃掌教李祯本旧经而重修之；其在右一部，乃满喇李承先重修之，其余十部乃渐次修整者也。”

准此：犹太寺初有道经一部，继又得宁波二部，维扬一部，终又增至十三部。一四六二年悉没于水；幸捞获十部，截长补短，纂成全经一部，卒又重修成十二部，仍为十三部。

此道经十三部，六部为上海誓反教于一八五一年购去，其记见同年八月十六日之 North-China Herald，其中一部刻存香港图书馆，其余五部据 J. Frim，The orphan. Colony，p. 56 一藏伦敦犹太布道会，一藏英京博物院（British Museum），一藏鲍伦博物院（Bodleian Museum），一藏牛津博物院，一藏剑桥图书馆。在英京博物院之道经，前年余曾见过，系一大捆羊革，诵阅须展开，经卷甚长。美人丁韪良于一八六六年曾购得二部，其一今藏美国耶鲁（Yale）图书馆；奥国维也纳图书馆亦保藏一部；上海徐家汇天主堂由传教河南之意籍教士亦购赠有一部，今寄藏欧西。尚有三部今无从知其存亡。（参

观管司铎所著 Inscriptions juives de K'ai-fong-fou pp. 93—98)

除道经外，康熙碑尚言有方经散经数十册。方经散经之为物，骆保禄在其书信曾有所言："寺中又置箱匣数只，内藏经本多种，道经与其教律在焉，盖为教人祈祷所用之本也；经文皆希伯来语，其中除数本新订者外，大半皆陈旧破碎；然皆什袭珍藏，故箱匣莫不金碧辉煌也。"见《圣教杂志》第二十卷第一期十六页又孟正气记："除上述道经外，中国犹太人尚有其他经典，惟彼等只尊梅瑟五经为道经，其他称为散经方经；散经方经者即为若苏亚经，判官经，列王经及先知之经是也。"见《圣教杂志》第二十一卷第一期二十四页准此：方经散经，乃言除梅瑟之经外，古经中之别种经及犹太教之教律教规，教礼，祈祷经书也。至欲详细研究此题，North-China Herald de Shanghaí N:55. 16 Août 1851 报有一篇甚长之报告书，管公在其法文本上亦有此译文；陈垣先生《开封一赐乐业教考》第九章，方经散经之内容，亦尝论及之。

一赐乐业教之性质　犹太人所奉之教是一赐乐业教，一赐乐业者希伯来民族(Peuple hébreux)即 Israël 之译音，今人译为义撒厄尔或以色列也；又名挑筋教，因其教律不准食牛羊之筋，以纪念雅各伯夜济雅博渡，遇一人，与之角力而伤筋也《创世纪》第三十二章第二十二节一赐乐业教与回教不同；回教奉穆汉默德为教主，而一赐乐业不然也。然人有混犹太教与回教者，因回教寺名清真，而一赐乐业教寺亦名清真；又犹太人诵经时必顶蓝帽，而回教人顶白帽；故人遂称蓝帽回回，白帽回回也。见《圣教杂志》第二十一卷第一期十九页。

然一赐乐业教究为何教？一赐乐业教者乃天主降生前之古教，即梅瑟之教会。由天主之默启而立，用以在义撒厄民族中保存天主之真教者也：梅瑟领义民出埃及，到西乃山，天主颁示十诫，及诸圣礼规，命犹民遵守。梅瑟又蒙天主默谕，著经五卷，将天主创造天地万物，元祖获罪被罚，主许默西亚来救人类，以及民众当守之诫命，当行之礼仪，一一详载于经。犹太民古时行割损礼，以自别于他民族而为入教之表记。其集会行敬礼之所曰西那高刻（Synagoga）即礼拜所。古教（梅瑟教或犹太教）之要素，是在信望将来救赎人类之默西亚，故所有许多仪礼亦惟表显其信望于将来之救世主。迨救世主既来救赎人类，则所信所望者已实践，而古教当即告终；盖古教不过为过渡而存在，及耶稣既立新教，则古教自然在当废之列；且如人再信古教，再行古教之礼，则不能容于圣教会而当受斥责者也。

今在开封之犹太教，乃仍保存古教之礼仪，犹期待默西亚之将至，故与今日耶稣所立之罗玛新教实有抵触，而当消毁之者也。今进究其在开封之犹太教义。

研究其教义，莫善于从其教碑及犹太寺中之匾联而观察。犹太人亦信仰天地有一主宰，而此主宰亦如中国古儒以"天"、"上天"、"昊天"、"昊天上帝"、"上帝"、"常生主"、"造化天"、"无象"、"无相"等之名以名之也。（见陈垣先生《开封一赐乐业教考》）而中国古儒所谓之"天"、"上帝"等乃指有人格的，赏善罚恶，造天地万物之主宰，故开封之犹太人实信仰天地有一造物主。且信此造物主为无形无声永生之神。既信有神矣，于是在神前，尽其恭敬奉事之心而有祭祀，"祭者尽物尽诚，以敬答其覆载之恩者也；"（康熙碑）而有斋戒，"斋者，精明之志也，七日者专致其精明之德也；斋之日，不火食，欲人静察动省，存诚去伪，以明善而复其初也；"（康熙碑）而有礼拜，"礼拜者祛靡式真，克非礼亦复于礼者也；……每日寅午戌三次礼拜……其礼拜时所诵之经文，高赞之，

敬道在显也;默祝之,敬道在微也;……而其行于进反升降跪拜间者,一惟循乎礼。”(康熙碑)

祭祖敬孔 犹太人之祀先、敬礼悉如中国人;“噫,敬天而不尊祖,非所以祀先也,春秋祭其祖先,事死如事生,事亡如事存。”且亦有祖庙——祠堂。惟不设牌位及神影,只香炉而已。见《圣教杂志》第二十卷第一期十九页故犹太人无外教之异端,亦无迷信之恶习,“所以不塑乎形像,不惑于鬼神,而惟以敬天为宗。”(康熙碑)“自开辟天地,祖师相传授受,不塑于形像,不陷于鬼神,不信于邪术,其时神鬼无济,像态无祐,邪术无益。”(弘治碑)且出丧亦禁止异端:“殡殓不尚繁文,循由礼制,一不信邪术”。(正德碑)至于敬孔,与中国文人学士无异,且亦至文庙参与祭礼。从此可见犹太人非若外教人之迷于异端也。

三种掌教者 一赐乐业教为犹太民族之教,其教中掌管有三种之名见之于寺碑:一五思达,系波斯语之译音即希伯来语 Rabbin 谓先生也,即长者之意。见管司铎所著《开封犹太寺》四十四页注一。二掌教,即教长也;据骆保禄函中所说,惟掌教者能入殿中最尊严之处,即藏道经之处。三满喇,当是深知经典而能训诲教众者,因弘治碑中言“惟李诚李实……正经熟晓,劝人为善,呼为满喇。”又康熙碑:“汴没而寺因以废,寺废而经亦荡于洪波巨流之中……往返数次,计获道经数部,散经二十六帙,聘请掌教李祯,满喇李先承,参互考订焉。”

碑上有许多译音名字,不与西名对照,莫能知其来历者。阿耽,即亚当(Adam)也;女娲,诺厄(Noë)也;阿罗,或阿无罗汉,即亚巴郎(Abraham)也;以思哈格,即依撒格(Isaac)也;雅呵厥勿,即雅各伯也;乜摄或默舍即梅瑟(Moïse)也;阿呵联即亚隆(Aaron)也;月束窝即若苏爱(Josué)也;萬子喇即爱思拉斯(Esdras)也;一赐乐业即义撒厄尔(Israëí)也;五思达即 Rabbin 也;满喇即 Mollah 也;俺都喇不知何解。

开封犹太人现在之状况 开封之一赐乐业教已概述如上述;然今日之犹太寺在咸丰十年河水汜滥之时,早已倾毁。同治六年美人丁韪良氏至其地则寺已鞠为茂草矣。丁氏记之曰:“余由京师赴上海,特绕道至开封,访犹太教之遗迹,有回民引至一空地,则已倾圮片木无存,只见二碑矗立。犹太人闻余至,纷来聚观。询之曰:迭经水患,寺已失修,无力重建,已将木材变卖,石碑外只存古经数卷而已。无师讲诵,亦无礼拜,亦无所谓割损礼,遗民七姓,人约四百,贫苦不堪。归回教者有之,与汉人同化者有之。”摘录陈垣先生《开封一赐乐业教考》第十二章。(原文见 A Cycle of Cathay by W. A. P. Martin pp. 275—278)。

又宣统二年二月《地学杂志》载张相文《大梁访碑记》:

余向闻开封城内,有犹太遗民,不能详其所自也。庚戌正月……由洛阳东抵开封,访福音堂教士柯君为言寺在草市后,地名挑筋教胡同……至则见低地一区,瓦砾丛中,牛溲马勃与潢污相间,并无所谓犹太教寺者,已而担夫指言东北隅藁席围中乃其碑也;搴席而入,俯身读之,碑固完好,所残缺者,不过数十字而已。余拟抽笔录其全文。倏有老人者探首窥视,且自言为赵姓,本挑筋教徒,而其家固藏有此碑拓本焉。余惊喜过望,因相与访其居;既至门,则呼其侄出迎,一切起居状态,祀先敬祖,悉与汉民无殊;然谛审之,则高鼻深目,固与高架索相仿佛也。余历叩其源流,而其侄亦娓娓而道;然荒言过半矣。荒言曰:我辈之去祖国,年代渺远不可知矣;始之来此土也，凡七姓，曰：赵，金，张，艾，高，及二李，都八家；继而张姓不知所往，现存六姓，人口约近二百，多操小本营业；婚嫁固必取诸同姓，然以贫富相悬，不能尽拘也。惟谨守挑筋遗规，虽血缕肉线，必净尽焉。清真之旨，远过于回教，教中经卷，我祖我宗皆以金筒贮之，藏诸圣寺。然闻数百年前，忽有道士来谒，固请出而曝之；倏焉暴风大起，诸经皆飘失无存，盖为天神摄而去矣。七十年前，有武生高某者，凶横为同教冠，至于撤毁寺屋而贾其材焉。同教者皆无如之何，而工徒之颠越以死者数人；教祖之迁怒也。圣寺既毁，久之县官乃并欲夺我地，移我碑，我出死力以争之乃罢。前年英国潘君游方至此，言奉我国王之命，来抚慰我辈者，并为我辈摄影而去。我因以金筒赠之；……迄今数年，又复无耗云云。

读此记，而于犹太人在逊清末之状况，可以概见。民国二十三年七月见《圣教杂志》第二十四卷第十一期洛阳游志，余曾至开封，乃去参观犹太寺遗址，见一块平地，绝无踪迹之可按，现为加拿大圣公会购去云。遗址旁两街道一为北教经胡同，二为南教经胡同，因挑筋胡同名不雅驯，故改今名云。现在犹太人尚有五六家，均甚贫困，都是工人，已与本地人同化无别，即其教义亦不知之矣。惟每年尚有一次之聚餐，有一赵姓教长。至论犹太寺教碑现在惟存弘治及正德二碑已移至中山路（北段）中华圣公会。护以碑亭。河南中华圣公会于一九三二年四月三日立有该会之碑一，今关于犹太寺者摘录如下：

一九二二年四月二十二日教区会议成立；是年挑经教碑（犹太教碑）两块移置本座堂院宇两旁，此碑原置教经胡同，教经寺旧址颓垣瓦砾之间，几乎湮没，嗣经该教人赵允中等愿将两碑移送会内，永久保存，兹碑得巍然无恙，为研究宗教之一助云云。

碑上除此之外，所记是关于圣公会之事，兹不赘。呜呼犹太教寺犹太教碑，至今不过为考古家之凭吊而已，犹太人亦不自知其教义，盖一赐乐业教已失其宗教存在之性质。吾曰是不足为惜，盖犹太人所等待之默西亚既来斯世，而立定新教矣，即罗玛公教；则一赐乐业教即当消废，其幸存中国者，实一奇特之事。余前年在伦敦博物院，曾研究此开封一赐乐业教问题，久欲作一篇论文，适民国二十三年到开封亲访犹太寺遗址，因将十多年前所未实行之志，借重于许多书籍之参考，得成是篇。

参考书

除本篇内已注出之诸书外，尚有：
《中国犹太人考》文化建设卷一第四期
Les Juifs en Chine—Bulletin Catholique de Pékin. Nov. et Déc. 1935—Janv. et Fév. 1936

附录一　关于开封一赐乐业教之吉光片羽

沈公布 译

中国内地，如开封、宁夏、江都、宁波之有一赐乐业教，相传已久。一赐乐业者，希伯来民族（Peuple hébreu）入居中国时，所以自称其教之名也。盖为 Israël 之译音，犹近人之译为义撒厄尔与以色列也。是教来华之年，远溯汉宋而至明代而昌盛；建寺撰碑，皆为教人之居官者。惜乎承化既久,子姓式微:逊清道咸以后,教人生计,益处凋瘵,归回教者有之,与汉人同化者有之;寺址经典,盗售殆尽。降至今世,而寂焉无闻矣。考古家如陈垣、叶瀚等,已在《东方杂志》第十卷及第十七卷中,发表其一部分之研究。作者何人,不敢以凭空臆断之语,搀入列论;只就法京巴黎一八一九年初版之《坊表信札》(Lettres Édifiantes)一书中,将所有关于本问题之吉光片羽参译于后,谅为考古家所许可,而亦阅者诸君所乐闻也。

一　骆保禄神父(P. Jean Paul Gozani)致苏霖神父(P. Joseph Suarez)之信札——一七〇四年,十一月,五日。——见《坊表信札》第十卷第十七页。

余尊敬之神父,

关于此间所称之挑筋教,二年以来,余早具前往探听之心理:盖念此辈必为犹太人(Juifs)。或可达余寻获古经(Ancien Testament)之目的也。第余对于希伯来文字,至今尚无浅略之知识,深惧毫无成就,故遂搁置此议焉。顷读来示,藉知探听若辈之实情,固为君之所欲于余者,敢不遵命前往;竭余所能,以求其详而确者,报告于君:

初,余与若辈作一度友谊之酬酢,而若辈亦以礼报余;并来余处拜访。余遂得躬往若辈之礼拜寺(Synagogue)答拜焉。至则教众适聚寺中,余遂与若辈畅谈多时。寺中联额,悬挂迨遍:有华文者,有希伯来文者。余得若辈之许可,得见经典;并得蓦入寺中最尊严之殿焉。闻是殿,惟掌教(Chef de la Synagogue)可以端肃步入,教中人不得践其地也。

殿中,横列案桌若干;上置经龛,凡十有三;幛以绸帷;所谓《梅瑟五经》(La Pentateuque de Moïse)者,供于兹焉。其中十二龛,位义撒厄尔之十二宗派(Les douze tributs d'Israël);又一龛,则位梅瑟。经,皆书于羊革,卷于轴。掌教因余请,饬人掀帷展卷,则书法明晰。其中一部,闻为黄河淹没开封后所救出者:字划模糊,水渍斑烂。其余十二部皆为教人所修订者。殿中又置箱匣数事,内藏经本多种:大经与其他教律在焉:盖为教人祈祷所用之本也;经文,皆希伯来语;其中除数本新订者外,大半陈旧破碎;然皆什袭珍藏,故箱匣莫不金碧辉煌也。

礼拜寺之正中,高踞一华丽之宝座,上置绣褥:盖梅瑟宝座,星期六与瞻礼日,所以置经典于上而念诵者也。座后,供万岁牌,上书当今皇上之号;然寺中并无图像与偶像。寺西向,故若辈祈祷诵经,亦转身向西。若辈尊称天主(Dieu)为"天"、"上天"、"上帝"、"造万物者",及"造物主宰"。叩其故,则曰:是皆由中国古书中得来,所以释至高无上,及万物之原始也。

出礼拜寺,入别一室;室中满列香炉。若辈告余以此为敬礼圣人及伟人之处。室中之最大香炉,乃为敬礼教祖亚巴郎(Le patriarche Abraham)者;其次,乃为敬礼依撒格(Isaac)、亚各伯(Jacob),及其十二子即若辈称为十二宗派子者;再次,为敬礼梅瑟、亚郎(Aaron)、若苏亚(Josué)、厄斯大拉(Esdras)及其他伟人者。

出室后,往客座,又复相与谈论。言间余以携来《圣经》(Bible)之后页,抄有希伯来文之古经(Ancien Testament)篇名者,举以示掌教。掌教接而诵之,谓余曰:此即彼等之圣经(Pentateuque)篇名。余等遂各取其经,相校亚当(Adam)至诺厄之一段;其中统系年岁之相同,若合符节。厥后约略浏览造成经之总论(Genèse),救出之经(Exode),肋味孙子经(Lévitique),数目经(Nombres),及第二次传法度经(Deutéronome),即梅瑟五经中之人名及年代焉。掌教告余以彼辈称此五经曰:勃咊齐脱,完来率麻刷,怀克啦,怀大皮哂,哀来哈特排啉;共分五十三卷:计造成经之总论十二卷,救出之经十一卷,其余三经各十卷。并在余前,展开数卷,任余念诵;然余以不谙希伯来文故,竟无从利用此良好机会也。

余亦一度询及上述古经以外之经,掌教答语含糊,若谓:稍备数本,残缺不齐者。而在旁之教人,亦告余以大都失于黄河之水患者。余遂悟:欲知其翔实之内容,非精通希伯来文字者,不可得也。

最足使余惊异者,莫若彼教历代之司教首(Rabbins)。盖曾将可笑之故事,搀入圣经之真事实中;即梅瑟五经中,亦数见不鲜。若辈每于谈论间,偶然言及;则必大放厥辞,光怪陆离,不近真情;致余不能不笑,而疑若辈为谬改圣经之遗传信奉派(Talmudistes)矣。

及闻若辈谈及明代之费乐德神父(P. Rodriguez Figueredo)与本朝之恩利格神父(P. Chrestien Enriquez),而余言益信。若辈谓:二位神父亦曾一再来此,互相研究。然则此二明人之所以不曾设法取得一本圣经者,当以彼等之圣经,已为遗传信奉派所谬改,非纯粹无疵,如耶稣降生以前者,已失其为考古之材料也。

然此辈犹太人,亦曾保存几种古经上之礼仪焉。如:若辈称为自亚巴郎始行之割损礼(Circoncision),纪念救出埃及,与步行经过红海之巴斯卦羔羊礼(L'agneau pascal)及每星期六之安息日(Le sabbat)与其他古教之瞻礼日也。

据若辈言:犹太人之来中国,始于汉朝;初则子姓繁多,今已愈见减少:惟剩赵、金、石、高、张、李、艾七姓而已。七姓中,自相联姻,不与回回通姻;因回回教与若辈之经典及礼仪,毫无相同之点;即留髭蓄须,亦各异其式样也。

犹太人之有礼拜寺,惟于河南省城。然寺中并无祭坛;只有梅瑟宝座、香炉、长案与上插占烛之蜡台数事而已；是彼等之礼拜寺与我辈欧洲之天主堂微有相同之点。寺分三部：中部设有香案，梅瑟宝座，万岁牌与供藏十三部梅瑟五经之经龛。经龛之置，列若环堵；故中部即成为礼拜寺之行礼处（Choeur）。至其他两部，则专供教人祈祷及诵经之用也。

余素闻彼教中不乏秀才与经生也，遂问以尊敬孔子与否？掌教及教人皆答谓：若辈之尊敬孔子，与中国文人学士无异；且亦至文庙中，参与盛大之祭礼；并谓春秋二季，亦循中国人之习俗，祀奉祖宗于礼拜寺旁之祖堂中；惟不用猪肉，而代以盛馔，佐以馨香及跪拜之敬礼矣；余又问：祖堂中，设有牌位与否？则答谓：并无牌位与神影之设置；只香炉数事而已。惟对于教中人之曾任显宦者，则设有标牌，上书其姓名与品秩也。

对于上述之万物原始名号，君可于余抄奉之碑额中见之。余固希望君，更能有所新发现也。至若辈之圣经，余拟借来抄录；因若辈与余颇接近，或肯一借也。君若有其他之愿望，恳即见示，俾得遵行也。耑此云云……

再者，若辈自称其教曰：一赐乐业。并谓其祖先来自西域如达国（Royaume de Juda）为若苏亚（Josué）于出埃及，过红海，经荒漠后所征得者。末谓出埃及时，犹太民族达六十万人云。

彼等亦曾为余述及审事官录德经（Juges），达味圣咏（Psaumes），撒落满之喻经（Paraboles），及厄日纪亚（Ezéchiel）若纳（Jonas）之经序等。然则除古经五部外，彼等尚有圣经中之其他经书也。

若辈亦曾告余以彼等之文字，共有二十七字母，而普通用者，只有二十二字母。然则此语与圣日勒弥亚（S. Jérome）所云：希伯来人惟有二十二字母，其中五字母，另有其变化写法一语，吻合无间矣。余亦以华人之称其教何名为问，则答曰挑筋教：因彼辈禁止血食故，食必挑去牛羊之筋与静脉，俾血能流净也。

士人以挑筋名其教，若辈乐而受之者，所以自别于回教也。若辈又自名其教曰古教，曰天教。

犹太人每于星期六日，不举火，不烹饪；盖于前一日已预为制备也。彼等于礼拜寺中念诵圣经时，皆以薄纱蒙首。据云：以纪念梅瑟之蒙面下山，颁布主宰之十诫与教律也。

此辈犹太人除圣经外，更有所谓历代司教首所著之圣祝焉。其中逞辞诳语，不一而足，彼辈则奉为礼典及仪法也。彼辈亦曾为余言天堂地狱之说，然类多不合真理；极似遗传信奉派之口吻矣。

余尝为若辈言及圣经中所许之默西亚（Messie），则闻言大骇。及余谓：彼名耶稣（Jésus），则彼等曰：圣经上，亦曾见过一大圣人名耶稣者，救世主宰之子也。然则，确未认识余欲言之耶稣也。（下略）

二　骆保禄神父信札之评注。——《感化信札》第十卷第廿七页。

骆神父已将其所见于开封礼拜寺者，详述于前函中矣。然吾人于研读之余，参加下列之评注，俾读者更能明了其内容也。

1. 信中所言之礼拜寺，似迥异于吾人在欧洲所见者：因其内幕之陈设，绝类一古教之圣殿（Temple），而非今日犹太人日常祷告之礼拜寺（Synagogue）也。果也，中国犹太人之礼拜寺中，只许掌教出入之神圣部分，显为模仿安置结约之柜（Arc hed, alliance），与梅瑟及亚郎手杖（la verge de Moïse et celle d'Aaron）等之至圣所（Santa Santorum）也。其中间之一部分，亦效日路撒冷（Jérusalem）圣殿中，司教及勒味族人集会献祭之所。至于入门之第一部分，为教人祈祷敬礼之处，则恰似吾人所称之义撒厄尔前殿（Atrum Israelis）矣。

2. 中国犹太人中寺壁上之额言，绝类欧洲礼拜寺中，犹太人保存之旧习惯；惟欧洲寺中，只书每字起首之字母，以组成警句与格言：如"殿中须守默静"一语，只书犹太四个字母是也。

3. 中国礼拜寺中之有经龛，或梅瑟帐幔，为中国犹太人之特点。不惟欧洲礼拜寺中无之，即东方如小亚细亚一带，亦只有橱柜之属，以藏教经而已。

4. 中国礼拜寺中之小本教经，显然为古经(Pentateuque)之五十三卷；即欧洲之犹太人于每星期六念其一卷，而于一年内念全之梅瑟五经也。

5. 中国犹太人祈求时之西向，异乎欧洲犹太人之东向。吾人对于此点，固不必以为奇特：因彼等互异之方向，适足以贴合犹太人向日路撒冷祈求之旧习惯也。吾人于大尼厄尔经序(Daniel)中(六十章节)可见其例也。盖日路撒冷之于欧洲，在其东方；对于中国，则在其西方也。今日路撒冷既因其所处地位，而使欧洲犹太人，转身东向而祈求焉；则中国之犹太人，亦必为循此旧例而西向也。

6. 骆神父所言关于天主称呼一节，似甚重要。吾人可承认中国人，对于天地主宰之名称，除"天"以外，习惯中，并无其他名称也。然则彼妄断中国人为崇拜物质偶像派，以其称呼主宰曰"天"为藉口者，不亦大不当乎？盖犹太人与天主教人，同为非崇拜物质偶像派也；设使中国人果崇拜此可见物质之"天"，则犹太人来中国时，必不沿用此名称，而另立其名称也。从可知：中国士人目中之"天"，果有其超乎物质而上之见解也。

7. 对于孔子及祖宗之敬礼，当然为非崇拜物质偶像派之中国犹太人，一种循行俗律之举动：因彼辈若明知此为异端信仰之礼仪，必不愿入孔庙拈香，设祖堂奉祭祀也。

8. 至于犹太人对于圣经，每有逞辞诳语神话；致骆神父断其为遗传信奉派。其实犹太民族，每遇圣经上有难解处，常捏造出许多不经之谈，以自圆其说。故所云谬改一层，当为注解中之增损；而非原文上之改变也。

9. 礼拜寺中之无祭坛，固无足为奇。因犹太人除日路撒冷可以祭献牺牲外，别处已不举祭。是祭坛之设，宁非多此一举乎？

10. 骆神父所言：犹太人有字母二十有七者，彼必知其中五个字母，即圣热勒弥亚（St. Jerome）所言之高火，曼纳，奴纳，斑，蔡檀。盖为一种煞尾式的书法，而非另有其字母；不过于某种字句后，伸长其湾曲耳。

三　居华犹太人之采访杂录。——《坊表信札》第十三卷第二百五十七页。

（著者似为一七三八至一七五二年间之一欧洲考古家。）

犹太礼拜寺，建立于中国，已历数世纪之消息，因为欧洲一般考古家，最有兴味之新闻。彼等莫不窃窃自喜，以为圣经之原文，或可获得，以释疑点而止争端也。然首先发现此佳音之利玛窦神父（Père Ricci），竟不能获得其冀希之硕果：盖因北京传教事务之忙碌，不得抽身，至远在二百法里（lieues）外之河南省会开封府也。乃就问于在京遇见之犹太青年，以牣其端。盖此犹太青年，果为上述之礼拜寺中人也。遂知：当时开封之义撒厄尔民族，凡十姓或十二姓；礼拜寺亦新近重修；及尚存一部五六百年前之古圣经（Pentateuque）焉。利神父乃以希伯来文《圣经》（Bible）相示；犹太青年认识经中字体，而不能念诵；因其自醉心仕途后，专攻中国文字故也。

利神父虽以传教忙碌，不得推广其发现，至于更远；而采访之心，未尝稍懈。然其结果，亦仅于三四年后，才得遣派一富有学识之耶稣会华籍神父至开封，俾得考验犹太青年所言之真伪。临行时，利神父饬其赍一书致掌教；书中告以除古圣经（Ancien Testament）外，尚有新圣经（Nouveau Testament）在焉；新圣经者，证明彼等所久待之默西亚（Messie）已经降生者也。迨掌教得书，而阅至默西亚一段骤然笑曰：误矣。默西亚之来，尚在二千年后也。惟掌教对于利神父之宏才硕德，早有所闻；故托华籍神父转请来汴。盖当时掌教以年迈力衰，后继乏人，决意将礼拜寺之管理权，移交利子，只须利子履行其不食猪肉之戒条，即可将寺中圣经卷帙，全部交出。斯时果为搜寻古圣经莫佳之机会；然利神父果无暇及此也。华籍神父此行，亦得一睹上文所谓最古之圣经。据云：其卷帙与印刷家不朗单（Plantin）所发刊之希伯来圣经，果完全相同；惟中国犹太人一部古圣经中无正音点而已。

迨一六一三年，博学睿知为华人称为欧西孔子之艾儒略神父（P. Aleni），奉长命至开封，俾充分推广此发现焉。艾对于希伯来文字，固研究有素；盖实为成就此点之唯一相当人物也。惜时机已久，老掌教已故，艾神父虽得参观礼拜寺，然，对于经本，则拒绝其检阅，即揭开经龛之帷，亦不得许可也。

是即对于采访，最微弱之起点，见于金尼阁神父（P. Trigaut）、鲁德昭神父（P. Sémédo）及其他传教士之信函中者。欧洲考古家，虽曾屡屡言及，然每多臆断之语；盖更明确之真相，尚有待诸采访也。

耶稣会士驻所之设于开封也，与以新发展之希望焉。然费乐德神父（P. Figueredo）与马玛诺神父（P. Rodriguez）虽曾竭力采访，而终未能利用此良好之机会也。惟骆保禄神父（P. Gozani）实为成就此举之第一人耳。盖骆公既得接近犹太人之便利，遂获礼拜寺中石碑之拓本，以寄罗玛；并由若辈之报告，而知北京藏经殿中，有一部圣经在焉。藏经殿者，搜藏异邦教律道经之殿也。于是旅京之法葡籍耶稣会士，遂得当时皇上之许可，而进殿观经；时巴多明神父（P. Parennin）亦与焉，然皆一无所见，废然而返。据白晋神父（P. Bouvet）谓：进殿者，只见西利亚文字（Lettres syriaques）之书籍若干，而所谓圣经，则殆为司殿者之不肯告知耶稣会士欤！然，时至今日，而欲得此特许，已非易易。宋君荣神父（P. Gaubil）虽曾竭力设法，而进殿之许可，终不可得；彼果不知其中所藏之西利亚文字及希伯来文字，究为何书也。满人某，崇奉天主教者也，曾向宋公假观希伯来文圣经，亦云：殿中确曾见过是项文字之书籍，惟不能道其名称，与其历史之年岁耳！彼可确实保证者：即殿中藏有一本教律，名为道喇（Thora）者，是也。

当北京之耶稣会士正在作一无结果之采访时，较华人通融之犹太人适在告知骆保禄神父，以彼等旧有之惯律。骆公遂得于本世纪之首，作一报告之信函（译文见本题第一段）。所述内容，虽尚属幼稚；然，出之于一不谙希伯来文者，固可谓：已尽其翔实之期许矣。

此新颖之报告，果引起考古家之热烈注意。于是苏西涵神父（P. Etienne Soucet）欲完成其圣经考据之大著，以应圣主学会（Cristici Sacri）之托付，故极力鼓吹此发见之充分发展焉。

余之采访杂录，即取材于骆保禄孟正气（P. Domenge）宋君荣诸神父与苏西涵神父之通讯中；惟摘其要者，汇成是篇：或者能以详细之琐闻，引起读者之趣味也。

华人称其同居之犹太人为“回回”；此名也，固与信奉穆汉默德之回教人共之。然犹太人自称为挑筋教徒，所以宣示其不食牛羊筋之教律。以纪念雅各伯与天神之互斗也（Combat de Jacob avec l'Ange）。惟犹太人，于礼拜寺中诵经时，必顶蓝帽，故人遂称之为蓝帽回回；所以别于回教人之头顶白帽，而名以白帽回回也。

犹太人每谓于东汉明帝时,始至中国。其来也,则自西域。西域者,西方也;遍察若辈之言语交接,而知西域一地,实指波斯(Perse);似曾取道高喇桑(Corassan)与洒麦而冈特(Samarcande)两地来者:因彼等言语中,尚杂不少波斯土语,而若辈之与波斯,亦曾保持一长时间之商业也。若辈自信为入居远东之惟一犹太民族;因彼等固不认识,其他犹太族人之或曾移居于印度,西藏及满蒙之西部也。若辈之于中国,亦有其长时间之显达时代:或入阁拜相,或督抚一省,又或举为孝廉及秀才者;更有置田千顷者。然至今日,则往日之轰烈,几至荡焉无存;即若辈于杭州,宁波,北京,及宁夏之建设,亦泯灭殆尽,不可考见。盖大半已归化回教;故降至今日,人只知有开封犹太族人也。当其初入中国时,原为七十姓氏:乃本雅民(Benjamin)勒味(Lévi)及如德(Juda)等宗派之子孙,而现在已减至七姓,人数亦不逾千,盖开封之迭遭灾祸,为其转弱之一大原因也。

万历时,礼拜寺遭大火而成灰烬;经书尽毁。所得免者,只一部古旧之圣经;而此圣经之来源,则于昔时黄水淹寺后,为一广东犹太之青年,临死时,珍重托付于一宁夏回教商人者,辗转流传,而藏于寺者也。及火后重建礼拜寺,得复旧观,而明末(一六四二年)内乱中,又被决堤而再淹于黄河之水;汴人之罹难而死者竟达三十万人云。

时犹太人之居官者,赵其姓,见寺之被殃也,遂出资重建,即今日吾人所见之寺也;犹太人称之为礼拜寺。寺长不过六丈,广亦不逾四丈;然连其附属之建筑物,亦占地不鲜:计长至三四十丈,广至十五丈矣。孟正气神父尝绘一图,志其寺屋之地位焉。

寺门东向,继之者为一牌楼;更进则一广场在焉。广场之尽处,又对峙一牌楼;两旁各立碑刻。再进为:二大理石狮蹲于方蹬,一铁香炉,二有座之大铜盘及二大花瓶在焉。更前则为寺之前庭,庭周护以石栏:即帐幕占礼(Fête des Tabernacles),教人设帐幕之处也。

寺之两侧有旁厅,正中则划为三部:第一部分设置梅瑟宝座,万岁牌与一香案。万岁牌之上则悬一希伯来文之金字额,译云:义撒尔,听哉!我等之主耶和华,为独一之主,福哉其名!荣哉其鉴临于永远!第二部分为一外方内圆之帐幕:即中国犹太人至圣所(Le Saint des Saints),若辈名之为天堂。中悬一希伯来文之金字额,译云:知之哉!耶和华为诸神之神,为主宰,为大帝,钜能而可畏。此为彼等最尊敬之所,其中供藏者,即彼等之大经是也。大经者彼等神圣之圣经十三部也。天堂之旁,列有橱柜若干,内键日用圣经及经书。天堂之后,悬有二大漆板,上书金字教律。

古物中,为欧洲考古家最有兴味者,莫大经若。然欲得一准确之见解,首宜知中国犹太人只呼梅瑟五经为大经。在天堂中共贮十三部,供之同数之案上,以纪念十二宗派及立教之梅瑟也。经之书写,非于羊革,如骆保禄神父所言;而在厚裱数层之纸上,俾得便于舒卷而不易破碎也。

天堂中之大经,皆卷于轴,成一圆柱帐幕形,上覆一丝织品之帷。犹太人对于此大经,皆具无上之敬礼;而其中之一部,尤敬重焉。彼等谓此部及三千年之古物,乃彼等仅存之遗物;盖其他十二部,为火毁水淹后,教人将波斯之经本,修改而成者也。

天堂中之大经,皆无点号,各分为五十三卷;每星期六,念诵其一;盖中国犹太人一如欧洲之犹太人,周一年而念完五十三卷也。念诵大经者,置经于梅瑟宝座上,以细棉布蒙其首;旁立一提诵者;

再后数步，立一满喇（Moula），专为矫正提诵者之或有错误者也。

孟正气神父至礼拜寺时，未见香炉及任何乐器之陈设，或礼拜时，祭服之披着。惟入寺者不着鞋，而各头顶蓝帽耳。只于帐幕瞻礼日，见若辈恭迎大经，绕行一周；奉大经者，披一红色绢布；遮其右肩而露其左肩耳。

孟正气神父之留居开封也，凡八阅月；虽尽其运动之力，终不能得一部圣经，亦不得校对其自有之圣经与寺中任何一部圣经：愚者多疑，彼果无法得若辈之信任也。彼所得之唯一允准，即许其一见大经而参考经中之数节耳。其参考之结果，为下列之数端案语：天堂中之大经，为圆体字书成，而无点号；字体类似德国之希伯来文旧刊；经中并无分节字，或分段字；故首尾衔接，继续不断；惟五十三卷之分卷处，留有一行空白耳。人或以何故无分节字与分段字问，则彼辈答曰：主宰口授教律于梅瑟时，迅疾不及置之；故东方之教中博学士，判明卷帙而分之，以便利念诵也。

帐幕瞻礼之星期六，孟正气神父得入礼拜寺，而获观最古之大经焉。经高约二尺，卷筒之对径，则过之；厥状古旧，一似为水所浸蚀不止一次者。（下及圣经字句，故略。）

橱柜中之圣经皆有正音点，其字体极类盎斯歹尔大（Amsterdam）出版之亚的雅斯圣经（Bible d'Atias）；惟字体较美，较大而更黑；盖悉为手抄本。若辈所用之笔，皆削竹为之，一如欧洲之笔尖；所用之墨，皆为特制之精品；每年于帐幕瞻礼日，必易以新制者：因中国之毛笔与烟墨，均在禁用之律也。然对于中国之纸则不然；惟书时，不染矾水，俾得书写于正反两面；而代以裱糊三四层耳。

橱柜中之圣经，纵可四五寸，横可七寸，为五十三小册所组成；盖每一小册载圣经之一卷也。封面上端之中间，贴一绿，蓝绸，或白绢之狭条，上书正音点之本卷第一字：如第一卷为“造成”第二卷为诺厄等等；而卷中第一页遂无此字，即由第二字起句；第二字上则书有数字，以表页数，而不用码字也。其分卷法，与盎司歹尔大之圣经同，惟五十二及五十三两卷，则并为一卷耳。（下及圣经分段法及字句之书法，故略。）

若辈对于耶和华（Jéhova）主宰之名字，则读作华笃衣（Hotoi）而译之为“天”；犹中国士人之以天字释上帝也。（下及圣经内容，故略。）

孟正气神父尝于寺中见挂板一方，上书念诵圣经之日期；又见二经书，为孟公所不知者：一曰奴买阿（Noumaha），共分十二节为大月初一及小月初二念诵之经文；一曰麻夫带尔（Mouphtar）亦分十二节为大月十五及小月十六念诵之经文。孟公欲知：二书究为何书？第以答者读音之不准确，而不得其要领也。

除上述圣经外，中国犹太人尚有其他经典；惟彼等只尊梅瑟五经为圣经；故称其他经典为散祝。散祝中如若苏亚之经（Josué），残缺不全之审事官录德经（Juges），撒慕尔王经（Samuël），中间缺落之梅拉希末（Mélachim）即众王经书序（Rois）之末二卷，及未经细阅之达味圣咏（Psaumes）均归第一部分，凡三十余册。至其第二部分，则尽为先知经序。据称昔有八十册；然不足信也：因其所藏者，果无如许章目，而如达斯国众王经（Paralipomènes）亦已搀入也。其中依撒依亚经序（Isaïe）及热肋弥亚经序（Jérémie）似皆完全，据云：是为大瞻礼日念者；厄日基亚经序（Ezéckiel）则已遗失无存，而达尼耶尔经序（Daniel）亦不过仅存其第一章之数节耳。

至于其他小先知之经序，则彼辈尚有若纳（Jonas）、弥希哀（Michée）、那孚末（Nahum）、亚巴古格（Habacuc）及匝加利亚（Zacharie)之经序;然大都残缺不全,即如如达斯众王经,亦只有起首之四五章,尼哀弥经序(Néhémie)及哀斯德尔经序(Esther)更见零落不整。惟彼辈对于哀斯德尔,敬礼有加,称之为祖母;对于马尔笃奇(Mardochée)亦甚敬重,彼辈每视此二圣为义撒厄尔之救主云。

此外犹有经书二册,为欧洲最贵重之要件,即玛加白衣经序(Machabées)之第一第二两卷。孟正气神父曾设法出资购买,然为拒绝,而抄录亦不许矣。

除上述经书外,彼等尚有所谓礼拜经者,经之尺寸,纵逾于横,一如中国之书本,厚可一指,凡五十卷或五十二卷,均为自圣经中摘录者。(下略)

孟正气神父于数次采访之后,即知若辈对于日常念诵之经,亦不过具一知半解;每遇不解之处,必推诿曰:西域博士,久不来矣!而读经本亦失传已久也。读经本者,念诵圣经之释例文范也。

骆保禄神父亦曾言及:彼辈每利用圣经,以为抽签之用;生后第七日,即行割损礼。又谓:年中有一日,为群聚礼拜寺,痛哭流泪之瞻礼。彼等亦认识天神(Anges),至爱天神(Chérubins)及宗使天神(Séraphins);而对于默西亚,则毫无闻知也。若辈禁止与异族婚姻,亦不许人入其教。若辈亦印有中文本小书一册,逢教难时,将此小书呈奉官宪;所以示其教理之内容也。

教中士人皆崇拜孔子;教中人亦全部奉祀祖先,并有中国式之牌位,且在礼拜寺中另辟一室,以供彼等施主之神位。入寺处,有牌坊一座,上镌"敬天"二字,为康熙帝所书者也。(下略)

彼等祷告时,恒面西方;故礼拜寺之建筑,亦同其方向:所以纪念日路撒冷之在西方也。富者可免入寺礼拜,只须出资修纂大经;

惟大经已经藏入橱柜,即不能携出寺外。孟神父尝与一犹太人,论定购买其父所修之大经,然携出时,为教人追回,并加以严厉之诘责焉。

甚闻名之宋君荣神父,欲以亚洲考古之学传递至欧洲为己任,故躬往开封焉。至则颇蒙优待,遂乘间索得考中之碑刻,而以其内容餉世焉。

第一碑为教人金钟所撰(即弘治碑)。碑中撮要语,录之如下:

一赐乐业立教祖师为阿无罗汉(即亚巴郎 Abraham),考之在周朝一百四十六年。再传而至祖师乜摄(即梅瑟 Moïse),考之在周朝六百十三载,感于天心,受经于昔那山(即西乃山 Mont Sinaï)顶。经凡五十三卷;其蕴正道也,一如中国经书:同其敬天礼拜,守斋祝祷,祭祀祖先也;七日善终,周而复始,是易有云:"吉人为善,惟日不足"之意也。再传而至正教祖师蔼子喇(即厄斯大拉 Esdras)虔诚修经。教训族民,而同被其化矣。(一四六二年)礼拜寺为河水渰没,宁波宁夏教人,各有捧经赍汴,以弥补其失者。

第二碑为四川布政司左唐所撰(即正德碑)。碑中撮要语,录之如下:

一赐乐业教始祖阿耽(即亚当 Adam),本出天竺西域;是道经之留传也久矣。道载于五经,经凡五十三卷;其理微妙。惟阿无罗汉为之教祖,乜摄为之法师。原教自汉时入居中国;宋孝隆兴时,建祠于汴梁,以为尊崇道经之所。是道也,不止于汴之业是教者,行之于天下君臣父子长幼之间,无不称也。是经也,与儒书,字异而义同;盖不外乎敬天,尊亲,祭祖也。故教中不乏致君泽民之忠臣,折冲御侮之义士,他如善著一乡,或农,或工,或商,莫不以其持正守信,而为人敬重也……其教自开辟以来,祖师阿耽传之女娲(即诺厄 Noé),女娲传之阿无罗汉,罗汉传之思哈哉(即依撒格 Isaac),哈哉传之雅呵厥勿(即亚各伯 Jacob),厥勿传之乜摄,乜摄传之阿呵联(即亚郎 Aaron),呵联传之月束窝(即若苏亚 Josué),束窝传之蔼子喇;于是祖师之教,灿然而复明。

第三碑为康熙二年某大宦所撰。志其赅要语如下:

一赐乐业之立教,始于阿耽,继之女娲,继之阿无罗汉。数传而后,圣祖默舍(弘治正德二碑皆作乜摄)生焉。罗汉知天道无声无臭;而行生化育,故惟以敬天为宗:此教之所以永传也。默舍斋祓尽诚,默通帝心,受经于西那山(弘治碑作昔那山)。经凡五十三卷,最易最简;而精微备焉。……礼拜者,祛靡式真,克非礼以复于礼者也。诗云:"陟降厥土,日监在兹。"故必慎其独,以畏明旦。诗云:"小心翼翼,昭事上帝。"盖天无日不在人之中,故致其明畏也……斋者,精明之志也。七日者,专致其精明之德也。斋之日,不火食:欲人静察动省,存诚去伪,以明善而复其初也。易曰:"七日来复,复见其天地之心乎?"又曰:"先王以至日闭关,商旅不行,后不省方。"其斯之谓欤:其寺于明天顺年间(一四六二)黄水湮没,后经捐资重修……圣祖制经之义,在敬天,尊长,祀其祖先:无非此刚健中,正纯粹无私之理。其中文字，虽古篆音异；而于六经之理，未尝不相同也。

第四碑之赅要语，录之于后（按此为康熙二年碑之碑阴题名）：

自明末崇祯五年，沧桑之后，寺基圮坏；至我朝顺治十年，教众旋汴复业，公议捐资重修，而李赵艾张高金石等七姓，各输囊金。或重建前殿三间，教祖殿三间，后殿三间，尊经龛一座。或重修圣祖殿三间，大门三间，二门三间，厨房三间，南北诵经堂各三间，牌坊一座，皇清万岁牌龙楼一座，行殿九间，铜炉瓶六付，甬路，石栏，石狮等。至桌，灯，炉，鼎，一切树木，应用器皿等，则七姓公置之。

宋君荣神父对于碑碣之寻获，犹以为未足，必欲知其礼拜之内幕，及其循行之习俗；故不惮唇舌之劳疲，而数数与若辈接谈。果也，宋公获知：若辈亦信天堂，地狱，炼狱与审判之必有；肉体之终将复活；及天神之存在。然若辈皆错杂言及，盖无信仰之一定纲要也。（下略）

宋公离寺之前，以观看圣经，请于掌教，掌教诺之，遂得见一本圣经，为传教士从未见过者：即历次经水渰没者也。经，写于卷轴式之一种特殊纸上，字体大而清晰。其体式，似乎介于盎凡尔（Anvers）圣经，与一五三一年味尔登埠（Wurtemberg）发刊之希伯来与加尔台（Chaldée）文范之间。字母下，一无所有；字母上，有辨音撇与各式点，实为宋公生平未尝于他处见过者。掌教即以此书之历史，述之宋公。万历时，寺毁于火，经书尽失者再；西域教人，适携此经与别种教书来此间，故此书为若辈所竭力保存者。至其他经书，皆为年久遗失之别种教书之抄本耳。宋公欲以重价购之，不允。卒惟许以所允之价，倩人缮一抄本焉。（下略）

宋公经久时之研究，知开封之犹太人，因与西域之通商，久已中止，并因其生长于中国，故希伯来文之读音，遂渐渐消失：如 B. D. E. R. 已读作 P. T. IÉ. L. 又如 Hu 改作鼻音之 Hum 矣。

宋公既离开封而至北京，颇喜其一行之不虚。惟缘冀希其所求之抄本圣经也，故又决定再往开封，以竟其发现。惜教难剧起，开封之驻堂被毁，而与犹太人之关系，又间断而不果续矣。

上述种种，皆摘自信函中；然余以为此中不少要点，尚具讨论之必要，故特于篇末及之：俾阅者对于采访之发现，更有系统的了解，而余个人之意见，亦得供献其一二也。

碑碣中谓阿耽生于天竺。考中国人之言天竺所在地，凡异其说者五。其中最要者，莫若印度之孟加尔国（Bengal）——佛之产生地，与西利亚（Syrie）及梅地纳（Médine）一带之地。然则碑中之天竺，当必指西利亚无疑。按中国人素称西利亚为天堂，至今犹有呼之天方者。

中国犹太人知亚巴郎为亚当十九世孙，而不知亚当之曾孙名该南（Caïnan），可知其所知古代之宗谱，亦略焉而不详也。（下略）

若辈对于大经，每谓：此系三千年来所保留之宝物。此语当非指彼等之圣经而言；惟指梅瑟立书教以来之年岁耳。盖考欧洲犹太人之年谱，自梅瑟在西乃山受经至今，适得此数；是中国犹太人之年谱，果与欧洲者，无稍异也。

兹论犹太人入居中国之年代。彼等常以汉时始来一语，以答传教士。碑碣中，亦载此说。考汉建鼎于纪元前二〇六年；则其入居中国也，必在其后。与其信其在如德亚国灭亡之前，已来中国；不若信其在日路撒冷毁灭之后，国人向各处分散，而高拉桑（Corassan）及脱朗沙柴纳（Transoxane）之犹太人，即来中国也。此说或近事实：盖中国犹太人亦往往以明帝时入居中国告者。查明帝为后汉光武之子；其登极也在纪元后五六年，其弃位也在七八年；是对于日路撒冷被毁之在七〇年，适吻合无间也。

其建寺于开封也，为时未久。碑碣中言：宋孝隆兴元年，进西洋布，而得遗留汴梁，始建寺焉；盖即一一六三年也。寺之被毁，亦均见之于碑碣中：一四六二年，为黄水淹没，道经几至尽失；一六四二年，汴为李自成所围，溃堤决水，寺又被淹，经亦遗失不少；中间遇火一次，在万历年间，为一五七二年，道经被灾之第二次也。

礼拜寺之被毁，道经之被灾，虽历多次；而我辈犹得观光彼等珍藏之遗经，及遵守之习俗，亦云幸矣。彼等之圣经符合于我辈之圣经，给与吾人一种有力证明自梅瑟著作中，寻出有利于宗教之要件也。

吾人对于传教士，更当表示感谢之热忱，若能设法得到一本天堂中之大经或一本同样之抄本。宋君荣神父最后所见之古经，将与吾人以深沉之考虑，及富裕之资料；吾人切愿其获得也。即橱柜中之任何一本圣经，皆可为吾人研究古学之新颖材料。又如马加白衣之二卷，必为吾人所欢迎，而有大用者。他若孟神父所言月初月中念诵之经本，更为吾人追求之珍品：因欧洲犹太人无此习惯也。

然，时机不可失却，要在从速求之：因中国犹太人，已入于衰微愚鲁之境地，再后几年，恐将失却吾人考研之机会也。凡此诸端，皆愿中国之传教士，注意及之，并勉力搜罗上述之材料，即呈于官宪之小本中文教理，亦所欢迎也。

犹太亡，京城毁，族民流离遍天下；而中国内地，亦有其历史之遗迹，诚考古家之良好资料也。然降至今日，寺址道经，相继易主，而族民遗姓，亦绝无仅有，致研究者，无从采访，甚可惜也。参译三章，尽为泰西教士之作品，虽措辞断语，容有睽情之处；皆为当时实情，或可备吾人之参考也。（完）

附录二 重建清真寺碑记

弘治二年（一四八九年）

夫一赐乐业立教祖师阿无罗汉，乃盘古阿耽十九代孙也。自开辟天地，祖师相传授受，不塑于形像，不谄于神鬼，不信于邪术；其时神鬼无济，像态无祐，邪术无益，思其天者，轻清在上，至尊无对，天道不言，四时行而万物生。观其春生夏长，秋敛冬藏，飞潜动植，荣粹开落，生者自生，化者自化，形者自形，色者自色，祖师忽地醒然悟此幽玄，实求正教，参赞真天，一心侍奉，敬谨精专，那其间立教本至今传，考之在周朝，一百四十六年也。一传而至正教祖师乜摄，考之在周朝，六百十三载也。生知纯粹，仁义俱备，道德兼全，求经于昔那山顶，入斋四十昼夜，去其嗜欲，亡绝寝膳，诚意祈祷，虔心感于天心；正经一部，五十三卷有自来矣。其中至微至妙，善者感发人之善心，恶者惩创人之逸志；再传而至正教祖师蔼子利，系出祖师，道承祖统，敬天礼拜之道，足以阐祖道之蕴奥；然道必本于清真礼拜，清者，精一无二；真者，正而无邪；礼者，敬而已矣。拜下礼也，人于日用之间，不可顷刻而忘乎天，惟寅午戌而三次礼拜，乃真实天道之理，祖贤一致之修，何如必先沐浴更衣，清其天君，正其天官，而恭敬进于道经之前。道无形像，俨然天道之在上，姑述敬天礼拜纲领而陈之。始焉鞠躬，敬道，道在鞠躬也；中立不倚，敬道，道在中立也；静而存养，默赞，敬道，不忘之天也；动而省察鸣赞，敬道，不替之天也；退三步也，忽然在后，敬道！后也，进五步也；瞻之在前，敬道，前也，左之鞠躬，敬道即善，道在于左也，右之鞠躬，敬道即不善，道在于右也；仰焉敬道，道在上也，俯焉敬道，道在尔也；终焉而拜道，敬在拜也。噫敬天而不尊祖，非所以祀先也，春秋祭其祖先，事死如事生，事亡如事存，维牛维羊，荐其时食，不以祖先之既往而不敬也。每月之际，四日斋，斋乃入道之门，积善之基，今日积一善，明日积一善，善始积累，至斋，诸恶不作，众善奉行，七日善终，周而复始，是易有云吉人为善，惟日不足之意也。四季之时，七日戒众祖苦难，祀先报本，亡绝饮食，一日大戒，敬以告天，悔前日之过失，迁今日之新善也。是易圣人于益之大象有曰，风雷益，君子以见善则迁，有过则改，其斯之谓欤。噫教道相传，授受有自来矣。出自天竺，奉命而来，有李，俺，艾，高，穆，赵，金，周，张，石，黄，李，聂，金张，左，白，七十姓等，进贡西洋布于宋，帝曰，归我中夏，遵守祖风，留遗汴梁。宋孝隆兴元年癸未，列微五思达领掌其教，俺都喇始建寺焉。元至元十六年巳卯，五思达重建古刹清真寺，坐落土市字街东南，四至三五十杖，殆我大明太祖高皇帝开国初，抚绥天下军民，凡归其化者皆赐地，以安居乐业之乡，诚一视同仁之心也。以是寺不可无典守者，惟李诚，李实，俺平徒，艾端，李贵，李节，李昇，李纲，艾敬，周安，李荣，李良，李智，张浩等，正经熟晓，劝人为善，呼为满喇；其教道相传，至今衣冠礼乐，遵行时制，语言动静，循由旧章，人人遵守成法，而知敬天尊祖，忠君孝亲者，皆其力也。俺诚医士，永乐十九年，奉周府定王传令，赐香，重修清真寺，寺中奉大明皇帝万历岁牌。永乐二十一年，以奏闻有功，钦赐赵姓授锦衣卫指挥，升浙江都指挥佥事。正统十年，李荣，李良，自备资财，重建前殿三间，至天顺五年，河水渰没，基址略存，艾敬等具呈，按照先奉本府承河南布政使司札付等因，至元年古刹清真寺，准此。李荣复备资财，起盖深邃，明金五彩妆成，焕然一新。成化年，高鉴，高锐，高铉，自备资财，增建后殿三间，明金五彩妆成，安置道经三部，外作穿廊，接连前殿，乃为永远之计，此盖寺前后来历也。天顺年，石斌，李荣，高鉴，张瑄，取宁波本教道经一部，宁波赵应捧经一部，赍至汴梁归寺。高年由贡士任徽州府歙县知县，艾俊由举人任德府长史，宁夏金瑄，先祖任光禄寺卿，伯祖胜任金吾前卫千兵，瑄置买供桌铜炉瓶烛台，乃弟瑛，弘治二年舍资财，置寺地基一段；瑛与钟托赵俊置碑石，俺都喇立基址启其端，李荣高铉建造成其事，有功于寺。诸氏舍公帑经龛经楼经桌，连笼栏杆供桌付檐诸物器皿，亦为妆彩画饰，周围之用，壮丽一方。愚惟三教各有殿宇，尊崇其主，在儒则有大成殿，尊崇孔子；在释则有圣容殿，尊崇尼牟；在道则有玉皇殿，尊崇三清；在清真，则有一赐乐业殿，尊崇皇天；其儒教于本教，虽大同小异，然其立心制行，亦不过敬天道，尊祖宗，重君臣，孝父母，和妻子，序尊卑，交朋友，而不外于五伦矣。噫嘻，人徒知清真寺礼拜敬道，殊不知道之大原出于天，而古今相传不可诬也。虽然，本教尊崇如是之笃，岂徒求福田利益计哉；受君之恩，食君之禄，惟尽礼拜告天之诚，报国忠君之意，祝颂大明皇上，德迈禹汤，圣并尧舜，聪明睿智，同日月之照临，慈爱宽仁，配乾坤之广大，国祚绵长，祝圣寿于万年，皇图巩固，愿天长于地久，风调雨顺，共享太平之福，勒之金石，用传永久云。

开封府儒学增广生员金钟撰

祥符县儒学廪膳生员曹佐书

开封府儒学廪膳生员傅儒篆

弘治二年岁在己酉仲夏吉日清真后人宁夏金瑛祥符金礼并立

瓦匠吴亮吴海

附录三　尊崇道经寺记

正德七年（一五一二年）

赐进士出身朝列大夫四川布政司右参议江都左唐撰文

赐进士出身征仕郎户科给事中前翰林院庶吉士淮南高涍书丹

赐进士出身征仕郎前吏科给事中维扬徐昂篆额

尝谓经以载道，道者何？日用常行，古今人所共由之理也。故大而三纲五常，小而事物细微，无物不有，无时不然，莫匪道之所寓。然道匪经无以存，经匪道无以行；使其无经，则道无载，人将贸贸焉莫知所之，卒至于狂谈而窈冥行矣。故圣贤之道，垂六经以诏后世，迄于今而及万千世矣。至于一赐乐业教，始祖阿耽，本出天竺西域，稽之周朝，有经传焉；道经四部五十三卷，其理至微，其道至妙，尊崇如天；立是教者，惟阿无罗汉为之教祖，于是乜摄传经，为之师法。厥后原教，自汉时入居中国，宋孝隆兴元年癸未，建祠于汴，元至元十六年巳卯重建，其寺古刹也，以为尊荣是经之所；业是教者，不止于汴，凡在天下业是教者，靡不尊是经而崇是道也。

然教是经文字，虽与儒书字异，而揆厥其理，亦有常行之道，以其同也。是故道行于父子，父慈子孝，道行于君臣，君仁臣敬，道行兄弟，兄友弟恭，道行于夫妇，夫和妇顺，道行于朋友，友益有信，道莫大于仁义，行之自有恻隐羞恶之心；道莫大于礼智，行之自有恭敬是非之心；道行于斋戒，必严必敬，道行于祭祖，必孝必诚，道行于礼拜，祝赞上天，生育万物，动容周旋之际，一本乎诚敬也。至于鳏寡孤独，疲癃残疾者，莫不赒恤赈给；俾不至于失所，贫而娶妻不得娶，与葬埋不能葬者，莫不急力相助，凡婚资丧具，无不举焉；及至居丧，禁忌荤酒，殡殓不尚繁文，循由礼制，一不信于邪术，下至权度斗斛，轻重长短，一无所敢欺于人。求观今日，若进取科目，而显亲扬名者有之；若市列中外，而致君泽民者有之，或折冲御侮，而尽忠报国者有之，或德修厥躬，而善著于一乡者亦有之矣。逮夫农耕于野，而公税以给，工精于艺，而公用不乏，商勤于远，而名著于江湖，贾志于守，而获利于通方者又有之矣。畏天命，守王法，重五伦，遵五常，敬祖风，孝父母，恭长上，和乡里，亲师友，教子孙，务本业，积阴德，忍小忿，戒饬劝勉之意，皆寓于斯焉。呜呼，是经也，日用常行之道，所著者有如此。是故天命率性，由此而全，修道之教，由此而入，仁义礼智之德，由此而存。若夫塑之以像态，绘之以形色者，徒事虚文，惊眩耳目，此则异端之说，彼固不足尚也。然而尊崇于经者，其知所本欤。道经相传，有自宋矣。自开辟以来，祖师阿耽，传之女娲，女娲传之阿无罗汉，罗汉传之以思哈荿，哈荿传之雅呵厥勿，厥勿传之十二宗派，宗派传之乜摄，乜摄传之阿呵联，呵联传之月束窝，束窝传之蔼子喇，于是祖师之教，灿然而复明；故凡业是教者，其惟以善为师，以恶为戒，朝夕警惕，诚意终身，斋戒节日，饮食可叵于经，而是矜是式，尊奉而崇信焉。则天休滋至，理惠罔愆，人人有德善之称，家家遂俯育之乐，如此则庶于祖教之意无所负，而尊崇之礼无少忒矣。刻石于寺，垂示永久，咸知所自，俾我后人，其慎念之哉。

大明正德七年壬申孟秋甲子重建寺俺李高维扬金溥请道经一部立二门一座宁夏金润立碑亭一座金钟修撰碑亭镌字张鸾张玺

附录四　重建清真寺记

康熙二年（一六六三年）

夫一赐乐业之立教也，其由来远矣。始于阿耽，为盘古氏十九世孙；继之女娲，继之阿无罗汉；罗汉悟天人合一之旨，修身立命之原，知天道无声无臭，至微至妙，而行生化育，咸顺其序。所以不塑乎形像，不惑于鬼神，而惟以敬天为宗；使人尽心合天，因心见道而已。数传而后，圣祖默舍生焉；神明天亶，颖异超伦；诚心求道；屏嗜欲，忘寝膳；受经于西那山，不设庐，不假舍；礼曰不坛不坎，扫地而祭，昭其质也。圣祖斋祓尽诚，默通帝心，从形声俱泯之中，独会精微之原；遂著经文五十三卷，最易最简，可知可能，教人为善，戒人为恶，孝弟忠信本之心，仁义礼智原于性，天地万物，纲常伦纪，经之大纲也；动静作息，日用饮食，经之条目也；其大者礼与祭，礼拜者祛靡式真，克非礼以复于礼者也；礼拜之先，必斋戒沐浴，淡嗜欲，静天君，正衣冠，尊瞻视，然后朝天礼拜。盖以天无日不在人之中，故每日寅午戌三次礼拜，正以人见天之时，致其明畏，敬道敬德，尽其虔诚，日新又新；诗云陟降厥士，日监在兹，其斯之谓欤。其礼拜时所诵之经文，高赞之，敬道在显也；默祝之，敬道在微也；

进而前者，瞻之在前也；退而后者，忽然在后也；左之如在其左也，右之如在其右也；无敢厌斁，无敢怠荒，必慎其独，以畏明旦；诗云小心翼翼，昭事上帝，其斯之谓欤。而其行于进反升降跪拜间者，一惟循乎礼。不交言，不回视，不以事物之私，乘其入道之念；礼曰心不苟虑，必依于道；手足不苟动，必依于礼，道之在礼拜者如此也。

祭者尽物尽诚，以敬答其覆载之恩者也。春月万物生发，祭用芹藻，报生物之义也。仲秋万物荐熟，祭用果实，报成物之义也。出物之可以荐者，莫不咸在，不加调和，即所云大羹不调者也。而总以尽其诚信，礼曰，外则尽物，内则尽志，此之谓也。冬夏各取时食。以祀其祖先。祭之时以礼自持，堂上观乎室，堂下观乎上。既祭之末，均享神惠，而犹以其余畀之，道之在祭祀者如此也。

小者如斋，斋者精明之志也，七日者专致其精明之德也。斋之日不火食，欲人静察动省，存诚去伪，以明善而复其初也。易曰七日来复，复见其天地之心乎。犹惧人杂于私欲，浅于理道，故于秋末闭户清修一日，饮食俱绝，以培养其天真。士辍诵读，农罢耕芸，商贾止于市，行旅止于涂，情忘识泯，存心养性，以修复于善；庶人静而天完，欲消而理长矣。易曰先王以至日闭关，商旅不行，后不省方，其斯之谓欤。

冠婚死葬，一如夏礼，孤独鳏寡，莫不周赈。经之纲领条目，难以备述，而圣祖制经之义，无非此刚健中正，纯粹无私之理，斯道遂灿然明备，如皓日悬空，无一人不可见道，则无一人不知尊经矣。其中文字，虽古篆音异，而于六经之理，未尝不相同也。教起于天竺，周时始传于中州，建祠于大梁，历汉唐宋明以来，数有变更；而教众尊奉靡斁，如饮食衣服之适于人，而不敢须臾离也。其寺俺都喇始创于宋孝隆兴元年，五思达重建于元至正十六年，李荣李良高鉴高铉高锐于明天顺五年，黄水湮没，复捐资重修。殿中藏道经一十三部，方经散经各数十册；教众日益蕃衍，亦惟敬天法祖，世奉宗旨，罔敢陨坠而已。明末崇祯十五年壬午，闯寇作乱，围汴者三，汴人誓守无二，攻愈力，守愈坚。阅六月余，寇计穷，引黄河之水以灌之，汴没于水；汴没而寺因以废，寺废而经亦荡于洪波巨流之中，教众获北渡者仅二百余家。流离河朔，残喘甫定，谋取遗经，教人贡士高选，承父东斗之命，入寺取经，往反数次，计获道经数部，散经一十六帙；聘请掌教李祯，满喇李承先，参互考订焉。至大清顺治丙戌科进士教人赵映乘，编序次第，纂成全经一部，方经数部，散经数十册，缮修已成，焕然一新，租旷宅而安置之，教众咸相与礼拜，尊崇如昔日，此经之所以不失，而教之所以永传也。

然而教众虽安居于垣，终以汴寺之湮没为歉。时大梁道中军守备教人赵承基，率兵防汴，修道路，成桥梁，招人复业。惧寺废而教众遂涣散莫复也，且不忍以祖宗数百年创守之业，而忽废于一旦也；遣士卒昼夜巡逻以卫之。乃弟映斗，应试入汴，相与从荆棘中正其故址，汴人复业者日益繁。承基因数请教众复业，而李祯赵允中遂负遗经旋汴，时已为顺治癸巳年矣（顺治十年）。公议捐资修寺，众皆乐输，估工起建。尔时贡士高选等，生员高维屏李法天等，具呈各衙门，请示按照古刹清真寺，准复修理。赵承基等首捐俸资，李祯赵允中等极力鸠工，出前殿于黄沙，由是前殿始立。进士赵映乘分巡福建漳南道，丁艰旋里，捐俸资独建后殿三间，至圣祖殿三间，教祖殿三间，北讲堂三间，南讲堂三间，大门三间，二门三间，厨房三间，牌坊一座，行殿九间，殿中立皇清万万岁龙楼一座，碑亭二座，焚修住室二处，丹垩黝漆，壮丽辉煌。或出自教众之醵金，或出自一人之私囊，寺之规模，于是乎成，较昔更为完备矣，见者莫不肃然起敬。

殿中原藏道经一十三部，胥沦于水；虽获数部，止纂序为一部，众咸宗之，今奉入尊经龛之中。其左右之十二部，乃水患后所渐次修理者也。其散帙方经，众各出资修补，而大参赵映乘作圣经记变，乃弟映斗复著明道序十章；经文于是备，宗旨于是明，其灿然共著。如日月之在天，如江河之行地；经有真谛，解者不敢参以支离，经自易简，解者不敢杂以繁难；自是人知君臣之义，父子之亲，兄弟之序，朋友之信，夫妇之别，原本于知能之良，人人可以明善复初，其与圣祖制经之义，祖宗尊经之故，虽上下数千百年，如在一日。

计自沧桑之后，赵承基映斗，正基址以启其端。赵映乘高登魁等捐资起建，以成其事，有功于寺。高选赵映乘订证圣经于前，李祯等修补于后，有功于经。至于寺之牌匾对联，皆各衙门宦游河南者之所书也。赵承基任陕西固原西路游击，旋里览其胜概，因叹曰，数百年创制之隆，于今得复睹其盛矣；则后人之视今日，不犹今日之视昔人耶；犹恐其久而不传，欲勒诸石，以垂不朽，而请记于予。予汴人，素知一赐乐业之教，且与游击赵承基，大参赵映乘，医官艾显生，为莫逆交。巅末颇能道其详，因据其旧记而增补之，俾人知其道之由来，且以见今日之修，其教中诸人之功不可泯也，是为记。

特进光禄大夫侍经筵少傅兼太子太傅前刑部尚书今予告工部尚书刘昌撰文

钦差进士提督学政云南按察司副使李光座书丹

钦差进士提督学政广东按察司副使侯良翰篆额

大清康熙二年岁次癸卯仲夏上浣谷旦武安石匠王建玉镌石

康熙二年碑阴题名

清真寺之修，始于宋孝兴隆元年，迄今已数百年于兹矣；虽数经变更，而寺址依然存立。乃自明末崇祯十五年壬午，沧桑之后，寺基圮坏，见者莫不凄然。至我朝顺治十年癸巳，教众旋汴复业，公议捐资重修；而李赵艾张高金石等七姓，各输囊金，重建前殿三间，教祖殿三间；其后殿三间，尊经龛一座，乃兵巡漳南道副使丙戌科进士赵映乘丁艰旋里，出俸资而独成之者也。至于圣祖殿三间，大门三间，二门三间，铜炉瓶六副，乃高登魁高登科修之。北诵经堂三间，系艾姓同修。南讲堂三间，赵允中允成映衮率侄元鉴同修。艾生枝修牌坊一座。金之凤立殿中皇清万万岁龙楼一座。赵允中允成复修行殿九间，及殿中栏杆地屏，烛台供桌。殿前至大门内甬路，南经堂甬路。艾应奎率子从生永胤显生达生复生等修石栏井一眼，石狮一对，凤灯一座，竹帘五挂，花扁七面，李辉置铜炉三副。艾世德置铜莲花灯二座。修殿前月台石栏，及北经甬路。艾惟一修厨房三间；赵允中高登科赵元鉴修周围大墙一道；艾世德世芳修大门外花墙月台。其焚修住宅，及桌凳炉鼎一切树木，应用器皿等物，七姓公置之。寺之规模于是成，犹然昔日之盛。其粉饰黝垩，较昔更为壮观，附勒碑阴，以志其盛云。

殿中旧藏道经十三部，壬午胥沦于水。贡生高选捞获七部，教人李承俊捞获三部，赍至河北，聘请掌教，去其模糊，裁其浸坏，参互考订，止纂成全经一部，尊入龛中，教人宗之。其在左一部，乃掌教李祯本旧经而重修之。其在右一部，乃满喇李承先重修之。其余十部，乃渐次修整者也。教中艾惟一与同族公修一部。赵允思修一部。金应选与同族修一部。高登魁修一部。赵映乘修一部。满喇石自俊修一部。李辉同侄毓秀修一部。高登科修一部。满喇张文瑞与同族修一部。满喇艾达生同兄弟子侄修一部，至是而十三部乃全矣。焕然一新，诵者易晓，观者悦服，要皆掌教满喇之所手著。而教众之所勷成，谨勒于石，俾后人知经寺之修。其有由也夫。

第二章　唐景教碑出土史略

景教碑发现之历史　居今日而论三百年前出土之景教碑，似已失去其时间性矣；且已有许多专书；今即论也，亦必无殊特之意见贡献，何必再行喋喋？此语也，虽有片面理由，而实未尽然也。盖论景教者，以西人西书为多，而吾国人除一二学者外，竟绝少研究；张星烺曰："反之我国，则自发现后，仅少数金石家略讨论及之耳，真可愧也！"《中西史料汇篇》第一册《古代中国与欧洲交通》八八页。则今再论，不无裨益也乎？

景教碑之发现，是在明天启五年（一六二五年），长安民锄地，得唐建中二年景教碑。

> 来斋金石刻考云：今在西安城金胜寺内，明崇祯间，西安守晋陵邹静长先生有幼子曰化生，生而隽慧，甫能行，便解作合掌礼佛，二六时中略无疲懈。居无何而病，微瞑笑视，翕然长逝，卜葬于长安崇仁寺南；掘数尺得一石，乃景教流行碑也。此碑沉埋千年而今始出。质之三世因缘，此儿其净头陀再来耶？

上论碑之出土年间，既浮泛不确，而所论又涉及迷信，欠历史价值。

钱氏景教考云：万历间，长安民锄地，得唐建中二年景教碑，士大夫习西学者相矜谓有唐之世，其教已行中国，问何以为景教而不知也。

钱氏论出土之年，亦不准确，可见吾国金石家之考古，论年代月日，不甚注意。有史实之考据者，允为耶稣会士鲁德昭之记载，其所记系其所目见，且目见此碑于出土后之三年，即崇祯元年（一六二八年）。其所记在其所著之《中国史》（Histoire de la Chine），chap. 31，pp. 224—231 云：

鲁德昭记景教碑之出土

一六二五年，在陕西省城西安府城近段，为建筑房屋，工人锄地，掘得一石碑，长九尺强，阔四尺，厚一尺强；头端为金字塔形，面上镌有十字，周围绕以"丽斯"花，形似在梅丽亚包城（Méliapor）中之圣多默宗徒墓上之十字。十字四周又环以彤云，下有华文"大秦景教流行中国碑"九字，排列三行。碑之全面，皆刻有类似之华字，并有少许外国字，一时不能辨认为何国语。

此碑发见，洗刷一新后，一时民众为好奇心驱使，来观看者人山人海。不久，官府知悉，亦来审察，并命人砌以碑基，妥为安置，碑面则更保护周详，使不致损坏；而人则仍能瞻视。从此碑可以知古时中国人之宗教信仰也。旋官府更为审慎起见，移置于某庙中。观看之人，非常众多，有惊异此古碑者，有见外国字而盲然者。有李之藻之至友，闻知此事即摹拓一幅而寄赠焉；此时李子在杭州，在该城亦有吾同会士寓居避教难焉。

此碑出土后三年,即一六二八年,有名斐理伯者,作宦陕西,且在重要职务,请吾同会之某士偕行焉。不久即在西安府,会士建筑一圣堂,一住院。回溯天主前在此城曾赐以许多恩宠,使信光早日广照于盛大之国;今再欲藉教士而更巩固其仰信。此幸福乃正赐给于予,盖予衔长命遣至此地而任建堂筑院之务,因得许多便利,以研究是碑。

碑文中有许多景教之司铎及主教名,惟其名字皆外国字,初不识其为希腊文或为希伯来文。厥后余在印度之阅蓝葛儿(Cranganor),就正于安多尼费郎台斯(Antoine Fernandès)司铎;费子精通古代圣经文字,认为叙利亚文(Caractères syriaques)即今日亦仍通行。

上系鲁德昭记载当时之情形,已一一译出;继下鲁公将碑上中文之意义,译成西文,公诸欧洲人士。最后鲁公结论曰:

基利斯督教可见于天主降后六三一年间,已传入中国;但不可因此曰,在六三一年前,信光从未由宗徒而照临中土焉。盖圣多默宗徒曾亲至印度,宣扬天国;及后教统失传;终又于八〇〇年左右,有亚尔满尼教友,名多默雅甫音(un chrétien Arménien nommé Thomas Chananéen)者,重将信德传入马体徒恩城(Mogodoune ou patana)。类似之事,在中国未尝不能有:即在宗徒时圣教或已传入,继又间断,而景教徒则重来布教,以恢复古代之信德种子。

(Semedo, Histoire de la Chine, pp. 239—240.)

巴尔刀利之记景教碑　鲁公之记载有历史原料之价值，后之讨论者，不能出此。除鲁公外，尚有耶稣会士历史家巴尔刀利之记事（Bartoli，la Cina，Livre Ⅳ，pp. 793—795），其价值不特不下鲁公，且更超而上之；盖巴公于一六六三年辑著景教碑史，在罗玛耶稣会总院文献室中，保藏许多中国传教会士之报告书，及景教碑之译文八种，故能详细审察而互相补证也。今将其所记节译如下：

长久埋没遗忘在地下之一宝藏，卒于一六二五年出现。起初公布于中国，继而传至全球教会：东方，欧洲，及新获见之大陆；盖此与整个圣教会有关系之一事也。此事为何？即在千载前，基利斯督教之盛行于中国十省也。景教在一百五十年之时期中，不但得到许多皇帝之表扬爱护，且享有特典殊荣，如在各大城市中许以建筑教寺，奉事真主，司铎及主教得以施行圣事等。惜不久而教难作，致古昔宗教之踪迹，耶稣会士重入中国时，无由发见，所仅存者，惟大秦景教碑；今将发见之情形述之。

陕西在中国十五省中为最古省份，盖自陕省而中国民族传至其余十四省。凡从印度由陆地入中国，陕西为必经之地，且对此方向，能远至西番，即西藏是也。回回商队每年从波斯或别地到中国，必先至陕西北境；陕北长城为满洲之分界。西安为中国数世纪之首都，宫殿华丽，京城均由巨石砌成，命名金城，诚不诬也。耶稣会士到西安数月后，近盩厔城旁，此碑近盩厔城发见后载至西安，有金尼阁司铎书简凭证，见夏司铎《西安景教碑》七十页。但伯希和（Pelliot）在一九一四年《通报》（T'oung Pao）六二五页说，此碑不发见于盩厔，然在西安城外郊即该崇仁寺旁。按希氏不过言己意见，不述出其证据。乾隆五十年盩厔县志卷五，有在黑水谷东有大秦寺之语，有苏东坡大秦寺诗，则在盩厔有景教碑未尝不无理由。工人为建筑房屋，掘地得十巨石，起而洗刷之，乃见一大石碑，碑上满镌文字，有为中文，有为奇异莫辨之文，然二种文字，刻工均甚精细。

上述为景教碑出土之情形，其发现诚为偶然，盖工人锄地无意中得之也。一六三九年又有陕西教士寄来之报告，可以补足其情况。据说陕省一老人某晚至方德望司铎处，详述景教碑未出土之前，每当冬季雪飞满地之际，该碑所埋之地，雪不积留，即厚至数尺，而不留焉。人多异之，以为地下或有宝藏，或有重物，因而垦掘，乃得此碑。此为众目昭彰之事云。华人最重视古物，以愈古为愈贵；此碑发见后，盩厔官府一经闻悉，即驱车观察，见碑上唐德宗建中二年之物，喜不自胜。继又曰：

碑阔四尺，长九尺厚一尺；碑首方形尖顶，镌有十字状如马尔他岛（Malte）骑士徽章，饰以花纹，下有九大字分三行排列。碑之正身从上至下有三十行字，此系中国人文字之写法，异于吾国人之横行也：共有字一〇一八。中国字一字有一义，故以西文译之，至少四倍。

除中国字外，四周有沙利恩（Sorien）古体字，已非今日所通行，不知究为何国文字。

官府见此古碑已有八百五十年之历史，无任喜爱；碑文虽系中国文字，而其意义，盲然未晓；于是即命人庋藏一道士寺，又建碑亭以护之；此碑之历史且另刻一石。安置于盩厔，西安人士风闻此碑，咸来瞻观。碑文既古奥，意义又关宗教，在当时吾天主教未曾普及民众，人虽欲自解释而未得其要领。

同样之事，曾在盩厔发生，即此碑发见后，人多未解，有某举人谛视审察，虽未能尽解其义，但知必系关于天主教传入之碑；因此举人十八年前曾认识利玛窦，故对于圣教之内容已略知概况矣。乃即摹拓一纸白字黑底明晰异常，寄赠其老友李之藻，时李公在杭州也。李公得到此碑文后，即详细诠解（著有《读景教碑书后》，附刊于阳玛诺《唐景教碑颂正诠》），继而保禄博士（徐光启）用小字另印，以广宣传。巴公以意文记载，法文译有夏鸣雷所著《景教碑》三十二至三十八页。

以上皆为巴尔刀利司铎综合各种报告而成之记述，所以甚有价值。巴公所谓某举人寄赠李之藻之藏本，今从李公《读景教碑书后》而知系张赓虞：“庐居灵竺间，歧阳同志张赓虞，惠寄唐碑一幅，曰：迩者长安中掘地所得，名曰景教流行中国碑，此教未之前闻，其即利氏西泰所传圣教乎。”李公之书作于天启五年（一六二五），岁在旃蒙赤奋若（四月），日缠参初度（十六日）。故间接亦足以证明碑之发见在天启五年，而非三年；张公寄此藏本于李公是专差送去者也。

李之藻序景教碑　是碑发见后，耶稣会士阳玛诺于崇祯辛巳（一六四一年）著《景教流行中国碑颂正诠》，序中有曰：

迩岁幸获古碑，额题景教；粤天主开辟迄降临，悉著厥端；时唐太宗九年，为天主降生后六百三十五年至西镐广十道。圣教之来，盖千有余岁矣。是碑也，大明天启三年按鲁德昭谓天启五年即一六二五年,此言三年恐误。关中官命启土,于败墙基下获之;奇文古篆,度越近代,置廓外金城寺中,岐阳张公赓虞拓得一纸,读竟踊跃,即遗同志我存李公之藻,云:“长安掘地所得名景教流行中国碑颂,殆与西学勿异乎?”李披勘,良然,色喜曰:“今而后中土勿得咎圣教何暮矣。古先英辟显辅,朝野共钦,昭烛特甚,尚奚有今之人也。”继而玄扈徐公光启,爱其载道之文,并爱其纪文字画,复镌金石,楷摹千古。……

阳公之序,将鲁公之所记,更出以具体而肯定言之,可以补充鲁公所述之不足;惟阳公言是碑之年有误。证之李之藻《读景教碑书后》云天启五年,及徐光启《铁十字著》云:近天启乙丑(一六二五年)长安掘地得碑题曰大唐景教流行中国碑……可知矣。

景教碑出土之地点 综上观之:此碑发见于盩厔,时在一六二五年。是年公历四月金尼阁司铎由山西绛州至陕西西安,应张斐理伯及保禄之请也。金公到西安时教碑已出土,张赓虞已遣人将拓本送至李之藻,故教士中第一人见此碑者为金尼阁,一六二八年鲁德昭司铎前往西安,接金公任,故鲁公为第三教士得以亲见是碑。

是碑在盩厔出土后,即运至金胜寺,此寺在长安城外,盩厔乃属于西安府之一县,金胜寺即崇仁寺,《陕西通志》二十九卷第二张云:“金胜寺即崇仁寺,在府城西郭外,即唐三藏法师译经处。”此等考据见夏鸣雷司铎《西安教碑》法文本六十至八十页。

最近又有俞克氏综合前人之所说,在其所著之《中国传教史》中(*Huc*, *Le christianisme en Chine*, t Ⅰ, pp. 48—52, 一八五七年出版)曰:当一六二五年,陕西省会西安城外,华工因起造房屋，开掘基地，发见一大石碑，深埋土中，视华人平日所立，用以纪念名人伟绩，垂之后世者无异；石作黝黯色，高约十尺，阔半之；碑之一面，镌有十字一，篆书序颂一；此外尚有数字，则非中国字体。碑既发见，颇动官绅与地方人注意；即将碑石当众陈列。凡嗜奇之士，咸争先玩赏；环聚成群。时耶稣会士多人，在华传教，前去视察者，以鲁德昭为首先获睹，继为卫匡国，及卜弥格二司铎。卫公曾编制中国地理志，卜公隶籍波兰，藉某华士之助，得将碑文移译一过。

北京政府闻知此事，着人索取碑拓一纸；皇帝命将原碑移贮于一著名佛殿中（按即金城寺），此殿离西安府法里四分之一。其原藏本由据称亲见此碑之耶稣会士，赍往西欧，故罗玛该会总院藏书楼，早已庋有其一；致引起稠人之览观，嗣后又一藏本寄至巴黎，其大小悉按碑之面积；为利歇留路（La rue de Richelieu）图书馆所收藏。今其真迹字画，游廊中依然张挂，人不难目睹之。

考碑文之首，即冠一十字符号。状与马尔他岛（Malte）骑士之十字徽章，及在印度圣多默墓上所见之十字相若。此段有译文见《圣教杂志》第十一卷第六页。

景教碑之译文　此碑出土后，即引起中西学者研究之兴味，在当时已有许多之译文。其最初之译本，即在是碑发见之年（一六二五），系拉丁文，由耶稣会某士翻译，罗雅谷司铎寄至罗玛者也。有谓恐即罗公自已或金尼阁司铎译成。一六二八年，在法国始有法文译本，惟所译仅四分之一颇不完全。一六二九年，邓玉涵有碑上叙利亚名字之翻译问世；一六三一年在罗玛有意文译本，堪称完备;耶稣会士纪尔开(Kirker)曾将关于景教碑之拉丁译本,刊入于其一六三六年所出版之考泊脱语和埃及语时代前后论中,一六二八年,鲁德昭在回欧途次重译碑文,附刊于彼所出版之《中国教务报告》(Relation sur la Chine)书中;此书既有葡、西、意、法、英等译本,故景教碑之名,一时盛传欧洲全境。一六五二年后,又有何大化之拉丁译本,寄藏罗玛耶稣会总院,至今未付梓。巴尔刀利(P. Bartoli)亦辑有译文,附于其所著之中国史中。卜弥格司铎由永历王太后遣至罗玛,请求教皇为中国祝福,一六五三年,在维也纳刊行中国植物志,并大秦景教流行中国碑之篆文图像,悉如其碑,颇能引起欧人之兴味;而纪尔开司铎(纪公前已论及此碑)又以碑铭全文,及卜公之译文,另制铜版揭载,刊入于《中国图象》(China illustrata)书中,于是碑更闻名于天下矣。参考夏鸣雷司铎 P. H. Havret, La stèle de Si Ngan Fou, pp. 325 seq.

景教碑真伪之辩论　以上皆为十七世耶稣会士述景教碑出土之情形,及其翻译碑文之经过。十七世纪以后则为争辩时期。盖反对宗教者谓此碑系在华耶稣会士之伪造,用以欺世惑民者;有谓事实俱在,无可否认者,反对派大抵或是惟理论者如:莱襄(Renan),华尔代(Voltaire),或是誓反教人如诺曼(Neumann),儒利恩(St. Julien),拉老斯(La Crose)等等。考证家谓此碑上有叙利亚文及许多人名,详细研究,无有能作伪者,如雷盖(James Legge),伟烈亚力(Alexander Wylie),雷麦萨(Abel Rémusat)等等。参观《中西交通史料汇篇》第一册一八八页及方殿卿司铎之。(P. L. Gaillard, Croix en Chine pp. 115—116.)

虽然,一方面争论教碑之真伪,一方面亦不断讨论,重译碑文;十八世纪耶稣会刘诚主教有拉丁及法文译本,亚衰买你(Joseph-Simon Assémani)有叙利亚名字之重译;十九世纪英文中则有白里枢曼(Bridman),伟烈亚力(Alexander Wylie),雷盖(James Legge);法文则有俞克(Huc),鲍梯(Pauthier),夏鸣雷司铎(P. Havret),德文则有诺曼(Neumann),日人则有佐伯氏之英文本景教碑文研究;其中资料最丰富,考据最正确之本,当推夏鸣雷杰作。参考 P. Havret s. j. La Stèle de Si-ngan-Fou. pp 335—342,又张星烺著《中西交通史料汇篇》第一册《古代中国与欧洲之交通》一八七页。

中文书论景教事　反对教碑为真迹者,其所持之理由,既谓中文书中,无一字之道及;今即将中文书中景教之历史,略提一二如下:

> 《唐会要》四十九卷十页曰:贞观十二年七月,诏曰:道无常名,圣无常体;随方设教,密济群生,波斯僧阿罗本,远将经教来献上京,详其教旨,玄妙无为,生成立要,济物利人;宜行天下所司,即于义宁坊建寺一所,度僧二十一人。

上言景教之来中国,皇帝准其立寺,在碑文中已叙述;如谓此不可靠,因语见碑文;《唐会要》同卷同页又曰:

> 天宝四载九月,诏曰:波斯经教,出自大秦,传习而来,久行中国;爰初建寺,因以为名;将欲示人,必修其本。其两京波斯寺,宜改为大秦寺,天下诸府郡置者亦准此。

此系改景教寺之名,波斯寺改为大秦寺,而大秦寺即碑上之名。

又日本东京帝国大学梵文教授高楠顺次郎发见唐德宗

时，西明寺僧圆照所辑《贞元新定释教目录》，其中有关于景教之一节："乃与大秦寺波斯僧景净依胡本六波罗密经译成七经。时为般若不闲胡语，复未解唐言，景净不识梵文，复未明释教；虽称传译，未获半珠，图窃虚名，匪为福利，录表奏闻，意望流行。圣上濬哲文明，允恭释典，察其所译，理味词疏。且夫释氏伽蓝大秦寺僧，居止既别行法全乖；景净应传弥尸诃教，沙门释子弘阐佛经；欲使教法区分，人无滥涉，正邪异类，泾渭殊流。"见《通报》一八九六年五八九页，又夏鸣雷《西安府景教碑》三八四页，又《中西交通史料汇篇》一八九页。

准此：教碑中之景净，弥尸诃二名，亦见于佛书。

《册府元龟》九百七十一卷第九页记："波斯王遣首领潘那密与大德僧及烈朝贡。"又九百七十五卷十三页记："开元二十年八月庚戌，波斯王遣首领潘那密与大德僧及烈来朝，授首领为果毅，赐僧紫袈裟一副，及帛五十匹放还蕃。"

此处所谓之大僧及列，亦碑文中之名也。

宋，宋敏求《长安志》云："义宁坊本名熙光坊义宁元平改街东之北，波斯胡寺，贞观十二年太宗为大秦国胡僧阿罗斯立。"

阿罗斯即教碑中所言之阿罗本；是景教尚存在宋代也。

他若钦定四库全书总目一百二十五卷之大秦寺金石补录之景教流行中国碑，及《潜研堂金石跋尾》，《关中金石记》，《来斋金石刻考略》中均有是碑之记载，兹不多赘。惟有一更重要，更有价值之文件则不能不述，即丁未冬（一九〇八年）法人伯希和（Pelliot）在敦煌鸣沙山石室中，发见景教三威蒙度赞一卷，尊经一首，法王题名录，及诸经目录并案语，均系唐写本；故有诬明末出土之大秦景教碑为耶稣会士之伪造者，证以新获见之教经赞，不攻自破。卷中所言唐太宗贞观九年僧阿罗本景净，及圣父译为阿罗诃，圣子译弥施诃，均与碑文同；译经者为宰相房玄龄亦同。可见景教之传入，远在千载以上，伪□之说，为无稽之言可知。至三威蒙度赞，《圣教杂志》第四卷第七期已有影印公布不再录出。

景教碑发现后之影响 景教碑发见之详细情形，时期，处所，与其译文，既如上述；今试言其影响。盖其影响，实一时轰动全球。当明末利玛窦等之入吾国传教，莫不希望在此硕大之中国，恐一旦能寻获一二圣教传到之踪迹。今果然在西安无意之中，掘得古色古香之一大石碑，而审察其石质，寻绎其刻文，则知基利斯督教已远在七世纪之初，由波斯而传入中国，且盛传一时，博得皇帝及宰臣之信仰。传教于中国之耶稣会士，喜不自胜，以为足以辩护现在所传之圣教，千载前已宣扬于中国矣。于是研究碑文，翻译其义，以传告于泰西人士。另一方面，西士又喜能答辩——圣教固为救灵所必要——何以迟迟传至中土之责难？阳玛诺《唐景教碑颂正诠》序云：

> 客谓默牖远来，训正吾士若民，洵足颂感，然曷弗于数代以前，俾吾先人咸蒙接引，延迨今兹，诚所未解？……诺辈时为太息曰：浅哉智慧，乃妄议天主意如是乎？……抑圣经喻圣教如日，其初出未曜普地，繇近逮远，渐被厥光，被早固忻被迟

勿憎，旋至旋被矣。西方距中土几九万里，圣教来滋迟固也；理论至此必不复惑，矧溯厥繇，又弗惟自今日始。迩岁幸获古碑，额题景教，粤天主开辟迄降临，悉著厥端，时唐太宗九年，为天主降生后六百三十五年至西镐广行十道，圣教之来，盖有千余岁矣。

李之藻《读景教碑书后》，亦有同样之言，曰："利玛窦氏之初入五羊也，亦复数年混迹；……其如道不虚行，故迄今尚有所待。三十余载以来，我中土绅士，习见习闻，于西贤之道行，谁不叹异而敬礼之。然而疑信相参，诧为新说者，亦繁有焉。讵知九百九十年前，此教流行已久；虽世代之废兴不一，乃上主之景命无渝……多年秘奇厚土，似俟明时。今兹焕启人文，用章古教……。"

景教碑之发见，于圣教之宣传，不无关系；西士固热心研究，而吾教中学者，亦努力以阐扬焉。李之藻于是碑出土后数月，即接得岐阳张赓虞专差所赠之拓本；李公即以天主教之道理逐句诠解，题名为《读景教碑书后》，广传全国。一六二七年，江西吉安府寻得一铁十字，徐光启乃有《铁十字著》，亦曰：

铁十字者，必景教所奉十字圣架唐人所作也。……近天启乙丑长安掘地得碑，题曰大唐景教流行中国碑，碑首冠以十字，亦一证也。碑中言景教自唐贞观九年大德阿罗本始奉以入中国云云……阳玛诺景教碑序曰："岐阳张公赓虞拓得一纸，读竟踊跃，即遣同志我存李公之藻，云长安掘地所得名景教流行中国碑颂，殆与西学弗异乎？李公披勘，良然，色喜曰：今而后中土弗得咎圣教来何暮矣。古先英辟显辅，朝野共钦，昭烛特甚，尚奚有今之人也。继而玄扈徐公光启，爱其载道之文，并爱其纪文字画，复镌金石楷摹千古……”是教中博士重视教碑而宣扬也可知矣。

不特此也，教友中有以爱护圣教故，而以“景教”署名者，如王征与邓玉涵所著之《奇器图说》，署名“关西景教后学王征”且此书于天启七年出版，是景教碑出土后之二年也。又艾儒略圣梦歌有林一俊之小引及李九标之跋，林李二氏均署名“景教后学”，是以景教二字署名，在天主教学者中诚为一时之风气矣，徐汇书楼又有古抄本，题名《景教便蒙歌》，是景教与天主名并用矣。但有一事当注意者：李之藻、徐光启于景教碑早已研究而宣扬，从未以景教代天主教三字者，抑知景教与天主教究有分别而不敢用欤？或因当时已有天主名字取用之问题而不再兴起新问题乎，此则不可不知者。

崇祯辛巳（一六四一年）阳玛诺有《唐景教碑颂正诠》之问世。此书将碑中之语，逐句诠解；在圣教道理上作研究，允为一册护道之书，给予当时教内教外人以明确之观念者也。

景教碑保存之经过 景教碑之出土，不特在吾中国历史上为一大之纪念，即为金石学方面言，亦是一宝贵之古碑，宜乎金石好古家赏玩不置也。至于在宗教方面，此碑之出，亦至为重要；盖足证基利斯督在八世纪已传至中国之一明证也。宜乎此碑一出土，不但在吾国轰动一时，且传至欧洲而兴起许多人之注意。惜事变世迁，该碑峙立西安郊外，已无人过问；而风吹雨打，终难免损坏；欧洲人士凡至西安参观者莫不惜之。一八九一年乃由驻北京之公使馆请求总理衙门设法保护；且由北京汇银百两，递至西安，令另建碑亭以掩庇之焉。惜此款到西安，只银五两；于是草率从事，筑一瓦轮以盖之耳。见 The Nestorian Monument by Frits V. Holm. p. 23.

一九〇九年十月二日有一丹麦人名何尔谟（Frits V. Holm）者，已将教碑掘起，装运出土，拟载至纽约博物院保管；幸尚未出陕境，终令运回，移置西安碑林。见上言之 The Nestorian Monument pp. 29—32.

但《长安史迹考》足立喜六著杨炼译商务印书馆出版记载微有不同，今录下：

欧美学者归纳当时耶稣会士等之报告，判定天启五年（一六二五年）掘得，即建造碑亭，郑重保护之；因碑左题字曰：后一千七十九年，咸丰己未，武林韩泰华来观，幸字画完整，重造碑亭覆焉。故知建于一千七十九年，即由掘后之二百三十四年，韩泰华重修碑亭。其后复罹回乱，碑亭与寺院，俱被烧毁，遂使此碑曝露旷野，幸未遭毁损，诚属天惠。后经欧美学者之认识，遂使委弃于西安城郊外，受天然与人为迫害之景教碑，舆论一致主张保护，另有一部人士，以移往欧洲为妥。于是丹麦人何尔谟等，仆仆至西安，出银三千余两收买此碑，以便运往伦敦。正在秘密商量运搬之际，为北京政府得悉，急电陕西巡抚，命妥加保管。其时陕西高等学堂教务长王猷君，擅长英语，爰当此折冲之任。百方交涉，始得解除契约，允许何尔谟照原碑制作摸造碑持归……陕西巡抚为加意保护计，移入碑林，时光绪三十三年（西纪一九〇七年八月二十七日也）。今此碑保存在陕西碑林第六区，碑林位于西安寺东南隅孔庙后，由西安府学入，则可至碑林大门。今碑林由陕西省立第一图书馆管理。其中碑石，以地域分，分编碑林为十二区，逐一列号登记者也。陕西省立第一图书馆月刊第一卷第二期五二页。

以上皆为大秦景教碑之历史，综要论之，亦备为考古家参考之资料耳。

参考书

除篇中言之参考书外，尚有：
冯承钧编之《景教碑》
王治心所编之《中国宗教思想史大纲》

第三章　唐景教论

景教为聂斯脱利之异教　景教碑出土之历史，上期已述，今言景教之本身。李之藻谓："景者，大也，炤也，光明也。"阳玛诺亦谓："景者，光明广大之义。"有署名景门后学杨襄甫者著《景教碑文纪事考正》，曰："景之云者，文取光明之意，义出本经约翰福音传一章云。"教者，教会也，言信仰景道之人缔结之团体。景教者聂斯脱利派（Nestorius），大秦国人阿罗本，于唐贞观九年（六百三十五年）传入中国。聂斯脱利派乃第五世纪之一异端，创于聂斯脱利，聂斯脱利生于西利亚（Syria），为安底奥血（Antioche）即吾国古书之安都城隐修院院长，律己严，善辞令；四百二十八年升为君士旦丁堡大宗主教（Patriarcha de Constantinople），其所讲之异端道理，是反对圣母称为天主之母。概要述之：

一，否认物尔朋取人性而由圣母所生；然谓物尔朋附着于圣母所生之人；故圣母所生者，非天主物尔朋降生之人；然天主物尔朋结合于圣母所生之人耳。其结合宛如天主与先知圣人之结合；惟在基多，其结合之式更完美，更超越。

二，因此圣母非天主之母，只可称谓人之母。

三，在基多所以有二主体，一有形可见之人，二无形不可见之天主物尔朋。吾人所行之朝拜，则对此二者：对于基多人而朝拜，因天主居于此人，故与天主而同受朝拜；亦因天主居于此人之故，所以基多虽人而亦称天主。

四，天主物尔朋既与基多结合，因此将天主之权能，光荣，与之通功，使之成为救赎之工具及其帮助；所以基多人所受之光荣与凌辱，宛如天主亦受。

总之，依聂氏所言，从圣母所生者，是有形可见之人，成为司祭，受苦受难而死。天主物尔朋常与此人缔结，有不能分离之情；然天主物尔朋非降生为人焉。所以在基多有著形之二位：一，天主之子。二，圣母之子。有著形之二位，无著形之惟一主体；二性之结合，亦非著形的；然伦理的，即性情之契合，因此在基多只能谓有伦理位之一致。

以上为聂斯脱利之异端。反对此异端者，有亚立山府（Alexandria）主教圣济利禄（St Cyrillius）；圣人将聂氏之异端奏明教宗；教宗在罗玛召集公会议，将异端禁绝，又委圣济利禄为教宗钦使，查办异端。

圣人领旨后，即劝令聂斯脱利取消异端道理；聂氏不从。圣人乃在厄弗所府由教宗命，召集大公会议；参与者有二百位左右主教，圣人为主席。众主教一致判决聂斯脱利为异端。且革其主教之职，全城闻之，大为欢乐。

聂氏异端之根本，在谓耶稣基多有二位，故谓此人，此天主。圣教会之信德道理，在厄弗所公会议所规定者，其基础之道理：

一，人性与天主性之结合，乃著形的，实体的。著形的结合，即非意志性情之结合，只附结于已定之人位，或性体上。实体的结合，即性非抽象之性，如泛言曰人性；然是个别之性。

二，天主性与人性结合在天主物尔朋位，故其著形之主体是一致的；物尔朋是天主，天主非物尔朋之工具。

三，基多实即天主，非天主之代表；缘天主物尔朋取人性为自己之本性体故。

四，圣母乃天主之母，天主物尔朋，实为吾侪之司祭，受苦难而钉死。参观《天主降生救赎论》二十四至二十九页。

景教之道理 以上皆为厄弗所公会议规定之圣教会道理。传入中国之景教，既为聂斯脱利之异端，故有检讨之必要；今将景教碑上之道理，分析而论之。

论天主三位一体：

> 粤若，常然真寂，真言天主之本德寂言天主之本性。先先而无元，言天主无始无终。窅然灵虚，窅深也虚纯无错杂也言天主之灵靡所弗知自□厥体。后后而妙有；总玄枢而造化，妙众圣以元尊者。其唯我三一妙身，三位一体。无元真主阿罗诃欤，阿罗诃即希伯来文 Elohim。古经上称天主之名，亚利西人则曰 Alana 或 Aloho，佛教有阿罗汉，名不可相混。

论天主造物及原祖性体之完美：

> 判□字以是四方，鼓元风而生二气，暗空易而天地开，日月运而昼夜作。匠成万物，然立初人；别赐良和，令镇化海，浑元之性，虚而不盈，素荡之心，本无希嗜。

论原罪及其害处：

> 洎乎娑殚魔鬼也（Satan）妄施，钿饰纯精，间平大于此是之

中，鄉冥同于彼非之内。是以三百六十五种言异教之众，肩随结辙，竞织法罗。或指物以托宗，或空有以沦二，或祷祀以邀福，或伐善以矫人，智虑营营，恩情役役，茫然无得，煎迫转烧，积昧忘途，久迷休复。

论天主降生：

我三一分身，景尊弥施诃默西亚 Messia 也，又书弥尸诃或弥失诃。戢隐真威，同人出代，神天宣庆。室女诞生于大秦，景宿告祥，波斯睹耀以来贡。

按此处分身二字研究景教者之解释不一：有谓此即聂斯脱利之异端，分身解说耶稣有二性而二位。有谓分身在中文书中并不解说性及位，是混言天主降显于世，隐其无穷之尊贵而为人也。

论救赎：

圆周全也二十四圣先知圣人有说之旧法古经也，理家国于大猷，设三一净风无言之新教，陶良用于正信。制八境真福八端之度，炼尘成真；启三常信望爱三超性德也之门，开生灭死。悬景日光大之日即吾主受难之日以破暗府古圣所也，魔纲于是乎悉摧。棹慈航以登明宫真福所天堂也，含灵于是乎既济。能事既毕，亭午升真。经留二十七部新经，张元化以发灵关正道之要枢。

论圣洗瞻礼祈祷等：

法浴水风言圣洗之礼，涤浮华而洁虚白。印持十字，融四炤以合无拘。击木震仁惠之音，东礼趣生荣之路。存须所以有外行，削顶所以无内情。不畜臧获，均贵贱于人。不聚货财，示罄遣于我。参以伏识而成，戒以静慎为固。七时礼赞，大庇存亡。七日一荐，洗心反素。

论颂扬圣教：

真道之常，妙而难名；功用昭彰，强称景教。惟道，非圣不弘；圣，非道不大；道圣符契，天下文明。

论教士来华：

太宗文皇帝，光华启运，明圣临人，大秦国有上德，曰：阿罗本（Olopen）占青云而载真经，望风律以驰艰险。贞观九祀，至于长安，帝使宰臣房公玄龄，总仗西郊，宾迎入内，翻经书殿，问道禁闱，深知正真，特令传授。

言太宗皇帝准立景教寺：

贞观十有二年秋七月，诏曰：道无常名，圣无常体，随方设教，密济群生。大秦国大德阿罗本，远将经像，来献上京，详其教旨，玄妙无为，观其元宗，生成立要；词无繁设，理有忘筌，济物利人，宜行天下所司；即于京义宁坊，造大秦寺一所，度僧二十一人。

言景门恭维太宗：

宗周德丧，青驾西升；巨唐道光，景风东扇，旋令有司，将帝写真，转摸寺壁，天姿泛彩，英朗景门，圣迹腾详，永辉法界。

言大秦国之国泰民安：

案西域图记，及汉魏史策，大秦国南统珊瑚之海红海也，北极众宝之山，西望仙境花林，东接长风弱水，其土出火绕布，返魂香，明月珠，夜光璧，俗无寇盗，人有乐康；法非景不行，主非德不立，土宇广阔，文物昌明。

言景教流行唐之全境：

高宗大帝，克恭缵祖，润色真宗，而于诸州，各置景寺，乃崇阿罗本为镇国大法主司祭之首，法流十道，十省国富元休，寺满百城，家殷景福。

言释教之难为景教：

圣历年武后年号降生后六百九十九年，释子用壮，腾口于东周武后佞佛之时先天末睿宗末玄宗初年号降生后七百十二年，下士大笑，讪谤于西镐，有若僧首罗含，大德及烈，并金方贵绪，物外高僧，共振玄纲，俱维绝纽此时景教蹇困，赖二西士来维持。

言景教重得玄宗之宠幸：

玄宗至道皇帝，今宁国等五王，亲临福宇，建立坛场，法栋暂挠而更崇，道石时倾而复正。

言玄宗送五帝之容于景寺：

天宝初，命大将军商力士送五圣太宗、高宗、睿宗、中宗、玄宗写真，寺内安置，赐绢百匹，奉庆睿图；龙髯虽远，弓剑可攀，日角舒光，天颜咫尺。

言景僧受皇帝之优待：

三载，大秦国有僧佶和瞻星向化，望日朝尊，诏僧罗舍，僧普论等一七人，与大德佶和，于兴庆宫修功德。于是天题寺榜，额戴龙书，宝装璀翠，灼烁丹霞，睿扎宏空，腾凌激日，龙赉比南山峻极，沛泽与东海齐深，道无不可，所可可名，圣无不作，所作可述。

言重建新堂：

肃宗文明皇帝，于灵武等五郡，重立景寺遭安禄山之乱故也，元善资而福祚开，大庆临而皇业建。

言代宗每于圣诞日馈遣景门谢主赐祐：

代宗文武皇帝，恢张圣运，从事无为，每于降诞之辰，锡天香以告成功，颁御馔以光景众，且乾以美利，故能广生，圣以体元，故能亭毒。

言德宗勤政崇教：

我建中圣神文武皇帝，披八政以黜陟幽明，阐九畴以唯新景命，化通玄理，祝无愧心。

言景教关于个人社会之种种影响：

至于方大而虚，专静而恕，广慈救众苦，善贷被群生者，我修行之大猷，汲引之阶渐也。若使风雨时，天下静，人能理，物能清，存能昌，没能乐，念生响应，情发自诚者，我景力能事之功用也。

述长安主教伊斯之德而为之立碑：

大施主金紫光禄大夫，同朔方节度副使，试殿中监，赐紫袈裟僧伊斯司祭之名和而好惠，闻道勤行，远自王舍西舍印度古城名，据景教碑文考正之城，聿来中夏；术高三代，艺博千金，始效节于丹庭，乃策名于王帐。中书令汾阳郡王，郭公子仪，初总戎于朔方也。肃宗俾之从迈，虽见亲于卧内，不自异于行间，为公爪牙，作军耳目，能散禄赐，不积于家，献临恩之颇黎，布辞憩之金罽；或仍其旧寺，或重广法堂。崇饰廊宇，如翚斯飞，更效景门，依仁施利。每岁集四时僧徒，虔事精供。备诸五旬。馁者来而饭之，寒者来而衣之，病者疗而起之，死者葬而安之；清节达娑释氏之名，未闻斯美，白衣景士，今见其人，愿刻洪碑，以扬休烈。

总结之赞词：

词曰：真主无元，湛寂常然；权舆匠化，起地立天。分身出代，救度无边，日升暗灭，咸证真玄，赫赫文皇，道冠前王，乘时拨乱，乾廓坤张。明明景教，言归我唐，翻经建寺，存殁舟航。百禄偕作，万邦之康，高宗纂祖，更筑精宇。和宫敞朗，遍满中土。真道宣明，式封法主。人有乐康，物无灾苦。

玄宗启圣，克修真正。御榜扬辉，天书蔚映。皇图璀璨，率土高敬，庶绩咸熙，人赖其庆。

肃宗来复，天威引驾。圣日舒晶，祥风扫夜；祚归皇室，祆氛永谢。止沸定尘，造我区夏。

代宗孝义，德合天地，开贷生成，物资美利，香以报功，仁以作施；旸谷来威，会窟毕萃。

建中统极，聿修明德，武肃四溟，文清万域，烛临人隐，镜观物色，六合昭苏，百蛮取则。

道惟广兮应惟密，强名言兮演三一，主能作兮臣能述，建丰碑兮颂元吉。

大唐建中二年，岁在作噩太簇月七日大耀森文日建立　时法主僧宁恕知东方之景教众也。

朝议郎前行台州司士参军吕秀岩书

景教碑上除中文字外,尚刻西利亚字,今将译文录下:

在碑之右旁者有“亚当、司铎,总主教,中国教皇”Adam prêtre, chorévêque et pape de Chine

在碑之左旁者有:“时在公教大主教亚南日叙,司铎之司铎”Dans les jours du Père des Pères, Hananjesu, patriarche catholicos

在碑之中文下有:希腊纪元一〇九二年谢辞布锡德司铎古唐中世纪西利亚及亚拉皮人谓长安为古唐京都总主教为已故司铎米理斯之子,其生地为土尔基之巴尔克城竖立此碑镌有救世主之法律及我们司铎在中国帝王前之讲道。

景教传入之历史 从碑文上之所述,可见主要之事有二:一为景教之道理,一为景教传布之历史。论景教之道理,所述者有二:天主三位一体,天主造世界造人类,原祖犯罪,天主降生救赎,圣洗,弥撒,祈祷,炼狱等等。论传教之历史,则言景教之传入,唐代皇帝之优遇教士,与夫景教之广布等等。论上述诸事,已兴起不少问题:碑中所言之大秦是何地?教士是何国籍?其生活之情形如何?景徒之宗教信仰如何表显,凡此种种皆至有兴味以研究之也。

先言碑之本身,此碑实系中国古碑之一,为金石家所赏鉴。吾中国石碑,可分多类;夏司铎认景教为丰碑,缘景教碑词末句曰:“建丰碑兮颂元吉”(La stèle de Sinang-fou, pp. 132—136),丰碑即墓碑也,景净立此墓碑为颂伊斯之功德也。伯希和否认此说,谓非为伊斯所立之墓碑;乃景教每年年宴,集会时所立之纪念碑《通报》一九一四年二百二十五页,碑立于唐德宗建中二年(公历七八一年),叙述自唐贞观九年(六三五年),阿罗本至长安,以迄立碑时之景教历史,为景净所述也。教碑上景字屡见，其言教也，曰“景教”；其言教会也，曰“景门”；其言教规也，曰“景法”；其言教堂也，曰“景寺”；其言教徒也，曰“景众”；其言教力也，曰“景力”。其言教之主默西亚曰“景尊”，又曰：“景日”。其言景教士也，亦不用真名，而曰：景某，如“景净”，曰：“景通”，曰：“景福”。景字之运用广矣。

至论碑上文字，景教似亦喜用佛道二家之语，抑欲借重乎？或欲人观景教与佛道二教一视同仁乎？如“真寂”道家语也；“妙身”，佛家语也，“阿罗诃”仿佛家“阿罗汉”语也。即景净本人亦曾为佛教翻译佛经：最近日本东京帝国大学梵文教授高楠顺次郎发现唐德宗时，西明寺僧圆照所辑《贞元新定释教》目录中云：“乃与大秦寺波斯僧景净依胡本六波罗密经译成七卷，时为般若不闲胡语，复未解唐言，景净不识梵文，复未明释教，虽称传译，未获半珠；图窃虚名，匪为福利……”见《通报》一八九六年五八九页。是景净与佛教僧不无关系，且景净又喜欢研究佛经可知。

碑题名为大秦，大秦究为何地？据李之藻《读景教碑书后》云：“不曰如德亚，而曰大秦。考唐书拂菻国，一名大秦，西去中国四万里。又考西洋图志，如德亚畿东一道，其名曰秦，道里约略相同。阿罗本辈，殆从此邦来者，故以大秦称云。”有谓大秦是罗玛，有谓中国名秦，亚细亚名大秦。然近日公认景教传自波斯，故碑上所谓大秦，是指波斯。唐代时中国与亚洲诸民族，交通繁盛，阿拉伯人，波斯人，印度人，皆至中国诸口岸通商互市，深入内地；而中国与波斯之来往，更为密切。波斯又为聂斯脱利派之集中地，景教自波斯传至中国，是为可信之事。张星烺《中西交通史料汇篇》第四册一〇六至一〇八页曰：

爱代沙（Edessa）在亚美尼亚境地方著名之宗教学校，素为聂派即聂斯脱利派学校及布教中心点，又为波斯教会之练习所。四百八十九年时奉东罗玛帝赛奴(Zeno)之令解散。聂派之人既不得志于西，乃向东发展，将宗教学校移至梯格利斯河西之尼锡比斯城(Nisibis)。第五世纪末，聂派传教师有自叙利亚及巴比伦，越境入波斯国者。……聂斯脱利派遭严禁于东罗玛，而波斯王排洛斯(Peroz)及以后诸王皆欢迎之。耶稣纪元四百九十八年，聂派教徒集会于赛流克雅即是时波斯国京城(Council of Seleucia)组织迦尔底教会(Chaldean Church)，亦名阿述利亚教会(Assibynian Church)，而与罗玛帝国之教会断绝一切往来聂派自举教务大总管(Patriarch)。自四百九十六年以后，大总管皆驻波斯京城赛流克雅，至七百六十二年始移至阿拉伯哈里发之都城八吉打(Baglad)。唐太宗贞观九年(六三五年)首抵中华之阿罗本必来自波斯，景教碑文谓为大秦大德，盖饰辞也。

景教传自波斯，固已。然景教士为何国籍，据景教碑文，谓初来者为大秦国大德阿罗本。但阿罗本及景净据唐会要皆为波斯产而非大秦国人，如：

《唐会要》第四十九卷十页："贞观十二年七月，诏曰：道无常名，圣无常体，随方设教，密济群生。波斯僧阿罗本远将经教来献上京详其教旨，玄妙无为，生成立要，济物利人，宜行天下所司，即于义宁坊建寺一所，度僧二十一人。"

又同卷同页："天宝四载九月，诏曰波斯教经，出自大秦，传习而来，久行中国；爰初建寺，因以为名，将欲示人，必修其本。其两京波斯寺，宜收为大秦寺；天下诸府郡置者亦准此。"

从上所述，可知景教僧亦是波斯国人；惟在波斯西利亚（或作叙利亚）之聂斯脱利派人，侨居甚多；故来中国之阿罗本等殆是波斯之西利亚人，亦未可知。唐贞观九年阿罗本携经卷从波斯，经沙漠，越山岭，而到长安；太宗命宰相房玄龄于京城西郊“宾迎入内”；准以在皇宫内翻译经典；又三年予以随地宣传之便利，“随方设教”，并在长安城之西北隅崇仁寺之附近——义宁坊——建造大秦寺。阿罗本乃晋升二十一人为景教神职：大秦寺壁上，又绘太宗像，以示感恩。高宗即位，继先帝之志，礼遇景士，更显超越，封阿罗本为“镇国大法师”，命天下各州建置景教寺；斯时，“法流十道，国富元休；寺满百城，家殷景福。”景教可谓极一时之盛矣。不幸至武后朝（六九八年），武后佞佛；景教一度受释氏之挫折；及睿宗末年（七一二年）再度被儒家之为难。所慰者，有罗含及烈二僧来掌教务，不绝如缕之景教，得以重兴。玄宗即位，景教复获宠庇；玄宗且令宁国等五王即玄宗之一兄及四弟诣大秦寺参与景教礼仪；又令送太宗高宗睿宗中宗玄宗五圣帝像，悬挂寺中，以表宠幸。不特此也，帝又亲召自大秦国近到之西士佶和等十七司祭之士，同于禁宫颁圣经，而行修道之事。当时圣旨谕装饰圣堂，亲题榜额，大显光耀也。肃宗时因遭安禄山之乱，景堂被毁，帝则于灵武等五郡命重立景寺，代宗每年于耶稣圣诞瞻礼，勤备异香，送至景堂，又令备御膳以给司祭，显其隆情。德宗亦优待景教，不亚前帝；其即位之第二年建中二年景净为纪念伊斯立此大秦景教之碑，以垂永久。自此而后，历顺宗，宪宗，穆宗，文宗（八〇四至八三九年）景教宣传似一往顺利；惟至武宗朝乃遭大难，盖“会昌五年（八百四十五年）武帝废浮图法，天下废寺四千六百，招提兰若四万，籍僧尼为民，二十六万五千人，奴婢十五万人，田数千万顷；大秦穆护祆二千余人……见《食货志》第四十二卷唐书五十二卷八页，又见《古文渊鉴》正集二十九卷四十八页。景教与景寺必于此时毁灭，景教僧则勒令还俗，或驱逐出场”。

遭此大厄后，在中国境内，在一〇〇〇年时，大秦寺已经绝迹伯希和语见《通报》一九一四年二六六六页。模勒亦谓：九八〇年有景教主教派人回欧报告，谓："中国景教毁灭，本国奉教人先后云亡，教堂拆毁，中国境内惟留一景教徒。"（Moule：The Primitive failure of Christianity in China，The International Review of Mission，1931. p. 457）

张星烺亦曰："大秦寺之被废，与景教碑之湮没，皆必在此时也。即武帝时。五代及宋时在中国之基督教完全消灭。五代与北宋时，基督教在中国必已完全扫灭；盖是时中国史籍，无有道及大秦寺及大秦僧者也。"《中西交通史料汇篇》第一册二〇三页。

景教繁殖之中亚细亚　虽然，在中国境内景教绝迹，然在中亚细亚仍繁殖其间也。自蒙古成吉思汗征服信仰景教之回纥，入主中夏，而中亚细亚之景教乃卷土重来；又奉景教温克王之女，成吉思汗获之以妻其子，因婚姻之故，而元朝亦奉崇景教；朝廷上又多景教显官，周旋其间《通报》一九一四年六二七页。以下《中西交通史料汇篇》第二册六六页。故景教在元代，兴盛一时。十二世纪初半欧洲各国，盛传远东有约翰王（Prêtre Jean）约翰王，张星烺以为指耶律大石及屈出律，《史料汇篇》第二册七三页者信基督教，兵力甚盛，干戈所向，无不克捷。聂斯脱利派徒传之，以增己派之光荣；加特力派（即天主教）闻之而色喜，以为无意中，远方竟有基督教强王，摧败回教徒，代为雪耻也，成吉思汗兵马西进时，欧人初闻之，亦竟有以为即约翰王也。元代欧洲东来人士如马哥孛罗（Marco Polo），约翰孟德高维奴(John of Montecorvino)等游记书札,皆有约翰王之名。《史料汇篇》第二册六四页十三世纪时元初大总管 Patrïarcha 有二十五处之多,一千二百八十二年元世祖至元十八年至一千三百十七年元仁宗皇祐四年之间,聂派教务大总管为雅八拉哈第三世(Yabh-allaha Ⅲ)其原籍在中国山西霍山,畏吾儿人也。《史料汇篇》第四册一〇八页又第二册第九十九节又《通报》一九一四年六三二页。

景教在元朝又在中国重振其教务,在我国书中亦不少记载:如《至顺镇江志》,大兴国寺在夹道巷,至元十八年本路副鲁花赤薛里吉思建,儒学教授梁相记。薛里吉思者景教徒也,证以《马哥孛罗游记》谓镇江府有景教礼拜寺二所,千二百七十八年,大可汗命景教徒名马薛里吉思者为其地方长官,寺即其所建,可知。《通报》一九一五年六七二至六八五页模勒氏著《镇江府基督教》,又陈垣《元也里可温考》二十页。此外,真福和德理(Odoric da Pordenone)曾言在扬州三座景教寺院,方济各会修院;近据伯希和说,真福所谓之三寺院,其一为富商名亚伯拉(Abraham)者,在十三世纪末建造,有一三一七年之谕旨可证也。见《通报》一九二四年六三八页。元代之景教,在中国书籍中以也里可温名之。也里可温者,元时基督教之通称陈垣《元也里可温考》二十页,张星烺亦曰元代基督教徒在中国者,有二派:一为聂斯脱利派,即唐时之景教徒;一为圣方济各派,即明代天主教先河。《元史》之也里可温,乃其总名也。《中西交通史料汇篇》第二册九二页。也里可温之义,陈垣引前清敕定辽金元史语解之伊噜勒昆,谓伊噜勒福分也,民人也,因谓指福音而言。《元也里可温考》一页。武进屠寄蒙兀儿史记乃颜传,也里可温注云:即唐景教流行中国碑上阿罗诃之转音。阿罗诃,西利亚文 Eloh 希伯来文 Elohim 其义即上主也。

综而论之：据马哥孛罗自一二七五至一二七九五年间之游记，谓：在中国吐尔番、喀什迦、撒马更、雅更、敦煌、肃州、甘州、凉州、西宁、宁夏、归化、云南、河南、扬州、镇江、杭州、北平、新德、太原、平阳、澉浦、山东等地方，皆遇见景寺景众。参观 Moule：Christians in China before the Year 1550，pp. 131—143 从此可知景教在元代较在唐朝只传甘肃，陕西，河南，四川诸省者，其范围，更广大矣；景教碑上所谓："法流十道"乃一种夸大之辞耳。

景教随元代而盛衰，及元亡而景教亦与之而亡；盖一千三百七十年明太祖洪武三年帖木耳（Timur）称霸亚洲西部，屠戮聂派教徒，皆强使改宗回教，聂派遂绝迹于天壤间矣。其在中国者，明初误被视为胡俗，因亦遭禁。《中西交通史料汇篇》四册一〇八页。吾曰：此实中国宗教史上之一大幸事；否则聂派异端，在中国永传不绝；岂为吾中国公教之福？聂派在欧洲早已灭亡，在中国尚有多世纪之延长，实唐元二朝政治作用有以成之耳。

景教之经典 景教碑中有："翻经书殿"之语；景教在中国必有经典之翻译可知。现在保存者有以下四种：

一，序听迷诗所经（一名移鼠迷诗诃经，Book of Jesus messiah），此书大约在六三五至六三八年间作品，晚近发现，译成西文。德礼贤司铎《中国天主教传教史》十页，又模勒氏同上书六三页。

二，三威蒙度赞，即天主圣三颂赞，公教司铎在弥撒中所诵之荣福经，一九〇八年伯希和在敦煌沙山石室中发见，系写本，影印见圣教杂志第四卷第七期，及模勒氏同上书五二页以下。

三，尊经一首（又名一神经）又法王题名录，又诸经目录并案语，系唐写本。

景教士来华时，带来教经部五百三十部，并是贝叶梵音，已译成者有三十部卷；余大数俱在贝皮上，犹未翻译云。

最后景僧之人品亦不无兴味以考察之。据教碑云：

> 击木震仁惠之音，东礼趣生荣之路；存须所以外行，阙顶所以无内情。不畜藏获，均贵贱于人；不聚货，示罄遗于我。……贞观十有二年秋七月，诏曰：道无常名，圣无常体，随方设教，密济群生。大秦国大德阿罗本远将经像，来献上京；详其教旨，玄妙无为。观其元宗，生成立要。词无繁说，理有忘筌，济物利人，宜行天下。又赞伊斯之德曰：和而好惠，闻道勤行。……能散赐禄，不积于家。……更效景门，依仁施利；每岁集四寺僧徒，虔事精供，备诸五旬。馁者来而饭之，寒者来而衣之，病者疗而起之，死者葬而安之；清节达娑，未闻斯美，白衣景士，今见其人。

准此而论：此段文字虽景僧自己过誉之语；然必有其善表嘉行之足以令人信仰也，必矣。

又曰"清节达娑……白衣景士"；是景僧分二类，一是"达娑"一是白衣。达娑住居修院，有修规，聚集而度公共之性命；法文谓之Moines。白衣乃任传教之职务，与俗人多接触，活命于世俗人中；法文谓之 Clergé Séculier。伊斯乃白衣僧；然因其德行，亦荣穿达娑院服"袈娑"；赐紫袈娑僧伊斯。参观《通报》一九一四年六二六页，又模勒同上书四十五页。Note 39

又据景教碑上之西利亚文，在中国之主教及僧人皆娶妻而有家室。例如"助祭亚当（Adam）为总主教（Choépiscopos）叶嗣布锡德（Yazddore）之子，而总主教叶嗣布锡德乃僧人米理斯（Milis）之子也。”以上译文。其人远在万里以外来中国传教，古代陆道交通尤为艰苦，不便携带妻女，必与中国妇女通婚姻也。以上张星烺语见《史料汇篇》第四册一一八页。

景教自唐初入吾国后，颇得帝皇之宠幸：赐地，建寺，封号，题匾等等。至武帝朝而大一遭摧毁：八四五年八月五日诏令天下僧尼一齐还俗，景教士同袄教士勒令还俗或被逐出境者三千人。元兴而景教卷土重来；一二九二年，天主教传教士孟德高维奴至中国时，景教之势力犹见膨胀，盖景教士曾竭力阻止孟氏之宣传天主教也；自此以后，中西史乘，无有再谈景教者，盖元亡而与之俱亡焉。去年为景教唐贞观七年六三五年传入中国来华一千三百年；是以中华圣公会举行景教来华纪念，陕西传道区联合西安协同浸礼等会，于去年十二月二日在西安碑林景教碑前开会纪念：唱诗，演讲，祈祷等等。见一九三六年二月二十日《圣公会报》。吾谓景教不必纪念；盖景教谓耶稣有二性二位：天主性，天主位，人性，人位，圣母非天主之母亲，此异端道理也。此异端寄生于中国，不即消灭，为圣教之传扬不特是一阻碍，且为信德之一致，是一扰乱，景教之绝迹于中国，实天主上智之安排也。

第四章　元代之聂斯脱利异教

聂斯脱利教之传布地　吾人读宗教历史，而知唐贞观九年（六三五年）已有景教之传入中国；景教者聂斯脱利派之异端（Nestorianisme），创自君士旦丁堡之大主教（Patriarche）聂斯脱利（Nestorius），聂斯脱利谓：耶稣有二性二位，圣母非天主之母。圣教会为攻斥此异端，乃在厄弗所（Ephèse）召集大公会议（四三一年），判决其为异端，革其主教之职而绝罚焉。聂派既被黜于罗玛圣而公会，乃转而传其异端于亚东。其入中国，在唐太宗时，至武宗朝而遭大厄；公历一〇〇〇年后，在中国本境已绝迹无存。迨蒙人入据中原，布在中亚之聂斯脱利派随之入关，一时颇为兴旺。

马哥孛罗（Marco Polo）在其游记中云："由喀什葛尔以东，直至北京，沿路一带，几无一处无聂派基督教徒也。"又曰："在中国各地，如蒙古，甘肃，山西，云南，河北之河间，福建之福州，浙江之杭州，江苏之常熟，扬州，镇江等处皆有聂斯脱利派，及其教堂。"

罗伯鲁（Rubrouck）之游记，亦提及外蒙古境内之克烈，蔑里克，乃蛮三大部落亦有聂派教徒；内蒙古之汪古部（又作雍古部），在元史上占重要之地位亦聂派也。

张星烺先生谓孟高未诺（Monte-Corvino）函中所谓佐治（Georges）王者，即铎德约翰之苗裔；佐治王之名即汪古部长高唐王阔里吉思也；汪古部在今河套五原县包头镇诸地；皆为蒙古吴喇特旗所辖之境。《中西交通史料汇篇》第二册一〇九页。佐治始为聂斯脱派，后由孟高未诺感化而皈依天主教者也。同上书六七页。佐治王之子元史称术安，即孟高未诺付洗所予之教名约翰也。同上书一〇九至一一二页。

罗伯鲁又曰：往契丹途中，皆有聂斯脱利派教徒，及萨拉森（Sarasins）人；虽为异族，然与土人杂居，契丹国内有十五城，皆有聂斯脱利派教徒。其入于西京城（Segin）有总主教驻焉。Rockills：Rubrouck P. 157《中西交通史料汇篇》第二册九一页。金元之际，山西大同府称为西京；马哥孛罗谓其地有聂派基督教徒甚众，可见元代时聂派之众多矣。

畏吾儿国（Uighurs）唐时称为回纥或回鹘，在唐时摩尼教（Manicheism）甚行其地，几成国教，十三世纪，蒙古隆盛时，摩尼教日渐澌灭，代兴者，则聂斯脱利派也。《史料》第二册七六页。元世祖时，有北京之畏吾儿人拉班把扫马（Rabbam Bar Çauma）及山西霍山之畏吾儿人麻可斯（Marcos）皆聂派基督教徒也。二人往西方瞻谒圣地后（一二七八年）在波斯大显其名。盖麻可斯于一二八〇年，举为契丹大宗主教，取名为雅八拉哈第三（Jabalaha Ⅲ），把扫马为巡察总监（Visiteur général）。把扫马于一二八七年派充欧洲诸国大使至罗马，法英等国，见教皇尼各老第四。《史料》八九页 T'oung Pao，1915，pp. 65—68.

十三世纪欧西人士关于聂斯脱利派之记载，已如上述，间尝考之中国史籍亦不少踪迹，今将张星烺先生在其所撰《中西交通史料汇篇》第二册八五页，在《元史》上节录之史事，略述如下：

《元史》卷五世祖本纪中统三年三月乙未，括木速蛮即回教西文为 Musulman 之译音畏吾儿蒙古部落名也里可温始见于元为基督教之总称，答失蛮为波斯语 Danishmend 之译音等户丁为兵。

中统四年十二月甲戌，敕也里可温，答失蛮，僧，道，种田入租，贸易输税。

至元元年春正月，癸卯，命儒，释，道，也里可温，各失蛮等户，旧免租税今并征之。七年九月庚子，敕僧，道，也里可温，有家室不持戒律者，占籍为民。

至元十九年九月，招讨使杨庭壁招抚海外南番，皆遣使来贡。寓俱蓝国也里可温主兀咱儿撇里马，亦遣使奉表，进七宝项牌一，药物二瓶。

其他类上录之记载，《元史》上甚多，不多赘；惟本题所研究者即也里可温；也里可温指元时之基督教，而当时在华基督教一为聂斯脱利派，即唐时之景教，是一异端，非天主教之正宗；一为方济各会士传进之天主教。《交通史料》第二册九二页。《元史》上既屡言特言也里可温，则元时聂斯脱利派在中国传布之普遍，不言可知。盖在江苏之镇江有景教寺二所，据《马哥孛罗游记》谓此二堂于一二七八年建筑，前乎此未之有也，亦无景教徒；自景教徒马薛里吉思（Mar Sergius）来宰是地，乃开始建堂而布教。

镇江之景教寺《至顺镇江志》有：

大兴国寺在夹道巷，至元十八年本路副达鲁花赤薛里吉思建，儒学教授梁相记；其略曰：薛迷思贤即元史之薛迷思干在中原西北十万余里，乃也里可温行教之地；愚问其所谓教者，云天地有十字寺十二，内一寺佛殿石柱，高四十尺，皆巨木，一柱悬虚尺馀，祖师麻儿也里牙；灵迹千五百余岁，今马薛里吉思是其徒也。教以礼东方为主，与天竺寂灭之教不同，且大明出于东，四时始于东，万物生于东，东属木，主生，故混沌既分，乾坤之所以不息，日月之所以运行，人物之所以蕃盛，一生生之道也，故谓之常生天。十字者，取像人身，揭于屋，绘于殿，冠于首，佩于胸，四方上下以是为准。薛迷思贤，地名也；也里可温，教名也；公之大父可里吉思，父灭里，外祖撒必，为太医，太祖皇帝初得其地，太子也可那延病，公外祖舍里八，马里哈昔牙徒众，祈祷始愈，充御位舍里八赤，本处也里可温答剌罕。至元五年，始祖皇帝召公驰驿进入舍里八，赏赉甚侈；舍里八煎诸香果泉，调蜜和而成。舍里八赤，职名也；公世精其法，且有验，特降金牌以专职。九年同赛典赤平章往云南，十二年往闽浙，皆为造舍里八，十四年钦受宣命虎符怀远大将军，镇江府路总管府副达鲁花赤，虽登荣显，持教尤谨，常有志于推广教法。一夕梦中天门开七重，二神人造云：汝当兴寺七所，赠以白物为记，觉而有感，遂休官务建寺首于铁瓮门舍宅建八世忽木剌大兴国寺；次得西津竖土山，并建答古忽剌云山寺，都打吾儿忽木剌聚明山寺，二寺之下，创为也里可温义阡；又于丹徒县开沙，建打雷忽木剌四渎安寺；登云门外黄山，建的廉海牙忽木剌高安寺；大与国寺侧，又建马里结瓦里吉思忽木剌甘泉寺，杭州荐桥门，建样宜忽木剌大普兴寺。此七寺实起于公之心，公忠君爱国，无以自见，而见之寺耳。完泽丞相谓公以好心建七寺奏闻，玺书护持，仍拨赐江南官田三十顷，又益置浙西民田三十四顷，为七寺常住。公任镇江五年，连兴土木之役，秋毫无扰于民，家之人口受戒者，悉为也里可温，迎礼佛国，马里哈昔牙，麻觉失理河，必思忽八，阐扬妙义，安奉经文，而七寺道场,始为大备;且敕子孙流水住持,舍利八世业也,谨不可废。条示训诫,为似续无穷计,益可见公之用心矣。因缉其所闻为记。

甘泉寺在大兴国寺之例:

大光明寺在丹阳馆南元贞元年安马思建录《至顺镇江志》卷九

准此:景教寺有七所,马哥谓在镇江有二:杭州有一,即大普兴寺,大兴国寺建于一二八一年,据万历镇江志,则大兴国,高安,四渎安三寺,明时尚在,惟甘泉不载,云山聚明,则改为般若院。至康熙镇江志则并此六寺之名而不可考矣。陈垣《元也里可温考》卷二二七页,以下二十三页。又《交通史料》,又《通报》(T' oung Pao), 1915, pp. 627—684 Christians at Chên Kiang Fu. T' oung Pao, 1914, les Chrestiens dans l'Asie centrale et d'Ext. -O. T' oung Pao, 1917, pp. 61—64.

在各省之聂教圣堂　张星烺先生从中西文书籍中推悉元代在中国各省所有之教堂,排列表数,《中西交通史料汇篇》第二册二七一至三八八页足资研究之一助:今摘录如下,亦至有兴趣者也:

直隶北京城内　圣方济各会一三〇六年有教堂二,一三三〇年左右增至三所,聂派教堂必甚多,无记载可考。

直隶长芦镇　有堂一,教徒若干。据《马哥孛罗游记》

山西大同　聂派有主教驻其地,据罗白鲁游记天主教有大主教堂一所壮丽比于王宫为高唐王阔里吉思所建。据孟高未诺遗札

甘肃沙州今名敦煌　有聂派教徒。

甘肃肃州　有聂派教徒。

甘肃甘州　有教堂三所极为华丽《马哥孛罗游记》卷一四十四章。元史卷三十八顺帝本纪:"至元元年三月,中书省臣言,甘肃甘州路十字寺,奉安世祖皇帝母别吉太后于内,请定祭礼从之。"甘州府志古迹云:"十字寺元世祖妃祀其母别吉太后处,夏建,今大寺也。"甘州寺卷二云:"初世祖定甘州,太后与在军中,后殁,世祖使于十字寺祀之。至是岁久,祀事不肃,故议定之。"别吉,基督教西名 Beatrice 或 Bertha,别吉太后奉教无疑。

甘肃额里折　有聂教徒堂数不详。

甘肃鄯州今西宁　有聂教徒。

甘肃额里合牙　有聂教徒教堂数处,皆建筑华丽。

外套　今鄂尔多斯北,黄河北岸诸地是也,金元间为汪古部牧地,汪古部名人见于元史者有三族:一为部长商唐王阔里吉思之族,二为文豪马祖常之族,三为文豪赵世延之族。此三族皆奉基督教。

新疆喀什葛尔　聂教徒甚多有教堂数不详,景教主教驻节表。

新疆叶尔羌　有聂派及雅各派,基督教徒。

新疆赤斤塔拉思　有聂派教徒基督教徒。

新疆伊犁　有圣方济各会天主教司铎驻扎。

东三省　元世祖时为乃颜之封地,乃颜为基督教徒。

山东临清州　光绪十八年在该处发现圣方济各会主教古塚有墓石,谓葬于明太祖洪武二十年云。

江苏扬州　马哥孛罗官扬州三年，其游记中未言有教堂，三十年后鄂多力克记扬州有圣方济各堂一所，聂教堂三所。

江苏镇江　有聂教堂二所（见上）

浙江杭州　有聂派教堂一所（见上）

浙江温州　元典章卷三十三“……温州路有也里可温创立掌教司衙门，招收民户，充本教户计，及行将法箓先生诱化。”此处所谓掌教司衙门者必主教，或总主教驻节所也。

福建泉州　马哥孛罗游记未记泉州有教堂及基督教徒。泰定时，鄂多力克泉州，记其地有教堂二所。一三二六年，泉州主教安德肋遗札亦谓泉州当时有加特力派教堂二所。至正六年马黎诺里，过泉州，则记其地有加特力派教堂三所。

云南省城　马哥游记谓亦有聂派教徒。

以上所言诸地，或由北京出居庸关，经大同、河套、宁夏、凉州、甘州、肃州、嘉峪关往西域之路途间；或由北京运河南下，沿钱塘江，过仙霞岭，下闽江，经福州，西至泉州，由泉州往海外诸国之路途间，欧洲人元时来中国，或返欧洲，皆必经此二道也。

关于铎德约翰之记载　论元代之聂斯脱利派在十二世纪有一相传之事，谓在中亚细亚有一铎德约翰（Prêtre Jean）之存在。盖当时正十字军东征，军士中佥谓中亚细亚有一教友王，信仰聂派教同情于天主教之十字军，亦肯出兵，征讨回人；一时一传十，十传百，风声乃远布也。参考《中西交通史料汇篇》第二册六四页。

原此事之传布，由奥刀弗来森（Otto Freising）于一一四五年从西利（Syrie）寄函欧西，旋经茄摆拉城（Gabala）之主教呈报于教皇，安才纳第三（Eugène Ⅲ）谓：近数年前，有一亲王名约翰（Jean）者，其国在亚尔默尼（Arménie）及波斯之后，与其国人皈依聂斯脱利派，握有政治及司祭之权，曾战于梅地（Médie）及波斯（Perse）之境，而占据爱排带纳（Ecbatane），并大败敌人之军云。（T' oung Pao 1917. Le Christianisme en Chine，pp. 52—53. —Yule：Cathay vol. 1. p. 174.）

铎德约翰之名，在欧西颇有知之者。一二五三年法国圣王类思遣方济各会士罗伯鲁（Rubrouck）聘问蒙古王，在其游记中亦尝言及此王。谓：其人到处有名，我经行其地之时，除聂斯脱利派之少数人外，无人知其为何人；聂斯脱利派所言其人灵异事迹甚多；然聂斯脱利派来自此地者，习于夸张不足信也。冯承钧译《多桑蒙古史》四十五页，又见 Rubrouck. Rec. de Bergeron，col. 35—37. 柏郎嘉宾亦尝记其事。（Plan Carpin，Rec. de Bergerôn，col. 42 et Cordier. Voyage en Asie d'Odoric，pp. 435—438.）

又曰：黑契丹之乃蛮部人（Naiman）皆奉聂斯脱利派基督教，菊儿汗（为黑契丹王）卒，聂派牧羊者自立为王，其同派人皆称之为约翰王，约翰王有奇事甚多，而皆言过其实，夸一为十……约翰有一弟名温克（Unc），约翰卒无子，乃召其弟温克为可汗。温克以成吉思汗之盗其羊，起兵讨之：成吉思汗被鞑靼及蒙古人推立为王，袭烈克王胜之。烈克奔契丹：烈克有女为成吉思汗所获，以妻其子，生蒙哥大汗。Yule Catay V. Ⅰ. pp. 176—197. 译文全段见《中西交通史料汇篇》第二册六五至六六页。

马哥孛罗在其游记中在多处亦论若望与成吉思汗之种种关系（Pauthier，le Livre de Marco Polo，pp. 174—182；356—359.），谓：

隶属于普勒斯忒约翰(Prester John)领土内之胜杜克(Tenduc),是一东部之省份内有许多城市及城堡,受大汗之统治;自皇帝成吉思汗征服此国家以来,此家系之一切君主,即长为元朝之附庸,其首都名腾杜克,大部分之居民皆为基督教徒。……但居民中有崇拜偶像者,有信奉回教及基督教者,省中之统治权操在基督教徒之手中。……腾杜克省向属于普勒斯忒约翰权下,其统治权之继承者,至今一脉相传;现今在位之王名乔治(Georges),是普勒斯忒约翰传下之第四王。此段译文见李季译《马可波罗游记》一〇三页。又述一金王之故事,谓:约翰封某臣为金王;金王后来发生叛变;卒约翰王扈从中之骑士设计将金王捕至约翰王前做俘虏,终乃赦免等等。见原书一八二页。

上言约翰王世奉基督教,即聂斯脱利派异端,景教是也。

真福和德理游记中亦述及约翰王,曰:

余自契丹起程,向西行五十站,历城池多处,而抵伯德约翰之地,古属辽阔,今被蚕食殆尽,仅存百中之一,首城名乐散,为该地雄城之一,属城尚多,其王约翰世娶大汗公主,以示和好。(郭栋臣译《真福和德理行实》记五十张,见原文 Cordier, Odoric, pp. 433. sq.)

又注谓:有疑乐散为河套地,伯德约翰乃当日聂斯脱利教王,宋宁宗嘉泰年间元太祖成吉思汗攻而戮之。窃考古籍伯德约翰番语,译曰教王。古昔中国西陲青海西藏以及天山南北,既属伯德约翰之国。意人博罗(东游记),载中国西疆外有单古国,其王乃伯德若翰后裔,岁贡入大汗;尚娶大汗公主为婚。黄河之水,流至其国云云。审是则伯德约翰之地，似即五胡吐番之地也；教尚浮屠，王尊喇嘛；伯德若翰，疑是当年僧王也，世娶公主。考史载鸿吉哩氏。或弘吉剌氏之族，从元太祖起兵有功，寻纳其女为后，遂与约曰：鸿吉哩氏生女世以为后，生男世尚公主鸿吉哩氏，其果即伯德若翰之族欤。

综上观之：约翰王奇事之传流已在十二世纪之初叶，十字军东征之前。欧洲人士记载者有柏郎嘉宾，罗伯鲁，马哥孛罗，孟高未诺，及和德理；除马哥孛罗外，其余四人皆为公教教士，或教廷专使。然所记者概属传闻，离迷神秘，莫明真相。至欲推究约翰王究为何人，其国究为何地；西书所记，虽难征信，然予吾人以线索，可按图而索诸中国史也。《辽史》卷三十，天祚本纪：

> 耶律大石者，世号为西辽，……自立为王……得精兵万余，置官吏，立排甲，具器仗……整旅而西……所过，敌者胜之，降者安之。……至寻思干，西域诸国举兵十万，号忽儿珊来拒战，忽儿珊大败，僵尸数十里，驻军寻思干凡九十日，回回国来降，贡方物。又西至起儿漫，文武百官册立大石为帝……号葛儿罕，复上汉尊号曰天祐皇帝，改元延庆。

准此：十二世纪初半，欧洲各国所传之中央亚细亚某征略家即大石也；大石殆即所谓约翰王也；大石深染汉人文化，必为佛教徒，而非基督教徒，可以断然无疑，至传为基督教徒者，必聂派之好事者为之也。《中西交通史料汇篇》第二册六九页。

罗伯鲁游记曾言契丹王菊儿汗，即辽史之葛儿罕，菊葛二字，古音相近。大石卒，其后嗣皆仍称葛儿罕，其父犹言普遍汗也，至直古鲁即位，改元天禧，在位二十四年时，秋，出猎，乃蛮王屈出律以伏兵八千擒之，而据其位，遂袭辽衣冠，尊直鲁古为太上皇，皇后为皇太后，朝夕问起居，以侍终焉。直鲁古死，辽绝。《辽史》卷十三。屈出律回教作家，作 Guch euh 乃蛮部长太阳罕之子；成吉思汗即位之三年，乃蛮部被灭，《元史》卷一太祖本纪屈出律奔契丹，契丹主直古鲁善遇之，妻以其女，后竟篡位。听其妻之言，弃基督教而从佛教。一千二百十八年，成吉思汗率师伐之，屈出律兵败，奔巴达克山被杀见多桑蒙古史。屈出律初时及其所部乃蛮人皆信基督教，罗伯鲁及回教著作家皆言之确凿也。《中西交通史料汇篇》第二册七十页。屈出律是被罗伯鲁视为约翰者也。（T'oung pao 1917，pp. 56—57.）

罗伯鲁又言及烈克王，马哥孛罗游记谓烈克王即欧洲喧传之铎德约翰王也。《交通史料》第二册七一页。烈克乃中国"王"字之讹音，克烈部酋长王汗，受金封爵为王。番言音里，故称王为王汗。克烈部初在阿穆尔河即黑龙江上流，鄂尔坤河及图喇河两流域；成吉思汗时，喀拉和琳附近，确为克烈部所辖也。拉施特（Rashid-Ud-din）史记亦谓克烈全部皆信基督教。

克烈部之奉教，已在北宋初，成吉思汗未兴前，王汗及其部下，皆虔奉基督教，已无可疑。

由罗伯鲁之记载，可知蒙古境内有克烈，蔑里乞，乃蛮三部落皆奉基督教，其人物有后妃，有贵戚，有将相。元定宗生母，及旭烈兀大王之妃托古思可敦（Dokuz Khatun）皆克烈部人，且奉基督教，回教著作家有确实记载；述赤太子及睿宗二人之妃，亦皆克烈部人，且为基督信徒也。见同上书四七页。

聂教中有名人物　陈垣《元也里可温考》有也里可温人物之记载，足见也里可温人中（指聂派而言），不少有名人物。兹有二人，名喧欧洲，初为聂派信徒，而终归化入天主教者，不可不略提之也。之二人者，一名拉班把扫马（Rabban Çauma），一名麻可斯（Markus），皆畏吾温人；马哥孛罗、孟高未诺和德理游记中，亦尝言及。

把扫马为西旁（Siban）之子，西旁者，聂斯脱利派人，十三世纪初叶来北京任巡阅聂派教会之职；把扫马之母名昆带（Qianta）。把扫马自幼热心，思离家修道，其父母多方阻止，无效，卒许行其所志。把氏于三十岁后乃入修院，受剪发礼正式成为聂派之修士。把氏居修院越六年；独居北京郊外之某山洞，度隐士之生活，圣德于是远布，有裴尼尔（Bainiel）总主教之子名麻可斯（Markus）者，亦热心出众，有志隐修，乃离去家乡 Kosang（山西霍山）就学于把扫马焉。一路徒步而来，至霍山至扫氏处有十五日之路程。扫氏一见麻氏，问其来意，为何背乡离家，远至旷野。既而知其欲隐修学道，乃示以隐修生活之严厉，非青年所能胜任，劝其还家；不获所听，于是收为弟子，试以隐士种种生活之状况。三年后，见麻可斯颇能守规隐修，乃领麻氏在聂派宗主教手行剪发礼。

一日麻可斯谓把扫马曰：吾侪拟到日路撒冷，朝拜圣地。扫氏以路途遥遽，多苦劳以惧之。麻氏毫不畏怕，屡屡请求。把隐士见其意之真，志之切，二人乃决意就道西行。及此音信一经传出，聂派教徒咸来劝阻，卒不听。一二七八年，二人起程前行，至霍山，麻可斯之亲戚咸来欢迎款待。当地巡抚 Kun buqa et Aibuqa 得讯，迎至驻营，以优礼待之，且与以许多礼品为途中之用。继又前进，中唐古忒，和阗，喀什葛尔，呼罗珊（Khorassan），途思（Tus），阿错贝奖等地，往巴吉打城（Bagdad），至马拉城（Maragha）时，遇大宗主教（Patriarche）马屯哈（Mar Denha），二人喜不自胜，跪求祝福。在马拉城旅居数天后，拟继程至日路撒冷，无奈路途阻碍，卒不得进行；屯哈乃召回二隐修士至马拉城,寓于己堂。屯哈一日对麻可斯说:我将祝圣尔为宗主教(Metropolitain),又对把扫马曰:我将委任尔为总巡阅使(Visiteur général),尔二人祝圣后仍回贵国。麻可斯于是取名雅八位哈(Jabalaha)于一二八〇年祝圣为契丹宗主教,时年三十五岁。

祝圣后二人正在归途中,闻屯哈大宗主教逝世之耗,乃折回送葬;缘大宗主教行奉安礼后,即将选举新大宗主教也。不料会议时,众主教,一致推选麻可斯为大宗主教继屯哈之位,兼管赛流西亚(Seleucia)及克泰锡彭(Ctesiphon)二城教务,取名雅八拉哈第三。

麻可斯谦辞至再,以为不谙教会律典,不精教中学问,且不知叙利亚文,恐不能胜任;然终不能辞却;终于一二八一年十一月祝圣为大宗主教(Patriarch)。

时波斯王阿鲁(Arghun)方图征服巴来斯定(Palestin)叙利亚两地,欲结欢欧西天主教诸王,并聘问罗玛教皇,以把扫马能通欧语,乃于一二八七年遣派为大使。把扫马于是年三月间取道黑海,经公斯当定城,过那玻利(Naples)而抵罗玛。适教皇奥诺利迁斯第四(Honorius)于一二八七年四月三日故世,未得将阿鲁及雅八拉哈之国书上呈于教皇。乃乘机至法国,觐见法王斐理伯勒贝(Philippe le Bel)。法王亲以耶稣之茨冠及十字架之真木,出示把扫马。把氏见之,获慰甚多。继又至英,见英王爱德华一世(Edward Ⅰ)。

一二八八年二月间,新教皇尼各老第四(Nicolas Ⅳ)登极后,把扫马乃赶回罗玛,觐见新教皇并面呈蒙古波斯王阿鲁,及大宗主教雅八拉哈国书;教皇优礼接见。把扫马居罗玛多日,时近耶稣复活瞻礼,故不即回国。把氏一日请求教宗许彼举行弥撒圣祭,教皇亦予以许可;来参与蒙古大使举行圣祭者甚多,罗玛教友众口一辞曰:“言语虽不同,而礼节实同一。”把氏又去觐见教皇,教皇语之曰天主接受尔之圣祭，且降福尔而宽赦尔之罪过。把氏又曰：余既获得教皇赦予之罪过，今再求圣父在尔手恭领圣体，俾我之罪过完全得赦。教皇答曰善。圣枝主日教皇乃在众教友前行圣祭，送给圣体于把扫马，把扫马在领主前曾行告解。准此观之，把扫马在领圣体前曾在众人前誓绝聂派之异端，而归正于天主教；否则不能在天主教司铎手领主，更不能在众教友前举行弥撒圣祭；把扫马之弃邪归正，明如观火矣。把氏乃由故道回到阿鲁大王之廷，持有教皇之复书，致蒙古波斯王及大宗主教。把氏卒于一二九四年。

至论雅八拉哈，为人非常谦和，敬畏天主，汎爱众人，自把扫马带回之复函后，终亦弃绝聂派而归正。约在一三九〇年，有天主教司铎蒙克劳知（Ricoldo di Monte Croce）者，在排格达（Bagdad）聂派教堂中讲道，讲至圣母为天主之母一句，聂派群起攻之；卒蒙氏至雅八拉哈前辨道，而拉哈完全赞同蒙说，且又谓："他个人并非聂派教徒，又不信从聂氏之道理；"（Dictionnaire théologique，le mot：Eglise nestorienne，col. 222.）其归正也，系在多明我会士之手。（Etudes 1910，124 vol. p. 15 Note 1.）

一三〇四年新教宗本笃十一世登极后，多明我会某司铎去报告雅八拉哈以此新闻；彼即缮写一函致新教皇，陈述信仰罗玛宗座之心曰："我侪信罗玛教皇是至圣至高普世信友之共父，承认他是继续圣伯多禄之位之人；耶稣基利斯督普世之代牧，统辖自东方至西方教会一众之子女；……我侪该当服从他，求他降以遐福，并准备接受他一切之命令……我们既然皆是信仰基多之弟兄等，且因公教真实之信德，成为其子女；我侪愿此善父不要弃视我们，然更愿其不弃卑微，指引我侪所作之事，提拔我侪之心神，得到快乐安慰之境地。"（Moule，Christians in China，pp. 123—124.）

雅八拉哈之归正，既如上述；其在大宗主教位上共有三十六年之久，祝圣主教有七十五人之多；于一三一七年十一月十三日卒于马拉加城（Maragha），其晚年备尝艰难，盖蒙古波斯王弃聂教而信回教，因之教难不绝而来也。接雅八拉哈者有谛玛德第二，自此以后聂斯脱利派异端无声无息而绝迹矣。参观 Moule：Christians in China, pp. 95—126；Dictionnaire théologique, Eglise nestorienne, col. 213—223.《中西交通史料汇篇》第二册九七至一〇〇页 T' oung Pao 1917, le Christianisme en Chine… par Cordier, pp. 65—68.

聂斯脱利教徒不少文学之士，其最著名者十四纪时有赵世延及马祖常二人，皆汪古部人（Ongüt，汪古亦作雍古）。马祖常元史卷一百四十三有专传；卷一百三十四有祖常先祖月合乃传；元文类卷六十七，有祖常所撰礼部尚书马公神道碑，自叙其家世。其中有曾祖占穆尔越古一名为蒙古人之名，汉字之名二十五，余十四名悉基督教人之名如祖常曾祖名祖名之祖名父名。

Chen-Wen（Siméon），K'ouo-Li-Ki-Ssen（Georges）Pao-Lon-Sen（Paulus）Yo-Nan（Johanna, Jean）Ya-Kub（Jacques）Tien-Ho（Denha）Yi-Cho（Yiso, Jésus）Lou-Ho（Luc）；Xa-Kou. 祖常曾祖名 Särgis 祖名 Yohanau Sargis 之祖名 Tämürügä 父名 Bar-Caumà Eliso. 参考《通报》（T' oung Pao），1914，p. 630.

杨维桢西湖竹枝集马祖常小传云：马雍古祖常字伯庸，浚仪可温氏，浚仪者，开封可八者，也利可温之省文，或脱文，无疑也。又黄溍金华文集卷四三，马氏世谱云：马氏之先，山西域聂斯脱利贵族，始来中国者，和禄冞思（Horam Mishael）。

元史卷一百四十三马祖常传谓:“祖常工于文章,宏赡而精核,务去陈言;专以先秦两汉为法,而自成一家之言。尤致力于诗,圆密清丽。”

赵世延亦雍古部人,曾黜公(Tekoah),祖按竺迩(Anthony),父黑梓(Hosea),叔彻利(Charles),子伊噜(Julius),皆基督教名也。元史卷一百八十赵世延传云:“世延天资秀发,喜读书,究心儒者体用之学。……至顺元年诏世延与虞杰等纂修皇朝经世大典……。”《中西交通史料》第二册二六七页以下。

聂斯脱利派在中国传布之状况既详述之矣;聂派在中国生活之情形,亦有可言者在,据卢白鲁克游记云:

> 其处聂派教徒,皆愚而无知;其圣经皆为叙利亚文,祈祷时亦能颂之,惟皆不解其义,犹之吾国僧侣不知文法也。其人皆腐败不堪,好放债收重利,沉湎酒色;与鞑靼人杂处者,沾染鞑靼风俗,甚至亦有一夫而娶数妻者。入教堂亦效法回教徒之所为,洗涤下身。星期五日,举行祝祭,茹荤食肉,一切皆效仿回教徒,其主教极罕往该处视察,甚至五十年中,不见主教之足迹。偶一莅临,则预先将所有男女,以及尚在襁中者,悉行落发。全户口中男丁皆为僧人,主教去,则又还俗娶妻。凡此种种,皆违背教规,不合先圣之训言。其派僧俗,不独娶妻,且行重婚。妻死可再娶。僧官皆买卖而成,无报酬,不为他人举行圣礼。其人知恋爱妻子,贪财好货之心,炽于宗教信仰。蒙古贵族子弟多就学于彼等,以福音信条教授……见 Rockill's Rubruck. pp. 158—159, et Bergeron, col. 60—61. Le Christianisme en Chine, p. 60. 译文录自《交通史料》第二册九三至九五页。

此段叙述未免过甚其辞,然元时聂派僧侣之生活情状,可见一斑矣。

参考书

《元史》卷五
张星烺《中国交通史料汇篇》第二册
《至顺镇江志》
陈垣《元也里可温考》
冯承钧译《多桑蒙古史》
郭栋臣译《真福和德理行实》
T'oung Pao 1917. pp. 65—68 1915, pp. 627—684 1914
Pauthier, le livre de Marco Polo
Rubrouck, Rec. de Bergeron
Plan-Carpin, Rec. de Bergeron
Yule: Cathay vol. Ⅰ, p. 174
Cordier, Voyage en Asie d'Odoric
Etudes 1910 124 vol. p. 15
Dictionnaire théologique: eglise nestorienne
Moule: Christians in China.

第五章　罗玛教廷与蒙古通使史略

元朝与传教士之概况　自十三世纪之初叶，蒙古人崛起漠北，混一欧亚，其征服之民族，奉元之正朔者，不胜枚举。而欧亚之交通，中西文明之接触，亦莫有盛于此时者。吾天主教至中国传教之运动，即发生于此时；其第一件大事，即教皇意诺增爵第四遣派方济各会士柏郎嘉宾（Jean du Plan-Carpin）至鞑靼王，一二四五年开罗玛教廷与元朝使节之先声；教皇既又遣多明我会士杏山伦（Ascelin ou Anselme），于一二四七年至波斯蒙古戍将巴一朱营，无效果，中途折回。法王圣类思闻蒙古有皈依天主教之希望，于一二四八年，亦遣多明我会士龙如马等（André de Longjumeau）同蒙古遣至圣王处之使节，来见蒙古可汗，亦无影响；圣王于是在一二五〇年又遣方济各会士罗伯鲁（Rubrouck）至拔都戍营，终于一二五三年到和林，觐见元宪宗。

罗玛教皇与法国圣王拟归化元之朝野，不断遣使；然元朝皇帝亦乘机遣意人孛罗二兄弟 Nicolas Polo, et Matteo Polo 回至欧西，通使教廷。教皇若望第二十一闻蒙古王有皈依公教之信，拟遣教士来华；教皇尼各拉第三接若望第二十一位之任，即实行其前教皇未竟之志，而遣方济各会士才拉孛拨刀（Gérard de Prato）等来华；然驻中国传教而成立总主教区者，实由孟高未诺北京总主教（Monte-Corvino）始；继孟总主教来者，有真福和德理，然不久返国。孟总主教逝世后，罗玛教廷虽有遣使至华补授北京总主教缺，但无何等影响。而元室亦不久倾覆,中国之圣教宣扬,乃随之中断。今将其史事,略述及之。

柏郎嘉宾来华　十三世纪崛起于漠北之蒙古人西征东伐,所至无不披坚折锐,无有能抵御者。有拔都者,太祖之孙,太宗之侄,以善战好勇名;一二三六年,出征高架索诸部,入俄罗斯,平波兰,侵匈加利,全欧震惊,乃有请教皇以筹对付之策者。一二四五年,教皇意诺增爵第四在里昂召集公会议之际,于是遣使臣,与蒙古修和好。其受遣远往者为方济各会会士柏郎嘉宾(Le Franciscain Jean du Plan-Carpin)。

教皇致元帝国书　柏郎嘉宾意之伯鲁齐亚(Perugia)人,博学多才,长于应对,于一二四五年四月十六日自里昂起程东来,持有教皇致鞑靼王及其臣民之信,此信作于三月五日或又谓作于十三日。教皇国书云:

> 天主仆役之仆役,教皇意诺增爵谨致书于鞑靼王及臣民曰:天主好生,创世人类动物,以及地上所有有机物质,以明神为例,故有生之物,莫不相亲相爱,安居乐业,永不相扰。余闻王等侵入基督教诸国,以及他境,所过杀戮,千里为墟,血流盈壑;直至于今,王及部下,凶狠之气破坏毒手,未稍息止。解除一切天然束缚,不论男女老幼,无有幸脱王之剑铓者。余代天主行教,闻王所为如此,不胜诧异,余本天主好生之德,欲合人类于一家,据敬事天主之理,特申劝告,并警戒请求王及部下,止息此类暴行,尤不可虐待基督教徒。王所犯罪恶多而且重,必遭天主谴责,可无庸议,王须急宜忏悔,使主满意。以前诸国所以为王克服者,乃天主所使,非王之兵力所能也。以后王

及部下，亟宜停止暴行，须知天主可畏也；骄横跋扈之人，固有时幸逃天主法网，然若怙恶不悛，始终不知迁善谦让，天主未有不严刑惩罚者也。今余遣所爱兄弟约翰（即柏氏之圣名）及同伴数人，携国书聘礼，往王之廷。诸人皆谨厚守礼，笃信宗教，通晓圣经。余希望王温颜接受，善待诸人，则不啻身受王之惠矣。诸人代余所说者，王倾心信之；所言和平方法尤宜深加采纳。更愿通告诸人，王究因何扫灭他国等王，以后意志如何亦请示知。诸人往来，长途跋涉，愿王派使护送为便。归回时则亦请供给沿途所需，俾得来达余处也。约翰等皆品行端正，深通圣经，能告王以吾救世主之为人谦逊，故余遣之，若仅能为王奔走，代王布德，有利于王者，余将不遣彼等，而另遣其他高位教士，或有权势之人矣。录张星烺《中西交通史料汇篇》第二册四八页。

与柏氏同行者有博希米亚（Bohemia）人斯德芬（Stephen），然动身不久而病，乃独返；及波兰人本笃（Benoît），二人均系方济各会士。柏氏自里昂起程，途中备尝劳苦，阅十月乃抵结武城（Kiev）。一二四六年二月三日离结武，再行二十多日始遇蒙古人，进见驻防此城之大将名高伦柴（Corenza），告以奉教皇命，欲觐见大可汗。大将命先遣至华尔茄（Volga）禀告拔都王，且派兵护送。一路所经名城巨镇，兵燹之余，率皆颓垣断壁，圮毁不堪；战地则白骨累累，触目皆是；昔年之农田，绣壤相错者，今则草木畅茂，尽成荒场。此盖照蒙古族，不事耕种，任其荒芜，取其便于游牧也。自结武东行，四月五日始至拔都王所居之城。

柏氏二人到后，暂息一日，乃进朝求见。依蒙古俗，先将二人火炙水浴,祓除不祥,然后由侍卫领进拔都帐幕。幕中罗列珍奇之物,大约皆得之于匈加利波兰等国者。二人既到拔都座前,跪呈教皇玺书。拔都命教皇信翻译,译成三种文字:一俄文,二萨拉森文(Sarrasin),三蒙古文,拔都亲察蒙古译文后,命将二修士遣赴和林,觐见大可汗,且派两骑兵,引路前行。是日正当耶稣复活瞻礼,二人念毕日课,略进饮食,即上马起程,不禁愁绪纷起,泪流沾襟,盖长途茫茫,不知生死何如也,一路所经之地多是沙漠旷野,赤地千里,一望无涯。既无草木,又无水泉,所赖以止渴者,惟融化之冰雪而已。公历七月二十二日始抵和林。是年八月二十四日贵由大汗(Güyük)行登极大礼,柏氏等奉使远来,适逢其会,参与盛礼。时定宗已接拔都王之报告,尽知二修士远来之意,命人供其食用,以待他日之召见。至八月末,亲王加冕毕,乃始得单独召见。二修士呈教皇玺书,旋即退出。又奉命进见皇太后都剌吉纳《元史》作脱列哥那;太后奉教恐系聂斯多派教素称热心,得见甚喜,温语慰劳。柏氏觐见时有三宰相在旁,一名括达(Qadaq),二名排拉(Balo),三名森官(Cinqai);除排拉外,余二人均系聂斯多派教友。萧司铎《天主教传行中国考》卷二四十一页。Pelliot, les Mongols, et la Papauté, pp. 4—9.

元帝复教皇书 元帝为复教皇书询柏氏在教廷中有何精通俄语萨拉森语及蒙古语人。柏氏答以无有,欧西虽有萨拉森人,然离教廷甚远,请王以蒙古语答复。于是复书即缮写蒙文;十一月十一日,三宰相为柏氏一一讲解;且令柏氏还讲,便知是否懂明。卒乃写成萨拉森语信,俾与欧洲人之观念,更能吻合也。十一月十三日,加印御玺,交付柏氏。复函云:

奉天承运大可汗,致书于教皇座前,尔教皇遣使赍书,来我蒙古朝廷,意在修好,固甚善也。但欲修好,固甚善,只遣一介之使,未免太易;必也,尔与所属诸侯王公,亲来此地,面议和款;朕将告尔以朝廷意旨所在,俾尔有所遵循,如此方昭郑重。再尔劝我蒙古君民进教领洗,朕不知何故宜出此,甚无谓也。又谓尔等见国兵杀人,尤以基督教教友匈加利人,波兰人,及摩拉维亚人(Morariens,今属捷克国)等,甚为诧异,云云。朕可简略告尔:尔所云者,朕实亦不解也。然朕若不言,尔或不明其故。兹特答尔如下,彼等不守天主及成吉思汗之教训,相聚为不善,杀戮我国使,故天主震怒命灭彼国,而交入朕手也。若非天主所使,人对人何能如是乎。尔等居住西方之人,自信以为独奉基多教而轻视他人。然尔知天主究将加恩于谁人乎?朕等亦敬事天主,赖天主之力,将自西徂东征服全世界也。(定宗母六后亦奉基多教故有此语)朕等众人,若非有天主之力相助,何能成功耶……

书末有贵由大汗玺文云:"天主在天,贵由在地,天主威权,众生之主印"。参考萧司铎《天主教传行中国考》卷二四十六页,张星烺《中西交通史料汇篇》第二册五十页,冯承钧译《多桑蒙古史》上卷二第四章二五〇页。以下拉丁文见 Pelliot:Les Mongols et la. Papauté p. 11.

柏氏接受国书后,即于是日起程回欧,临行两修士又奉命拜辞太后。太后念节届冬令,气候严寒,各赐貂皮缎袍两袭。及回到里昂已在一二四七年之终矣。教皇见柏氏不辱使命,赍书回来,不胜欣悦。适达而马西亚总主教出缺,即以柏氏补升,以酬其劳。柏氏于一二四八年终于是任。

注意:柏氏带回之复书似有三种文字;然有一事的确者,即元廷所书之第一书是蒙古文，柏氏曾以拉丁文译之也；卒于十一月十一日又书萨拉森文函，以便欧人易于领悟，此函元帝加以御印而封锢者也。见 Pelliot 书 p. 9.

教皇与蒙古使命之往来，不特遣柏郎嘉宾已也，且有别种使节，即二次遣方济各会士（柏郎嘉宾为第一次，老伦葡萄牙 Laurent de Portugal 为第二次）。又二次遣多明我会士是也（杳山伦 Ascelin 一二四五至一二四八年）其所以继续遣使之故，盖教皇与蒙古之修好，必思有以成功故也。

柏氏之遣使已如上述，至老伦葡萄牙虽亦衔教皇命奉派前往，然无相当之效果。杳山伦果得达蒙古可汗朝廷；而所获之影响，诚微乎其微矣。与杳山伦同行者有西满圣根汀（Simon de Saint-Quentin）、亚尔培利克（Albéric）及亚历山（Alexandre）；及至帝勿利（Tiflis）城，又有安德肋龙如马（André de Lonjumeau）、祁雅尔克来玛纳（Guichard de Crémone），一二四七年八月至蒙古大将名巴一朱译名（Baïdjou）者之驻军地；杳氏即将教皇玺书呈上，书中词理，大约与致元定宗书同；杳氏又口述教皇圣旨，劝巴大将与蒙古诸王，悔过自新，毋再屠杀无辜良民。前此之草菅人命，实属大伤人道。杳氏刚直之言甫经出口，巴大将勃然大怒，命将杳修士，立即处死。幸其妻奉教，左右之人，亦有奉教之人，再三解劝，方才息怒。然拘留修士，视如俘虏，每日所给饮食，仅足活命。两月后始遣之回。巴一朱复教皇书，书中大意，与定宗复教皇，一般无礼，劝教皇率欧西各国投顺蒙古，进贡称臣等等。《天主教传行中国考》卷二四十九页，Cordier, Histoire de Chine, Vol. Ⅱ. p. 392.

蒙古可汗遣使至圣王类思 教皇意诺增爵第四遣使至蒙古可汗，而蒙古将士亦遣使至欧洲也。一二四八年九月二十一日法王圣类思为十字架东征,统兵至济伯肋岛(Chypre),是年十二月十四日有蒙古大将伊治加台(Itchigatai),遣来二使:一名玛利发达未(Moriffat David),一名玛尔谷 Marc(必系景教人,因有圣名故),持有玺书请见圣王,伊治加台译名者接巴一朱(Baïdjou)任,统治波斯蒙古军之大将也。二使到法王时,适在圣王侧有新自蒙古奉使回命于教皇意诺增爵第四之安德肋龙如马。龙氏一见达未,即行认识。二使带至之书系用波斯及亚拉伯文缮写,龙氏任翻译之责。书中大意,谓欲恢复日路撒城圣地,愿率蒙古兵相助云云。据使者又云伊治加台亦系教友想系景教,彼等亦是奉教之家;今夏蒙古王拟出征鼓格大(Khalipe de Baghdad),请法王亦出兵埃及助之,又谓,蒙古可汗系司祭若望之女之子,可汗因其母之规劝,及圣主教马拉海亚斯(Malassias)请求,已在三王瞻礼日,同其第十八子及许多军士受洗云。

二使于一二四九年一月二十五日回去,同行者有圣王所遣之三多明我士会:安德肋龙如马,若望加尔加沙,奇奥末(André de Carcassonne, Jean de Longjumeau, et Guillaumc);并有礼物赠鞑靼王,其中最珍贵者,即一十字架,嵌有耶稣真十字架之木者,及锦绣之耶稣行实圣像,圣王且有国书致伊治加台大将及可汗;并劝彼等臣服罗玛教皇。

圣王之使节与蒙古使臣,经波斯而至伊治加台军营,继转道至可汗朝廷。奈至和林,方知定宗已故世,新君未立,惟有皇后乌拉海额垂帘听政。龙如马修士即将圣王之国书及礼物呈献于王后;而后视以为法王进贡之物,复书又甚傲慢。圣王使节在一二五一年西回复命。萧司铎《天主教传行中国考》卷二五十二张。Cordier, Histoire de Chine, vol. Ⅱ, p. 393 sq.

此次之使节未得要领,然圣王类思救灵之心,未尝少懈,因决意再行通使，遂选方济各会士罗伯鲁(Guillaume de Rubrouck)及巴尔多禄茂(Barthélemy de Crémone)，并另一人作随员前往焉。

罗伯鲁于一二五三年五月七日从康士坦丁(Constantinople)动身，经过黑海，是月二十一日抵沙尔对亚(Soldaia)。六月一日又起程向撒里答(Sartach)前进，在圣神降临前夕，途中遇见依希腊礼节之教友，虽非异端派，然必非罗玛公教人也。七月三十一日始抵撒里答(拔都之子，名见《元史》)之帐幕；翌日八月一日，罗伯鲁等身穿司祭礼服，由撒里答王接见，据说王亦信教，然至少在其左右，有景教之司铎，唱诵日课及行宗教礼节。修士等居撒里答帐幕中有四日之久。撒里答王知修士之来意，因命往钦察觐见其父王拔都。拔都接见后，命修士赴和林觐见蒙古大可汗。一二五三年十二月二十七日始抵和林，翌年一月四日元宪宗接见罗伯鲁等一行使节；罗氏在其游记中插述觐见时之情景曰：

> 大可汗坐在一矮小之床，身穿富丽鲜明之皮袍，其皮似海豹皮也。身材中等，鼻扁平，大约有四十五岁。其妻幼而美，坐于其侧，其女名西利那(Cyrina)年近出阁，亦在其旁，其女不甚美观。尚在别一床上，亦有幼童休息其间。可汗所居之宫殿，系一女教友之所有，此女教友为可汗所宠幸而娶之者也；虽可汗已有此年轻之妻，然并不以之为妨碍。西利那是从女教友所生，在此宫中，一切之权，均操于其手。

罗伯鲁觐见退朝后，寓居和林多月，该处有不少掳自欧西之男女教友，有一法国麦思(Metz)妇名巴斯嘉(Pasca ou Paquette)从匈加利掳至是地，嫁于一俄人精建筑术者，并生有子女三人；又有一巴黎人名步瑟(Guillaume Boucher)者,业金银匠,为可汗曾作一银树,曲尽奇巧之妙,其中以日尔曼、匈加利、俄罗斯等国之人为多;亦有公教中人来至罗氏处行告解领圣体者。然在和林,以聂斯多派异端人为多,且有圣堂,举行礼仪。五月二十四日可汗元宪宗又召见罗伯鲁,并与以答复圣王之国书,系用蒙古文缮成者;八月十八日罗氏离和林,九月十六日至拔都营;一二五五年六月十六日至齐伯肋岛,时圣王类思已回法国,罗氏乃将奉使始末,缮录成书,及宪宗之复书,一并上呈圣王。萧司铎《天主教传行中国考》卷二五十二张,以下冯承钧译《多桑蒙古史》上第二第六章。Cordier, Histoire de Chine, vol. Ⅱ, pp. 390—406, et T'oung Pao 1917, pp. 78—86.

马哥孛罗仕元　元世祖御极之初,有意大利威尼斯(Venise)商人名马哥孛罗者(Nicolo Polo),偕其弟玛窦(Matteo Polo ou Matteo)于一二六〇年,乘满装商品之商船到君士坦丁堡(Constantinople)行商,继至窝尔加河(Volga),卒随旭烈王使臣远来中国,觐见大汗忽必烈——元世祖,颇蒙优待,垂问甚详。二人应对如流,世祖大悦。拟遣派二人充作使臣,面觐教皇。马哥孛罗(Marco Polo,尼各老子)在其游记中曰:

> 大汗名忽必烈,Cublay为全世界鞑靼种之主人,管辖无数邦国,其疆土之广,世界所未有也,闻孛罗兄弟二人所言拉丁人各种情形后,大喜,令二人为大使,往罗玛问候教皇。又命男爵扩格他尔(Cogatal)随之西行。孛罗大悦,敬奉命,谓汗曰:"吾辈事汗,就事吾国之王也。"扩格他尔亦奏言,愿竭其能力而行。大汗传旨,命缮书与罗玛教皇,书用鞑靼文,交与孛罗兄弟及扩格他尔递呈。书中大旨求教皇遣传教士一百人来

其国。来人皆须精七艺,善辞藻,能答辩如流者;能使拜偶像及其信异端之人,皆知基多教规为最善,余诸教均为虚诞不经。设基多教徒能证明一切,则大汗及其臣民,均可改信基多教,为教堂待役。书末,又令大使自耶鲁撒冷圣地之长明灯取油少许。

大汗命令发出后,给大使金牌谕旨一道,令经过各地,供给马匹夫役,地方官妥为照料。大使三人整备行装完全后,别大汗起程。

路行多日,扩格他尔病重不能前行,止于某处。孛罗兄弟二人相议离彼先行,俾得早日复命,路间所过各邑,因大汗金牌谕旨,无不供给一切,听孛罗之指挥。

前行三年,而至黑梅尼亚之拉耶斯城(Layas en Hermenie),路间所以如是久者,因时遇大雪,或大雨,或瀑流阻路,故不得前行也。

孛罗兄弟自拉耶斯城,来至阿扣(Acre),时为天主降生一千二百六十九年四月也。至此,彼等始悉教皇已死(格肋孟第四 Clément Ⅳ),乃求计于驻埃及之教廷专使透俄把塔 Légat du pape,Tebaldo de Plaisance。透氏颇有权势,又甚聪慧。孛罗兄弟告以奉使之故。专使闻后,惊喜过望,以此事乃圣教会各国之大荣誉,大利益也。谓之曰:“前教皇已死,君等必须待新教皇选定后方能完君等之职也。”孛罗兄弟从其言,归威尼斯以待,且趁机得探访亲友。乃离阿扣城,而至尼格罗捧逢(Negrepont),由此复前行,抵威尼斯。抵家后,尼各老孛罗之妻已死,遗有一子,年已十五矣;即本书所言之马哥也。兄弟二人居威尼斯数年,以待新教皇之选定。

兄弟二人留滞威尼斯甚久。教皇久不选定,心急不复待;议即复归大汗,由威尼斯起程,偕马哥同行。直回阿扣城,见前专使,与之磋商事件,求其允许至耶鲁撒冷取圣墓长明灯之油少许,俾归大汗复命。专使许之,乃离阿扣至耶鲁撒冷,取油少许,复归阿扣见专使,谓之曰:"举定教皇,遥遥无期,吾辈必须归见大汗;因留滞已久,故不能再待也。"专使答曰:"君等既欲东归,鄙人不复强留。"乃致大汗书,证明孛罗兄弟确能奉行使职,毫不负命,惟教皇一时尚未选定,故不能完全复命。

兄弟二人得专使书后,离阿扣城,归见大汗。行至拉耶斯城时,得闻前所见之专使已被选为教皇,改号额我略。兄弟二人大喜。无几时,专使遣人追至拉耶斯,以教皇名义,请二人急归见教皇,不必前行。……

孛罗兄弟二人至阿扣后,以尊礼谒见教皇。教皇亦以礼相待,为之祈祷,求天主保佑。更命多明我二会士随孛罗见大汗,授以全权,俾得为所欲为。此二人者皆当时该省最有学识之修士也:一名居古拉卫深斯(Nicole des Vicence),一名奇奥末脱利拨尔(Guillaume de Triple)。给以证书,及回复大汗之信。……

孛罗氏三人起身前行,寒暑数易,终至大汗之廷。大汗适驻开平府……闻尼哥罗及马飞二人归时,欣悦非凡,特遣人远迎之于四十日路程之外。……

兄弟二人及马哥至上都时,入宫朝见大汗。见大汗左右,环列贵爵无数,孛罗等屈膝(跪于大汗之前),以表尊敬。汗命起立,待以优礼,欣悦非凡,问途中一切情形,又问起居安否?孛罗等答以平安无事。又谓见大汗圣躬康健,心中甚为欣慰。已而呈上教皇所给之证书及信,大汗大喜。孛罗又奉上圣墓长明灯之油，大汗益喜，赏赐甚多。已而大汗睨视马哥年方髫少；问之为谁，尼各老谓："此乃臣之子携以侍从陛下者"汗曰：亦欢迎优待之。以上录张星烺译《马哥孛罗游记》第七章至第十四章，萧司铎《天主教传行中国考》卷二六十六张，以下法文本 Le Livre de Marco Polo publié par M. G Pauthier, pp. 11—20, Cordier, Histoire de Chine vol. Ⅱ. pp. 426—430.

以上均系马哥孛罗之游记，叙述非常忠实可信。孛罗兄弟二人回大汗廷，须三年半之久，时在一二七五年五月也。至多明我二会士，至拉耶斯城即折回不去，盖惧路之难，时之久也。

孟高未诺总主教 蒙古王与罗玛教廷使节往返固未尝或断，然得获其传教之效而成立传教区者，要以孟高未诺（Jean. de Monte-Corvino）为始。孟氏意人，生于一二四七年。东罗玛皇巴来奥老格（Michel Paléologue）为欲连合希腊与罗玛二教会之故，曾遣孟氏至罗玛教廷，觐见额我略第一；时孟氏已进圣方济各会矣。一二八九年教皇尼各老第四（Nicolas Ⅳ）闻中国皇帝，优待教士，大有开教之望，乃遣孟高未诺起程来华，并缮写书函致旭烈兀（Hulaku）之孙阿鲁（Arghoun）大王，及小亚美尼亚（Petite Arménie）王及后，并讨来思城 Tauris 主教，雅各会（Jacobites）之教务大总管（Patriarche）；忽必烈大汗及土尔基海都（Kaidou）大王亦一一致书，请彼等善待孟氏也。

孟总主教之书翰 孟氏东来有遗札留于吾人；孟氏在其书翰中谓：已于一二九二年离讨来思城，道出印度，在该处寄居十有三月，并拜谒满丽亚坡（Méliapou）之圣多默圣堂；随行之修士尼各老（Nicolas de Pistoie）病死是地，乃即葬于圣多默堂中。后复前行，于一二九二年至中国；此时元世祖犹未崩，乃进京觐见，呈上教皇国书，颇得皇上优待也。

孟氏于一三〇五年，即元成宗在位之十年寄书于欧洲同会士云：

余初来北京，大遭聂斯脱利派异教之妒嫉，在皇帝前，造作诽语，谓我为侦探匪徒，非教皇之遣使；又说我在印度时，曾劫杀某国进贡之使，而夺其所有。又贿买证人，必欲诬陷我而后已。朝廷将信将疑，将我看管，提审数次，几遭不测之祸。幸五年后，蒙天主矜全，令仇党中一人，天良发现，自认捏词妄告之罪。于是我覆盆之冤，方得昭白。皇帝即将原告反坐，并其妻孥一同充军。自此以后方得自由传教，建筑圣堂一所，内悬三钟；领洗者达六千，设元聂派异教阻扰，即三万领洗亦在意中也。余又收养幼童一百五十人，教以拉丁及希腊文，又为彼等写录圣咏（Psautier）及三十首圣歌（Hymnes）大日课等。其中十一人已熟悉圣咏，余为之组织唱咏班，按时唱诵，皇帝亦甚喜来闻也。

孟高未诺在北京遇一若尔日王（Georges），系西辽末帝直鲁古即汪古部长高唐王阔里吉思也。汪古部国今诃套五原县包头镇诸地之苗裔，直鲁古即天禧，西史所称铎德可汗（Jean le prêtre）是也，失国后其子孙流寓蒙古者不少。若尔日王又为世祖外孙，曾随世祖出征纳颜，继又随军征讨海都；战后叙功，封为唐突王译音。孟氏书信中云：

余抵此之第一年，即深与余结纳，从余之言，弃绝聂斯脱利派而归奉天主教。余又授以四品神职。每辅祭时，王盛装参与典礼，以昭诚敬。聂派因谤王为弃教。王率其民大部来归公教，捐资建圣堂一所，雄壮宏丽，无异王侯之宫，用以敬奉天主圣三，王赐题额为“罗玛堂”。六年前，若尔日王卒，仅留一子，尚在襁褓之中，今即已九龄矣。王卒后，诸弟误信聂斯脱利派之邪说，将王生时引归公教之人民，返之歧途。余因仅一人在此，不能远离，大汗王生前所建之大堂距此尚有二十日之程，故终未得往视察也。……余若有二三同伴，助予传教，则至今日大汗必受洗矣。……余来此后不闻教皇及本会及西方事情，已十二年矣。……敬祈本会总长寄给唱歌乐谱，及诸圣人传并圣咏等。余今年不逾五十八，然事烦虑多，劳苦过甚，故须发已苍白，鞑靼人最普用之语言文字，余已通晓，新经及一百五十圣咏，皆已译成，使人以最佳书法，缮写完毕矣。若尔日王生时，约余将拉丁文礼节译成方言。

孟高未诺第二函作于一三〇六年二月十三日，书中大致谓：

欧洲音信，久不接到外，又言为教授生徒新经古经，余特绘制图像六幅，像后说明书，则用拉丁达尔西（Tarsic）及波斯三国文。又言至鞑靼以来，已付洗五千人（第一函中谓六千人此处似少一千）。一千三百〇五年余在大汗宫门前又建新堂一所，堂与大汗宫，仅一街之隔。此系自讨来思同余来此之富商伯多禄路加隆高（Pierre Lucalongo）赠置地基，助余敬奉天主而造。八月初旬地即购妥，嗣得捐款起筑，于圣方济各瞻礼日竣工，厩舍，房屋，厅庭，及会堂无不完备，会堂可容二百人；教堂四周，又有围墙环之。……城内居民，以及他处之人，从未闻有教堂者，屋宇换新，红十字架高立堂顶，又见余在室内唱歌，皆讶异万分。……第一教堂与第二教堂皆在城内，两处相距有二迈耳半。余将所收幼童分为两队：一队在第一教堂，他队则在第二教堂，各自举行祭献。余为两堂住持。每星期轮流至一堂举行圣祭。……

教皇格肋孟第五闻孟高未诺在中国开教之成绩，乃于一三〇七年特遣方济各会士七人均系有主教品者，来到北京将祝孟氏为北京总主教，并授以统理远东教务，颁给有简授主教之权，为各主教划分区域，凡添设之主教皆属于北京总主教权下。其中三会士，一名尼各老彭脱拉（Nicolas de Bantra），一名伯多禄贾斯得劳（Pietro de Castello），一名安罗齐奥亚西氏（Andruzio d'Assise），未抵中国，卒于印度；奇奥末卫脱南物（Guillaume de Villeneuve）还回欧西；一三〇八年终抵北京者，惟安德肋伯罗氏（André de Pérouse）、才拉尔（Gérard）、孛来仁（Peregrin）三位而已。三位主教乃奉教皇命依圣教礼祝圣孟高未诺为总主教；四主教共居于北京五年，元廷亦与以亚拉发（Alafa），亚拉发者阿拉伯语，谓皇帝赐于外国使臣，说客，战士，百工，伶人，术士，贫民，以及诸色人等之俸金，供其生活费者也。

时在福建泉州，有一亚尔默尼（Armenie）女教友以己资财，建筑一华丽广大之圣堂，孟总主教即遣才拉尔前往为泉州第一任主教；才主教去世后，总主教以此缺实授安德肋伯罗氏，不受；乃简选孛来仁主教补其缺，一三二二年七月七日，孛主教逝世，安德肋主教乃不能不接其任矣。才主教故世前四年，安主教已来泉州，且以元廷供给之俸禄，在近郊建一圣堂，并修院一所，可容修士二十二人。安主教于一三二六年逝世；继其任者有雅各伯弗劳郎斯（Jacques de Florence）。弗氏于一三六二年同一修士名奇奥末刚伯尼

(Guillaume de Campanie)者,为义致命。继又在泉州有第三圣堂之建筑云。《中西交通史料汇篇》第二册一〇三页 T'oung Pao,1917,pp. 90—93,Moule:Christians in China,pp. 167—199.

真福和德理 元代西士之传教,颇著成绩,来中国者亦日渐繁多,其中最有名者,当推真福和德理(B. Odoric)。真福意之包尔得诺纳人(Pordenone),生于一二八六年,年十五,入乌丁圣方济各会修道;一三一八年四月自排度(Padoue)城起程至公斯当定城。当时从欧洲至中国者有二道;一经埃及,一由波斯。经埃及者,则回人到处为难;由波斯则鞑靼人往往宽度相容,无大阻碍;且路程亦近。真福乃取道波斯至印度。途中见聂斯脱利派随处传布,真福心戚;继由玛拉排尔(Malabar)、锡兰岛(Cylan)、满利亚玻尔(Meliapour)圣多默宗徒圣墓地,由是而再东,至苏门答腊(Sumatra)、爪哇(Java)、波罗洲(Borneo)、占婆终乃抵广州,及泉州。在泉州得见同会士安德肋伯罗氏,其乐可知矣。不久,由福州经仙霞岭,下钱塘江至杭州,金陵,更渡江,由扬州沿海北上而达北京;在北京住三年之久,时孟高未诺总主教尚健在也。惟总主教年高,因思求罗玛教皇多派传教士来华帮助;真福欣然接受是项使命,乃西返欧洲;经天德军今河套、陕西、甘肃而至西藏,一三三〇年抵意大利本国。从上可知真福自一三一八年起程至一三三〇年回国,在北京居三年,其余年月皆在途中。真福回至本国后,会中长上命其将游记录写;真福乃口述由同会修士奇奥末沙老虐(Guillaume de Solagna)笔记。真福方起程至亚未农(Avignon)求见教皇若望第二十二,请遣派教士五十人到华传教,及抵边池(Pise)圣方济各借老人形象显见于真福,属其折回乌丁修院,善备安死;真福即遵命回去,于一三三一年一月十四日,泰然长逝,寿四十五岁。殁后四百余年,教皇本笃第十四以和德理司铎列入真福。T'oung Pao, 1917, pp. 60—100; Mouie: Christians in China, pp. 196—213,《天主教传行中国考》卷二八十四页以下,《中西交通史料汇篇》第二册一三七页以下。

孟高未诺故世后之传教情形 孟高未诺总主教于一三二八年故世,寿八十三岁,在中国传教三十八年,授洗三万余人。一三三三年九月十八日,教皇若望第二十二闻讯,即简派方济各会士尼各老(Nicolas)接其任为北京总主教,随尼各老当来中国者尚有二十六会士(司铎)六位无神品之会士;但尼各老总主教一行会士等,究到中国与否,尚是疑问也。惟在一三三六年,在中国之阿兰(Alains)人与元帝曾遣使至亚未农(Avignon)持国书二通,觐见教皇若望第二十二,请求遣派教士来华传教,使者一行共十六人,以泉州主教安德肋伯鲁氏为首领,一三三八年抵亚未农。但有谓此使节系商人之冒充;据高尔第(Cordier)言谓似可以信也。盖阿兰人上教皇书上所列之名字:"敬祷天主赐福吾主皇帝大汗,万寿无疆;有福定琼斯(Fodim Jovens)、香山董琪(Chyansam Tongi)、者燕不花爱文奇(Ceubogo Vensy)、嘉珲俞乔(Johannes Jochoy)、鲁比士平则奴斯(Rubeus Pinzanus)等谨泥首上书于圣父教皇法座曰……"在元史上实有其名:读《元史》中诸阿速即阿兰名将列传,而知福定名见《元史》一百三十二杭忽思传,为杭忽思之孙,伯答尔之次子,元宗大德四年一千三百年伯答尔卒,福定袭职。香山之名见《元史》卷一百三十五,口儿吉传,为口儿之子,事武宗仁宗直宿卫。者燕不花之名,见《元史》卷一百二十三,捏古剌传,为捏古剌之孙,阿塔赤之子。嘉珲之名见《元史》卷一百二十三,捏古剌传,者燕不花之兄,亦捏古剌之孙也。惟 Rubeus 名不见诸《元史》。阿兰使节教皇以优礼接见,并致元帝复书;使者于一三三八年七月离亚未农东归焉。《中西交通史料汇篇》第二册一百四十二页以下,T'oung Pao,1917,Cordier:le Christianisme en Chine,pp. 100—103.

阅数月即在是年(一三三八)十一月十一日教皇本笃任命四位方济各会士出使元廷,四位之名即尼各老鲍南(Nicolas Bonet)、尼各老马拉诺(Nicolas de Molano)、若望勿老郎斯(Jean de Florence)、额我略匈加利(Grégoire de Hongrie)是也。使节于一三四二年到中国,寓中国约有三四年之久。若望卒于一三五三年回至亚未农,见教皇意诺增爵第四,上呈元帝复书。T'oung Pao, 1917, pp. 103—104,《中西交通史料汇篇》第二册一百四十七页以下,冯承钧译《多桑蒙古史》卷三第七章三八〇页以下。

罗马教皇对于中国之传教事未尝少懈;教皇迁尔朋第五于一三七〇年曾授奇奥末拨道(Guillaume Prato)为北京总主教缺;翌年又遣方济各包提奥(François Podio)为教廷钦使;然皆无终竟之确闻。及元代末,群雄崛起,元顺帝被逼,出塞北迁;而蒙古人及奉教之官员皆随之俱去。而圣教遭此变乱竟绝迹于中原,诚可深叹也。

综上观之:元朝入主中原,虽不满百年,而吾天主教在历史上,有其一时之盛兴。领洗入教者有三万多人。北京有总主教区,泉州亦有主教区。奈元亡,而公教之宣传随之中断,竟无踪迹之可寻。其故何哉?曰:元代之信奉天主教者,大抵皆系西域各部落人;真正之中国人实绝无而仅有。元朝以鞑靼种征服中国占其地而有之;及一旦失势,蒙古人及他民族皆远逃出塞;汉族重行恢复,则蒙古异族所有之一切建设,自然尽量铲除之矣。且当时又无教士继续来华,亡羊失牧,不久而竟无声无臭,此诚大可痛也。

参考书

Moule:Christians in China

Dictionnaire théologique, Église nestorienne
Cordier: Les voyages en Asie: Odoric
Pauthier: Le Livre de Marco Polo
Guillaume de Rubrouck, le récit de son voyage
Yule: Chatay
D'Avezac: Relation des Mongols
Cordier: Histoire de Chine, t. Ⅱ
T'oung Pao, 1914, Chrétiens d'Asie centrale et d'Extrême-Orient
T'oung Pao, 1915, Christians at Chen-Chiang-fu, pp. 624—644
T'oung Pao, 1917, Le Christianisme en Chine etc. pp. 49—113
《中西交通史料汇篇》第二册六二至二九一页
陈垣《元也里可温考》
冯承钧译《多桑蒙古史》上下二册
张译《马哥孛罗游记》第一册
李季译《马可波罗游记》
《真福和德理行实记》
德礼贤《天主教传教史》
萧司铎《天主教传行中国考》卷二

第六章　明末天主教之传入中国

——圣方济各沙勿略至利玛窦

欧亚交通之二道　天主教之传入吾中国也，有谓传自圣多默宗徒者，然史无明证；有明证者惟元朝之天主教。溯自十三世纪初叶，蒙古人崛起漠北，混一欧亚；吾天主教传教之运动，亦发生于此时，教务且一时甚为兴盛，北京有总主教区，泉州亦有主教区，领洗入教者多至三万人。不久元亡，而天主教亦随之灭迹，已如上述。明室入主中原，抱闭关主义不与欧洲通使者几二百年，而欧亚之交通，亦因突厥人之崛起，为之隔绝。至十五世纪新航路之发见，而于是至中国又得二路：一由非洲之好望角，经过印度洋而达中国；一经大西洋西航，绕过新大陆美洲，出太平洋而临中国。夫寻获新地之葡西二国，其志固在殖民拓地；然欲圣教之福音传布于东方民族，亦其素愿也。适十六世纪中叶，有圣依纳爵者，纠集同志，创立耶稣会，专以荣主救灵为宗旨；自二百年圣教断绝于中国后，首来吾国传教者，即圣依纳爵之同志圣方济各沙勿略，继有以发其轫而奠定其基础者，则利玛窦（Ricci）也。

圣方济各沙勿略　圣方济各，西班牙人，生于一五〇六年四月七日，一五二五年九月至巴黎大学求学，在巴黎认识圣依纳爵。依纳爵亦西班牙人，生于一四九一年，一五二一年五月二十日在保护邦贝吕纳城（Pampelune）受重创，乃矢志弃俗修道，一五二八年二月始到巴黎，巴黎为各国人才荟集之地，依纳爵乃征求同志，即得勒番物（P. Lefèvre）、方济各沙勿略（François Xavier）、赖乃慈（Laynez）、沙墨隆（Salmeron）、饱巴拉（Bobadilla）、高杜尔（Codure）及白鲁埃（Broët）等七人，但仍在巴黎大学继续攻读神学。一五三九年九月三日教皇保禄第三世，在谛伏黎（Trivoli）时，口头核准依纳爵立会之呈请；一五四〇年九月二十七日，教皇颁布 Regimini militantis Ecclesiæ 谕旨，褒扬依纳爵所拟之会典，并准许新修会之名为耶稣会。一五四一年四月十三日，依纳爵被选为耶稣会总长，总理会务。

圣人到东方传教　新修会方呱呱坠地，而葡王若望第三世，即请求教皇遣派六传教士到东印度传教，依纳爵受教皇命，一五四〇年三月十四日即指定方济各沙勿略前往远地，圣人于一五四一年四月七日从里斯包纳（Lisbonne）起程往印度，翌年五月六日，至卧亚（Goa），一五四九年四月十五日离卧亚而至日本；一五五一年十二月又回卧亚，拟整备进入中国。圣人之意，以为中国地大物博，古代之文明大国也，若一旦皈依天主教，则日本必随之归化，故决心前去；圣人于一五五二年一月二十九日致西满劳特利格辞（Simon Rodriguez）一信函中有言曰：

> 在日本，我曾见中国人，他们白面亦如日人，有求知之热愿；他们明悟之透澈广博胜过日本人。中国土地肥饶，在许多出产中，丝为主要之出品；国中多大城都市，凡高厅大厦，均用石建成者。中国人对我言，彼国中有许多不同之民族，殊异之宗教；依我所闻所想，在中国有犹太人，及回教人，恐未尝无教友焉。
>
> 我期望本年一五五二年，可到中国。若福音在中国一经播

种，必有丰富之收获。若中国人真心归化，日本人抛弃自中国传去之异说，自不难也。……我有大希望天主洞开中国之门户，不特使吾耶稣会进入，且又令别种修会前往；俾中国成为一众传教士传教之公地，而引导众人得救灵魂也。（Cros，Saint François de Xavier，Ⅱ. pp. 103—104.）

圣人乃于一五五二年四月十四日离卧亚，拟来中国；圣人之友第奥谷伯来拉（Diogo Pereira）迎接圣人至己船名“圣十字”者，将亲引圣人到中国，并为便利进入起见，带有印度总督送与北京皇帝之许多贡品，而有奉使进贡之名义，不料至麻剌甲（Malacca）驻在该地之葡国将官名亚萨佘亚大达（D. Alonso de Ataide）因嫉伯来拉使节之名义，阻当其起程，不令同圣人乘十字船前往也。（Cros，Ⅰ. c. Ⅱ. p. 307. —C. W. Allan，Jesuits at the Court of Peking. p. 18.）一五五二年十月二十六日，圣人写信致加斯巴尔排而才（Gaspard Barzée）司铎曰：

我已至三洲岛，距离广州有三十“里远”（古法国里海里计五五五五尺，陆里计四四四四尺），我每日等待有人来送我至该城，我且许以给二百 Cruzados 以为报酬；但因海禁严厉，至约定之日，此人爽约不来也……（Cros，Ⅰ. c. Ⅱ. p. 330.）

同年十一月十二日，圣人致函麻剌甲之会长曰：

在此八日中，我等待一中国商人，他将介绍我入广州，他一定未曾故世，因我曾许给彼许多胡椒在广东能变卖二百五十多 Cruzados 之故，他必将来此，引导我入广州也。（Cros，Ⅱ. p. 331.）

十一月十三日，圣人又致书排尔才（P. G. Barzée）司铎曰：

为入中国海岸一节，此事甚难甚危，我虽有大盼望，不能知可否达到目的。如今年我不能入广州，我将至暹罗，如上次我已提过。如本年不能从暹罗到中国，我将回至印度；然吾有大盼望至中国也。

你一定当知者有一事，且万勿疑惑，即魔鬼不容冠有耶稣圣名之修会—耶稣会—进入中国；此事是一定的，我在三洲岛上，书此以令你知悉；对于此事，你万不要疑惑；因魔鬼所兴起以往之阻当，及现在每日所发生之难处，用我笔墨，我终不能详言也。还有一事，我们该当确定知之者，即因天主之帮助，圣宠，恩佑，对于此事，魔鬼必将失败；天主为自己之愈大光荣，用一卑微之工具如余者，要压伏魔鬼之骄傲也。（Cros, Saint F. de Xavier, Ⅱ. pp. 327—328.）

圣人所言魔鬼必失败，天主必得胜，此预言之实践，在圣人逝世之后也，盖圣人未入中国，在三洲岛上，于一五五二年十二月二日，已离此涕泣之谷，而至永福之所矣。圣人弥留之际，惟有一中国人名安多尼（Antonio De Santa-Fè）者，侍病在侧。安多尼曾在卧亚耶稣会公学肄业，虽新教友，然甚有德行。试听安多尼述圣人临终时之情形，曰："瞻礼七上开始，圣人已不能讲话，一五五二年十一月二十七日（圣人卒之月日均谓十二月二日）主日夜十二钟过二时，在广州对面之三洲岛上，一草棚中，圣人之灵魂出离肉身，而去活永生之性命矣。"（Cros, Ⅱ, p. 331.）

圣人死后，其圣身由安多尼等葬于三洲岛，圣身之四周，满盛石灰，俾血肉朽干，易于运回印度。二月中旬圣十字船将起碇回印度，安多尼去询问船主如何安置圣人之尸。船主乃令一葡人去开视圣人之葬处，见圣身如初死时，并不腐烂，亦无臭气，石灰则仍如旧。圣身乃安置棺中，于二月十七日运去焉；三月二十二日到麻剌甲，一五五四年三月十五日至卧亚城。（Pfister s. j. Notices biograph. Ⅰ. p. 5.）

利玛窦继圣方济各来中国　圣方济各沙勿略固离斯世而去矣，其所抱之志愿，似未实践，而不知其传教救灵之工作，未尝因圣人之逝世而与之俱亡也；盖不久而由其同会之修士利玛窦继承其志也。一五五七年，葡萄牙国因助中国剿灭海盗有功，广东总督特准彼等在澳门居留，一五六二年，贝莱士（Pérez）及戴衰拉（Texeira）神父即来居澳门，一五九五年又成立一公学。耶稣会士始到澳门，即在华人中开始传教；澳门第一位主教名加尔南劳（Carneiro）者，亦耶稣会士也，对于劝化中华人，非常热心。惟当时传教之方法，凡欲进教保守者，须葡萄牙化，学习葡国语言，取葡国名姓，度葡国生活，故不啻进教即成为葡国人也。《澳门纪略》有一段记事曰：

> 其唐人进教者，约有二种：一系在澳进教，一系各县每年一次赴澳进教。其在澳进教者，久居澳地渐染已深，语言习尚，渐化为夷，但其中亦有数等，或变服而入其教，或入教而不变服，或娶儿女而长子孙，或藉资本而营贸易，或为工匠，或为兵役……。

准此而观，此等传教方法，不能深切“入境而问俗”之情；盖欲中国人归化，必须合乎中国风俗习尚为第一；而洞明此理，改变传教方针，采取中国习俗者，当以范礼安（Alex. Valignani）为开始。范公意国人，由耶稣会总长派至东方，巡阅印度、日本、中国等传教事务。在印度巡阅事毕，一五七八年至澳门，深感中国地大民众，亟思遣派教士前往开教；首先在澳门成立一中国会口及圣堂，专为中国教友者，继又从印度调至澳门三青年会士，即巴范济（F. Passio）、罗明坚（M. Ruggieri）、利玛窦（Math. Ricci）；且令彼等专习中国语言文字以便时机一到，进入中国传教也。（P. de la Servière s. j. Les anciennes Missions de la Compagnie de Jésus en Chine. p. 2.）

中国与葡商之通商　当时中国海禁严厉，不准外国人居留境内，只准在一定时期，每年在广州通商二次；夜间又不准居留海岸，须回至商轮；自一五七八年葡国商人，已得到中国官厅之允准，春秋二季，满载印度及日本之货物，至广州，交换中国商品。一五八一年春，罗明坚乃同葡国商轮至广州，又得到中国官府之特别允准，可以居留海岸，并举行弥撒圣祭；惟通商时期一到，不得不同葡商回去焉。同年秋又重来广州，此次又得官府之优待，竟与印度支那及暹罗之进贡使臣同寓起居焉。一五八二年，广东新制台陈文峰贪墨为心，察知与澳门葡人通商有厚利可获，因许葡国官厅遣使臣至广东，商榷通商事务，罗明坚乘此良机，亦与葡使同往；制台且请罗公至肇庆府制台署下榻，并暗示罗公将来可以在此居留。范安礼得此喜讯，非常欣慰，一五八二年十二月二十七日，即遣罗明坚巴范济二司铎往肇庆，并献许多贵品，其中最珍贵者，乃利玛窦自印度带至澳门之西国自鸣钟一具。总督见此珍贵礼品，喜悦逾常，允准罗公在肇庆府东关天宁寺中居住，并可以传教，举行圣祭。惜总督旋即去任，又恐人奏参引进外人深入内地，乃令罗公离肇庆回澳门。（Pfister，Notices，No 7.8.）

罗明坚利玛窦到肇庆 但罗公并不因此而灰心，一五八三年七八月间，同利玛窦又至广州。利玛窦于一五七八年九月到卧亚，一五八二年到澳门，攻读中文（Pfister，No 9.），对于中国文字已有初步之知识。罗利二公到广州后，虽得海岸官吏之优待，然未能驻足；幸肇庆制台署中官吏与罗公已有一面之交，因言与新制台郭公，西士有种种奇物珍品可献为礼，与夫允准彼等居住之裨益，郭制台心为之动，乃遣一兵士持肇庆府王太守函至澳门，请西士来居（Pfister，No 7.9.）。罗明坚利玛窦得此喜讯，即整备欧洲带来之许多奇巧异物，起程赴肇庆；一五八三年九月十日乃到，承当地官长欢迎接待；十四日郭制台延见二公于公署，王太守指定府东滨河之地许教士建筑圣堂。在圣堂未造成之前，二教士暂居朱伲姑（译音）家。朱伲姑者，罗明坚司铎初次到肇庆离去时，曾以祭台祭服等一切物件，托彼保管，是西士之友也。

迨地方已择定，圣堂开始建筑，犹不少困难。嗣商议妥洽，乃兴工建筑。屋之中央，是一圣堂，祭台上，初供圣母抱耶稣像，继易以耶稣像。圣堂左右是司铎住房；制台因罗利二公之请求，给以正式契单，认为天主堂产业，且许西士自由宣传圣教，并自由在广州澳门来往也。从是时起西士在中国传教之事业可谓奠其基矣。（罗利二公到肇庆情形可参阅：P. H. Bernard. Aux portes de la Chine……译本有《天主教十六世纪在华传教志》，商务印书馆出版。）

范礼安司铎见此初步传教工作，得有良好之影响，异常欣慰；但非持久之道，盖一旦当地官厅改变态度，教士即无立足之地；故范公拟得北京皇帝之谕旨特准，乃遣罗明坚至罗玛办理此事。一五八八年罗公自澳门起程，翌年至葡京里斯鲍纳（Lisbonne），觐见葡王斐利伯第二世（Philippe Ⅱ）；继至罗玛，不幸四教皇（西斯笃第五,一五九〇,乌尔朋第七,一五九〇,额我略第十四,一五九一,意诺增爵第九,一五九一)相继逝世,致举办通使之事,进行迟缓,且无期望。罗公乃退居萨来尔纳(Salerne)于一六〇七年,不得重见中国而卒世也。(Trigault, Expédition. p. 353.)

利玛窦则在肇庆,进行其传教工作,虽士大夫与佛教徒屡与利公为难,然利公善与人交,种种误会,得以渐渐冰消。夫利公乃外国人,言语习尚不同,孤居中国内地,自然有许多人为好奇心所驱使,至利公寓所参观谈论者;其中有不少文人学士,喜与利公交,询问西洋一切文物制度,风化习尚者,利公则一一详为复答,利公从士大夫交际之中,深觉欲归化中国民众,先该从中国儒士入手;其与儒士交际当以学问为工具。利公既从经验所得,以学问定为传教之原则,故在肇庆时,即将以在罗玛所学之一切天算理化等学,详为儒士讲解,以作会谈之资料,自鸣钟、地图、天象及种种奇巧物品为中国人所未见者,亦一一陈列,令人自由参观,一时颇得人民之好感也。(P. de la Servière, Les anciennes Missions. p. 6.)

利玛窦离肇庆北上 不久,与西士友好之制台迁调,新制台刘节斋方到任,见教士所筑之住所及圣堂西式雅观,心颇羡之;然不能明显侵占,乃下逐客令焉;但允利子等往韶州择地居住。一五八九年八月五日,利子乃离肇庆。(Trigault, Expédition. pp. 393, sep—Ricci, Opere t. Ⅰ. pp. 172, seq. Ⅱ. pp. 74, seg. —Pfister, No 9. p. 24.)

利子到韶州后,在知府所给与之一地上,建一中国式之房屋,颇简陋,惟以蔽身而已。利子在韶州,虽不无诬谣,然因声誉远布,与官绅颇多交际故无恶影响;是时有苏州瞿太素,大宗伯文懿公之长子也,适过曹溪,因去访利子,见利子僧衣僧冠,乃劝其改服儒服。瞿公师事利子,研究天算实用诸学,卒于一六〇五年领洗。

(Trigault, Expédition. pp. 418. seq. —Ricci, Opere Ⅰ. pp. 179 seq.)

利子久思赴京,以开传教之道路,一日至南雄府,适少司马石公奉旨进京供职将北上,一五九五年五月,遂携利子同行;过梅岭,渡赣江,赣州十八滩,波涛险恶,从行之若望排拉达斯(Jean Barradas)溺死也;利子幸执舟缆上升,得免于难(Semedo, Histoire de la Chine, p. 259)。石公惧人奏参引进外人,乃留利子于南京,独自北上。利子于一五九五年五月三十一日至南京南郊外上岸焉。不幸南京某官虽与利子有一度交情,表示优待,究不敢招留,婉劝其他往。利子不得已,乃折回南昌。利子正在进退两难之际,一夜有一奇梦。梦中耶稣谓之曰:我将成尔志于两京,勿灰心也。(Trigault, Expédition. P. 500. —Ricci, Opere Ⅱ. pp. 177. seq.)

利子到南昌,幸遇前在韶州所认识之医士王继楼,遂至其家寓居焉。一五九五年六月二十九日在王氏家举行弥撒。王医士以利子寓省垣入告中丞陆仲鹤公,邀见之甚喜,谈论数日不倦;利子因传记含之学,顺逆背诵之法,著有《西国记法》一书。又上谒建安王,畅谈西国交友之道,退而著《交友论》,献之于王。一五九八年,利子知友王忠铭新升南京礼部尚书,将进京,道经南昌,遂携利子偕往;利子欣幸机会之不可失,乃同去焉。过韶州,又携郭仰凤同行。(Ricci, Opere Ⅰ. pp. 288. seq.)及到南京,不久即兼程北上,此为利子第一次到北京,时在一五九八年九月七日。适此时日本侵朝鲜,明廷以朝鲜为中国属国,发兵救之;利子北行,有疑其为日本侦探者,无敢上达皇上,淹留一月,利子仍离京南下。(Trigault. Expédition. pp. 534—Ricci, Opere t. Ⅰ pp. 294. —Lettres du 14 Août 1599. dans Opere t. Ⅱ. pp. 248, seq.)至苏州,访故人瞿太素;又与之同赴南京,时在一五九九年二月六日。(Ricci, Opere Ⅰ, 275, 293.)

时王大宗伯忠铭先利子回南京，上任视事矣；款待利子，深相契合；利子初居城南承恩寺；继在城西之螺蛳湾（一谓洪武冈）得户部刘公斗墟之官廨，素为魔作祟者，迁入居之，安然无影响。（Trigault, Expédition. pp. 588 seq. —Ricci, Opere Ⅰ. pp. 311 seq.）

利玛窦到北京上疏献贡物　越一年，一六〇〇五月十八日，利子又进京，行至山东临清，为督税太监马堂拦截，看守利子等于一庙宇，后一再交涉，乃得放行；卒于一六〇一年一月二十四日到北京，即由马堂嘱托之太监，径将利子所带贡表，献于皇上，计天主圣像一幅，圣母圣像二幅，天主经一本，珍珠镶嵌十字架一座，自鸣钟二，《万国图志》一册，西琴一张等。（《正教奉褒》五张）其所上之疏曰：

大西洋陪臣利玛窦谨奏，为贡献土物事，臣本国极远，从来贡献所不通，逖闻天朝声教文物，窃欲沾被其余，终身为氓，庶不虚生；用是离本国，航海而来，时历三年，路经八万余里，始达广东，缘音译未通，有同喑哑，僦居学习语言文字，淹留肇庆韶州二府十五年，颇知中国古先圣人之学，于凡经籍亦略诵记，粗得其旨，乃复越岭，由江西至南京，又淹五年，伏念堂堂天朝，方且招徕四夷，遂奋志径趋阙廷，谨以原携本国土物，所有天主图像一幅，天主母图像二幅，天主经一本，珍珠镶十字架一座，报时自鸣钟二架，《万国图志》一册，西琴一张等物，敬献御前，此虽不足为珍。然自极西贡至，差觉异耳，且稍寓野人芹曝之私，臣从幼慕道，年齿逾艾，初未婚娶，都无系累，非有望幸，所献宝像，以祝万寿。以祈纯嘏，佑国安民，实区区之忠悃也。伏乞皇上怜臣诚悫来归，将所献土物，俯赐收纳，臣益感皇恩浩荡，靡所不容，而于远臣慕义之忱，亦少伸于万一耳，又臣先于本国，忝与科名，已叨禄位，天地图及度数，深测其秘，制器观象，考验日晷，并与中国古法吻合，倘蒙皇上不弃疏微，令臣得尽其愚，披露于至尊之前，斯又区区之大愿；然而不敢必也，臣不胜感激待命之至，谨奏。

万历帝阅览各物，悉令收存，供天主圣像于御前，置自鸣钟于御几，万国地图珍藏内府，召玛窦等便殿觐见，垂询天主教旨，西国政治。上命礼部，待以上宾，厚给廪饩，并于京都宣武门（初名顺承门）内东首，赐第居之。

利玛窦之传教方法 利玛窦既入北京，其开始传教所用之方法，亦可得而言。夫中国素抱闭关主义，外国人自不易入；今幸天主上智之安排，教士入中国矣，然稍一不慎，即受驱逐，故一举一动，当瞻前顾后，出以谨慎。利玛窦者诚为天主所特选之教士，用以继续圣方济各未竟之事业，盖圣人死之年，即利子生之年，且相差不过五十七日（利玛窦生于一五五二年十月六日）。利子始到肇庆，不急于传教，不盲然劝人崇奉天主，惟将从欧西所带来之各种奇巧物品，如自鸣钟、天文仪器、地理图、三棱镜、洋装书籍等等，陈列满室，任人参观而已。肇庆人士为好奇心所驱使，群相来观，其中有官绅来学，不惮问道者。试听裴化行司铎所著《天主教十六世纪在华传教志》（原著法文 Aux portes de la Chine）上曰："司铎们把带来的礼品，公开陈列，任人展览，其中有：一块威尼斯出产的三棱玻璃镜，一幅在罗玛绘成的极精致的圣母玛利亚像，还有许多小巧的珍物；众官员见得件件都非常美妙，民众则为好奇心所冲动，争来观瞻，顿时门庭若市，好不热闹。最后知府传令将各件珍物，移入府内，藉令家中诸人，一新眼界"。（同上言书二四四页）

世界地图　一切珍品中，最引起文人学士之兴味者，乃一张利玛窦之世界地图："各神父以一张西文世界地图置大厅内，中国人闻所未闻；其智者欲得汉译本以研究其内容。当时利神父已稍知汉文，于是长官命利氏为之，使尽译原图上之注释，且拟刊印，以布全国，而收众誉"。（Ricci，Opere Ⅱ. p. 417. 译文见《禹贡》杂志五卷三四号七页）此西文之地图，因中国官长要有中文之注解，故利子在肇庆时已经翻刻；万历十二年（一五八四）十月二十九日利子致书罗玛耶稣会总长云："寄奉汉文译本之《天主十诫》，《天主经》，《圣母经》，此外又西式绘图而汉文译名，汉辰，汉里计算之世界地图一张。此图肇庆城长官命窦编制，方就，彼即刊印。图中颇有乖讹，半出于手民，半出于窦，初不知其刊印之急，故编制稍或疏忽，在欧洲不足观也。然长官甚珍贵此图，藏其版于所居，不愿以印本传售，而乃馈赠中国贵人，此庶亦长者所乐闻者乎"。（录《禹贡》杂志译文八页）利子信中所谓刻地图之官长即肇庆府知府王泮。（Ricci，Opere Ⅰ 134.）王泮字宗鲁，山阴人，万历二年进士；八年知肇庆府，十二年，迁按察使副使，分巡岭西，驻肇庆。（肇庆府志光绪重刻本引万历志）

此世界地图在万历时翻刻者有：

山海舆地图	万历十二年	一五八四	王泮刻版	肇庆
世界图志？	万历二三年	一五九五		南昌　绘赠建安王
山海舆地图	万历二三年	一五九五	赵可怀勒石	苏州　翻王泮本
山海舆地图	万历二六年	一五九八	赵可怀勒石	苏州　翻王泮本

世界图记?	万历二四年	一五九六		南昌
世界图记?	万历二四年	一五九六		南昌　绘一或得二本
山海舆地全图	万历二八年	一六〇〇	吴中明刻板	南京　增订王泮本
舆地全图	万历二九年	一六〇一	冯应京刻板	北京?
坤舆万国全图	万历三十年	一六〇二	李之藻刻板	北京　增订吴中明版
坤舆万国全图	万历三十年	一六〇二	刻工某刻板	北京　复刻李之藻版
山海舆地全图	万历三二年	一六〇四	郭子章刻板	贵州　缩刻吴中明本
世界地图?	万历三四年	一六〇六	李应试刻板	北京　增订李之藻版
坤舆万国全图	万历三六年	一六〇八		北京　诸太监摹绘李之藻本若干份

以上原、翻、增、缩,之版本共有八本(《禹贡》杂志二十八页),利子世界舆图之影响,可见其广大矣。

艾儒略大西利先主行迹云:

利子向在端州时,画有坤舆一幅,为心堂赵公所得,公喜而勒之石,且加弁语焉。然而尚未知利子。时方开府姑苏,而王宗伯偕利子止居南都,赵公馈礼物,并其前所得舆图以献,王公奇之，示利子，方知利子作也。因作书以复赵公曰图画坤舆之人，今在是矣。赵公喜出望外，即具车从邀利子，相得甚欢。利子出天主圣像，俾赵公瞻仰，赵公曰是不可亵观也，遂于常所拜天之处，设高台香烛，稽首敬礼焉。乃顾谓利子曰，是像非常，真天地万物主之像矣。

冯应京序《山海舆地全图》总序曰："西泰先生云：神之接物，司记者受之，司明者辨之，司爱者处之；要归事上帝为公父，联万国为弟兄，是乃绘此舆图之意焉欤。"

《天主实录》出版　从上所述，可知利子绘地图，其目的是在以学问引人归向天地万物真主，非研究学问而为学问也。彼既得初步之功，亦著书立说，藉哲理及科学以阐明圣教之真道；其第一书为罗明坚之《天主实录》（Vera et evrbis divinarum rerum expositio），罗公思作是书，是在一五八一年之末，于一五八三年末罗公方校阅完毕，译编者是一福建人，以后又由利玛窦同一肇庆儒士修改，阅四五月，卒于一五八四年十一月二十九日印竣。（Ricci，Opere Ⅰ. p. 149，Ⅱ. pp. 429—430.）此书在一年之中，共分送约一千本，远至斐力宾安南处。（参观 Bernard，Aux Portes de la Chine pp. 218 seq. 译本《天主教十六世纪在华传教志》二六三页以下。）其影响之广大可知矣。

《天主实义》出版　继《天主实录》出版之第二书，是利玛窦之天主实义，初名《天学实义》；是书撰于一五九三至一五九六年（Ricci，Opere Ⅱ. p. 52.），初系抄本，然已风行一时（Ricci，Ⅱ. p. 63，71.）。读是书而皈依圣教者有冯应京。冯公安徽泗州人以进士出身，累官至湖广监察御史，因劾太监陈奉，被诬入监，偶得利子天学实义书稿一册，读而感悟，遂信奉圣教。徐文定公在南京未领洗前，由罗如望手得天主实义诸书于邸中读之，达旦不寐，定志受洗焉。（利先生行迹）是《实义》一书之感动人心，有如是哉。

李之藻刻《天学初函》，是书亦收入其中；《四库全书》亦录在存目。一六九二年三月二十二日康熙皇帝因诵《实义》而弛教禁。是《实义》所施之影响不特在中国文化界上，且尤在宗教信仰上也。

《几何原本》 除此宗教二书而外，有一部利玛窦徐光启合译之《几何原本》，为科学书之杰品，梁启超谓："字字精金美玉，为千古不朽之作。"（《中国近三百年学术史》一三页）诚哉不诬也。

利玛窦又善辞令，娴交际，与人言谈，畅论种种问题如天文地理、风化习尚、哲学理化等等无不通晓；士大夫皆乐与之交，薰染既深，因而皈依圣教者，不乏其人。如冯应京，已如上述，因读利子之《天主实义》，认识利子，厥后与利子讨论圣教道理，信心愈坚。浙江杭州李之藻，在京师从利玛窦学地理历算，得闻圣教道理，遂倾心皈依。徐光启亦受玛窦之影响而领洗入教，入教后，同利子宣扬圣教，厥功甚伟。他若大员如杨廷筠、李天经、孙元化、张焘等等，亦受利子之德化而奉事真主。利子以文化为宣扬圣教之功，其收效诚宏且大也。

利玛窦与官绅之交际 不特此也，利子与政学界人亦多有交际，吾人有切实之名姓可枚举者，利子在肇庆时，有郭制台（名应聘，福建莆田人。进士，万历十一年以侍郎兼都御史任广东制台，十四年卸事），王太守（名泮，浙江山阴人，甲戌进士，万历八年任肇庆府知府，十二年升岭西道副使），刘制军（名继文，字节斋，江南灵璧人。进士，万历十八年以侍郎兼佥御史任广东总督，二十一年卸事）。在南雄州有王太守（名应麟，字玉沙，福建人。万历十五年任南雄府同知，二十年卸事，嗣任顺天府府尹）。在江西临江府，则识建安王，交谊甚厚。礼部尚书王忠铭赴南京任时，邀利子同往，时赵心堂开府苏州，闻之具车从邀迎，相见甚欢。在南京，赵大司寇（刑部尚书），张大司徒（户部尚书），王少司寇（刑部侍郎），叶少宗伯（礼部尚书）群慕玛窦名，皆投刺通谒，迭为宾主。（黄伯禄《正教奉褒》四张）理学名儒李公心斋，礼部都谏祝公石林，尤深相契合。（利先生行迹）在京则李冢宰（吏部尚书），曹都谏（给事中），徐太史（翰林苑），李都水（工部郎中），龚大参（布政使），郑宫尹（詹事府），彭都谏（给事中），周太史（翰林苑），王中秘（翰林苑），熊给谏（给事中），杨学院（学政），彭桂史（御史），冯佥宪（按察司副使），崔铨司（吏部司员），陈中宪（按察司副使），刘茂宰（知县），皆与利子相善。（见王应麟撰利玛窦墓碑记，文见《正教奉褒》六张）此利玛窦交际之广，感人之深也。

梁启超《中国近三百年学术史》中云（一四页）："当时治利（玛窦）徐（光启）一派之学者，尚有周子愚、瞿式谷、虞淳熙、樊良枢、瞿汝夔、曹于汴、郑以伟、熊明遇、陈亮采、许胥臣、熊士旂等人，皆尝为著译各书作序跋者。双莲池法师，亦与利玛窦往来，有书札见辩学遗牍中，可想见当时此派声气之广。"

利子与当时学者之交游，彼此有许多敬慕之情，因而有赠诗之举者：如福清叶向高赠西国诸子诗，温陵李贽赠利西泰诗，嘉兴李日华赠利玛窦诗，景陵谭元春过利西泰墓诗，（以上见《帝京景物略》卷五）可见利子之德泽感人深矣。因其德泽感人之深，故利子所著之《交友论》，王肯堂欣然为之修饰。王肯堂郁冈笔尘曰："利子遗余交友论一编，有味哉，其言之也。使其素熟于中土语言文字，当不止是，乃稍删润著于篇。"

传教之成绩 至论利子传教之收获，亦甚可观，一五八三年始至肇庆，即在是年终，授洗一将死之老人。（Ricci，Ⅰ. Opere，p. 133.）

一五八四年十一月二十一日，又在肇庆付洗某秀才，福建人，圣名保禄。同时亦有肇庆青年领洗入教，圣名若望。（Ricci，Ⅰ. p. 149.）在一五八四年中，信奉天主教者仅三人，一五八五年有十九或二十人，一五八六年有四十人，一五八九年有八十人，一五九六年，有一百多人，一六〇三年，约有五百人，一六〇五年有一千多人，一六〇八年有二千；在利玛窦逝世之年，一六一〇年，可推想约有二千五百教友。（参观德礼贤《中国天主教传教史》六〇页，原文见 Ricci.）回忆开始传教，有许多困难之排除，今其成效，竟有如是可观，在天圣方济各当欣喜无已者也。

一六一〇年五月三日利子得病，十一日领受圣事，于晚上安然逝世，年五十七岁，在中国二十七年。礼部奏闻，上震悼。朝中诸公，议请葬地，庞迪我（Pantoja）、熊三拔（de Ursis）等具疏奏请，帝即将阜成门（初名平则门）外，滕公栅官地二十亩，房屋三十八间，畀葬利子，并为庞熊诸子恭敬天主之所，改建堂宇焉。

呜呼！天主教自圣方济各开始传入中国，至利玛窦而卒收获若此之成效，其间五十八年（计自一五五二年圣人逝世，至一六一〇年，利玛窦逝世），所历之种种困苦艰难，诚非身历其境者，所能道其只字。元代时，圣教在中国虽有一时之兴盛，然未深植其根，不久而灭亡；自利玛窦至今日仍如始开之花，欣欣向荣，岂非东洋宗徒圣方济各在天祝祷之功乎。利玛窦者诚为中国开教之功人哉。

参考书

Cros, Saint François de Xavier

Pfister, Notices biograph. etc.

P. H. Bemard, Aux portes de la Chine

Trigault, Expéditon

Ricci, Opere

《禹贡》杂志五卷

第七章　中国天主教史

——自利玛窦逝世至明末

利玛窦逝世时圣教传到地　利玛窦传教之困苦艰难，吾人前已备论之矣；利子逝世之时，圣教已植其根，只待灌溉有人，自能欣欣向荣。当时已开教之地有：

一、肇庆府。利玛窦、罗明坚于一五八三年九月十四日，在此城开始造一住院；至一五八九年八月十五日，利子他适，住院由刘节斋新制台取为生祠。曾寓居此院者，有利玛窦、罗明坚、贾勃拉（Cabral，澳门院长）、孟三德（Ed. de Sande）、黎安东（Ant. d'Almeida）五司铎。

二、韶州府。利子于一五八九年秘到此城，建立圣堂及住院，一五九五年，离韶州，留此者有郭居静，郭公于一五九四年到此。韶州圣堂于一五一一年为乱民所毁。一六〇六至一六〇七年间韶州教友有八百左右。

三、南昌府。利子于一五九五年五月三十一日到南昌，以六十金买一屋建小堂，一六〇七年八月李玛诺又以百金买一较大之屋立堂；一五九八年六月二十五日利子离南昌。一六〇九年时有教友三四百。

四、南京。利子不能久居北京，乃于一五九九年一月底折回南京，是年四月底在南京建堂。

五、北京。利子于一六〇一年正月二十四日到北京；一六〇五年八月二十七日以五百金始购一屋建立圣堂，是即南堂。

六、上海。一六〇七年徐文定公丁父艰回籍，道经南京，请郭居静到上海开教；郭公于一六〇八年到徐公家，旋即建堂；二年中共付洗二百人。是年五月八日行第一台弥撒于杭州，旋即建堂焉。

七、杭州。由利子手领洗之李之藻，于一六一一年丁父艰，回至其故乡杭州，并请郭居静同去开教；

奉教中有名望之人有：

一、徐光启，上海人，官至礼部尚书，一六〇三年，在南京罗如望手领洗入教。

二、李之藻，杭州人，一六一〇年二月病笃时，在北京利玛窦手领洗入教。

三、杨廷筠，杭州人，李之藻于一六一一年请郭居静到杭州开教，杨公即于是年五月八日在郭公手领洗入教。徐李杨三公称谓中华圣教三柱石。

四、瞿太素，江苏常熟人，大宗伯文懿公之长子，曾劝利子服儒服，一六〇五年领洗于罗如望手，圣名依纳爵。

五、冯应京，安徽盱眙人，读利子之《天主实义》而认识真主。

六、李天经，河间吴桥人，进士，仕京师，与徐文定公善，听其劝而入教。

七、张焘，圣名弥额尔，李之藻之门生，同之藻受洗于利玛窦手。

八、孙元化，嘉定人与徐文定公善，于一六二一年在北京被化领洗，圣名依纳爵。

九、王征，陕西泾阳人，官至布政司。圣名斐理伯，为陕省首先奉教之人。

十、韩霖，字子雨，山西绛州人，在北京做官时，与徐光启善，得闻教领洗，圣名多默。

十一、段衮，字九章山西绛州人，亦在北京做官奉教。

十二、金声，字正希，安徽休宁人，崇祯元年进士，与徐光启善，领洗入教（证据见《圣教杂志》三卷九期）；其女守贞不嫁亦奉教。

十三、瞿式耜，字起田，号稼轩，苏州常熟县人，万历丙辰进士，保明室以至被清杀死。

十四、张赓，闽晋邑笋人。

南京教难　利玛窦逝世时之教务情形已如上述；而接任利子为耶稣会士之会长者乃龙华民（Longobardi）。龙子意之西细里人，生于一五五九年，一五九七年到中国，初在韶州传教。一六〇九年至北京；利玛窦谢世前，擢公继任会长，长会十二年。在任时，有一六一六年之南京教难。南京教难者，为南京礼部侍郎沈漼所兴起。沈漼，浙江乌程人，素恨天主教，又受僧徒之怂恿，起与圣教为难，必欲毁圣堂，逐教士，难教友，铲除圣教为快，乃上参远夷疏（万历四十四年五月），疏中谓："近年以来，突有狡夷自远而至，在京师则有庞迪峨、熊三拔等，在南京则有王丰肃、阳玛诺等；其他省会各郡在在有之。自称其国曰大洋西，自名其教曰天主教。"

其罪案一在西士之治历，以为将举尧舜以来，中国传统之历法变乱之。一在不祭祀祖宗，但尊奉天主，可以升天堂，免地狱。因伏乞敕下礼兵二部，合将为首者，依律究遣；具疏立限驱逐。（见《破邪集》卷一）

疏上，皇上未准，沈漼又上第二疏（万历四十四年八月），攻击益力。其罪状，谓：

丰肃神奸，公然潜住正阳门里，洪武冈之西，起盖无梁殿，悬设胡像，诳诱愚民。从其教者，每与银三两，尽写其家人口生年日月。云有咒术，后有呼召不约而至。

又曰：

尤可恨者，城内住房既据洪武冈王地，而城外又有花园一所，正在孝陵卫之前。夫孝陵卫以卫陵寝，则高庙所从游衣冠也，当蟠虎踞之乡，岂狐鼠纵横之地，而狡夷伏藏于此，意欲何为乎。

沈漼上第二疏后，仍未得皇上明谕，乃有第三疏之上呈（万历四十四年十二月），其控告之罪，亦无非重提上疏之所言，曰：

据其所称天主，乃是彼国一罪人，顾欲矫诬称尊，欺诳视听，亦不足辨也。但使止行异教，非有阴谋，何故于洪武冈王气所钟，辄私盘踞；又何故于孝陵卫寝殿前，擅造花园。皇上试差官踏勘，其所盖无梁殿，果于正阳门相去几何，是否缘城近堞踪迹可疑。（《破邪集》卷一）

沈漼上参远夷疏，第一疏不准，故上第二疏，然第二疏亦不准，于是串通同乡官方从哲等，内结太监魏忠贤以图构陷。方从哲与沈漼同里相善，时为礼部尚书兼东阁大学士，颇有权势，于一六一六年八月二十日致书沈漼曰：所称西洋人在内地传教，不妨先拿获监禁，再请旨治罪。沈漼得书后，于八月三十一日发兵包围南京教堂，王丰肃（Vagnoni）神父遂被捕逮，教友张宷姚若望愿同神父致命，随之而去。九月一日谢务禄（鲁德昭，Semedo）、钟鸣礼（Fernandez）同十三教友亦被监禁。（Colombel，pp. 212 seq. —P. de la Servière，les Anciennes Missions de la Chine，pp. 18 seq. —C. W. Allan，Jesuits at the Court of Peking，pp. 90 seq. 萧若瑟《天主教传行中国考》）继又押禁教友多名，共二十四人，教士二人。（见《破邪集》卷二）

徐光启保教之《辨学章疏》　此一场掀天动地之南京教难，不久即波及全国，而吾中国圣教之三柱石，即竭力为之保护。时徐光启在北京，李之藻在高邮州（道台），杨廷筠在杭州。杨李二公致书于南京相善各官，托其保护教士，勿为浮言所动。徐公在京获得沈漼之参疏，乃逐条驳辩，著有《辨学章疏》（见《徐文定公集》卷五），于一六一六年上书辩护，洋洋数千言，发挥尽致，大旨谓：

一、西士为正人君子，“实皆圣贤之徒，其道甚正，其守甚严，其学甚博，其识甚精，其心甚真，其见甚定，在彼国中亦皆千人之英，万人之杰。”

二、圣教之道理，“以昭事上主，救己灵魂为旨，其法能令人为善必真，去恶必尽；盖所言天主生育拯救之恩，赏善罚恶之理，明白真切，足以感化人也。”

三、因此，天主教断非释老回教可比。

四、故当崇奉；一经表章，必能移风易俗。继乃陈试验之法三：

（一）试翻译西来经传，命廷臣共定其是非邪正。

（二）试令西士与有名僧道，互相辩驳，以明正理。

（三）如上言二法难于实行；试将已经翻译书籍三十余卷，一一审核之。终乃言处之之法三：

（一）诸陪臣所以动见猜疑，止为盘费一节，或疑烧炼金银，或疑洋商接济，皆非也。西士费用之来源皆西国捐施而来；西来金银可由关津严查。

（二）西士之行动，可令本地士民有身家具结保证。

（三）再可令各地官府监察报告。

徐文定公且愿以自己之身家性命担保；娓娓动人，一字一句真切恳，陆征祥司铎比之于圣教初代圣儒斯定之保教书，有同样之精神，有过之无不及云。

徐公之保教书，虽能少戢仇教者之气焰，然终不能平此大祸。神宗荒于政事，沈㴶乃勾结内监，于一六一七年一二月间（万历四十四年十二月二十八日）忽传出谕旨，着照沈㴶所请，将教士勒令回至澳门。北京之庞迪我与熊三拔于一六一七年三月十八日离京南下，行四月至广州；龙华民与毕方济既未指名被参，匿居北京乡下，稍稍传教。利玛窦之墓地既为皇上之赐地，不致充公，有二华籍修士名 Novéa et Emma nuel Pèreira 者（当时奉教之人及修士皆当有一葡名）居留保管。

教难之影响　南京既为教难产生之地，教难自必更烈。王丰肃谢务禄禁押监中，于一六一七年三月十六日提出鞠审，沈㴶亲自审问，大肆威虐，重笞王公，血肉横飞，几成残废；谢公因病免刑。常讯数次，判决将二司铎置诸木笼，押解澳门，由陆路送往；一月后，至南雄州，二公委顿将死；监官乃出二公木笼，由水道送往广州，庞迪我熊三拔亦已至广东，遂同赴澳门，时在一六一八年之开始。南京西式圣堂，及教士住院两起楼五六间悉行拆毁，其圣像经书等件则举火焚毁，其他什物入官。时堂中有林斐理神父柩，被沈党劈开；林公尸尚完好如生；后经教友敬谨殓葬。

至于与王谢二公同禁押之二十三名教友，皆分别治罪，惟夏玉瘐毙狱中。彼等之罪名因刊印徐文定公保教之书并宣传故也。钟明仁钟明礼两修士受刑尤重，杖责之后终身钉镣，罚作苦役。钟明仁后经教友设法赎回，卒于杭州杨廷筠家。钟明礼后亦赎回也。

此后教难，幸因沈漼失势，不见信于其长官，而得以早日平息；沈漼于一六一七年致仕，归至杭州，时在杭州杨廷筠家避难之教士有七位，杨公且去拜望沈漼，谈此教难事也。

沈漼又诬天主教为白莲教　南京教难之平息，不过暂时之安静；而教难复兴起于一六二一年，兴起之者仍是素来仇教之沈漼。盖自万历皇帝逝世，天启即位，魏忠贤以皇帝年幼，总揽大权；时方从哲为宰相，乃引进同里之沈漼为礼部尚书，兼东阁大学士；沈漼暗结魏忠贤，再难天主教。时有山东白莲教为乱，党沈漼者遂乘机诬妄天主教与白莲同。南京部员徐如珂、余懋孳等迎合沈漼意旨，捕逮教友。时徐文定公因沈漼不容于其位，致仕在家，闻南京教难又作，致书士大夫，辨明天主教与白莲教之绝对不同，举其不同者，有十四端，反复辩论；无奈沈党正在气焰势盛之际，教难未见平息。当时教士为避免危险起见，不得不散居于友朋之家；杭州杨廷筠家此时成为教士集中之所。杨公为大官，仇教者不敢显然与之为难。一六二一年，在杭州有一六〇〇之成人付洗。（P. de la Servière, Anciennes Missions, p. 21.）徐文定公之家亦然，在南京教难时，其家中有寓居之西士；如一六一六年之家函中云："郭仰老已到南京养疾，并杭州亦无人，今正欲寻人往也。"又曰："郭先生何时来，何时去，仍在西园否？"按一六一六年，正南京教难兴起之年，各处教士隐避，故公特别关心。另一家信上云："南京诸处移文驱迫，一似不肯相容，杭州不妨；如南京先生有到海上者，可收拾西堂与住居也。"又一六一九年家信上，公又曰："旧年先生（先生即教士）到，住在西园，今年若旧先生来，可仍在西园住，若他新先生来可请于蟠龙住；如无房屋可收拾几间，得住东园内者佳；如少，再造一二间；不妨也。”（徐文定公墨迹）一六二二年徐文定回至上海后，公亲自招待教士，敬爱有加。李玛诺及史惟贞此时曾寓居徐宅；徐公及其子预备付洗者七十二人，保守者八十二，可见传教之热心矣。（P. de la Servière, Anciennes Missions, pp. 20, 21.）

徐光启保教之功　徐文定公对于中国圣教，自利玛窦故世后，有其极大之功；盖南京教难得平息，而不致扩大者，公之力实多也。其《辨学章疏》今镌石立于上海大南门外圣墓堂内，令人见之犹见公保教之精神；现在中西学者，亦无不重视此碑，其英译本曾公布于一八五〇年三月份之 Repository。

沈漼第二次兴起之教难，未致扩大，叶向高保教之功亦不少也。向高在天启初年为首辅，位在沈漼之上，前又相识利玛窦。沈漼入阁，交通魏监，举办内操，朝论恶之。通鉴斥为险人，且比之蔡京；上章弹劾之者，相继而起。叶阁老复言不斥逐沈漼，不足以服众论；沈漼遂不自安，为时论所鄙；怏怏而去，归家逾年矣（一六二四年），而教难亦与之平息矣。（《天主教传行中国考》）

徐光启荐西士治历　自南京教难平息后，徐文定公益知西士在中国传教，非筹划一永久坚固之基础，不能平安无事，朝廷之宠幸，官绅之友谊，终不可持。公又见利玛窦已故世，杨廷筠李之藻亦相继离人世；李之藻临终之际，又握公手以圣教相托；徐公自沈漼失宠后，虽入阁拜相而年已近古稀；于是深谋远虑欲为圣教筹一久安之计；此计维何，即令明廷正式承认传教士之永久居留问题也。会钦天监推算日月食，屡屡错误，乃从修历方面进言。

尝考明季采用之历法，有大统历、回回历二种，大统历者，“乃国初监正元统所定，其实即元太史郭守敬等所造授时历也。二百六十年来，历官按法推步，一毫未尝增损，非惟不敢，亦未能。……”（增订《徐文定公集》卷四，十一页崇祯二年五月初十日疏）。所以当时大统历之推算，错误殊多（参考明史历法及《正教奉褒》八页）。回回历即西域旧法，“高皇帝时尝得回回历法，称为乾方先圣之书，令词臣吴伯宗等与马沙亦黑（回回教师）同事翻译，至今传用，惜亦年远渐差。”（增订《徐文定公集》卷四二十页）。故在明末，历法之当修改，亦甚迫切者矣。于是有请修改者。宪宗成化十七年直隶正定县教谕俞正己，十九年天文生张升，武宗正德十三年漏刻博士朱裕，万历二十四年，河南佥事（按察司副使）刑云路等均上改历议，然不得准（《正教奉褒》八页）。万历三十八年十一月朔日食，分秒亏圆时刻，俱有差忒，于是五官正周子愚疏言大西洋远臣庞迪我，熊三拔等携有彼国历书，多中国典籍所未备者，乞敕取知历儒臣，率同监官，将诸书尽译，以补典籍之缺。礼部奏称翰林院检讨徐光启，北京工部员外李之藻亦皆精心历理，可与庞迪我熊三拔等，同译西洋历法，以资参订修改，乞敕诏下从事，奏入留中不报。（同上书，又 Bartoli，Cina，p. 544.）

万历四十一年，时李之藻已召至京师参预历事，乃奏言监官推算日月交食，每多差谬，有大西洋国陪臣庞迪我、熊三拔、龙华民、阳玛诺……伏乞敕下礼部亟开馆局。首将陪臣迪我等所有历法，照依原文译出成书，其于鼓吹休明，观文成化，不无裨补也。其时庶务因循，未暇开局。（《正教奉褒》九页）

如是因循至崇祯二年，修历问题又行兴起。是年五月朔日食，监官据大统历回回历推算不验，礼部左侍郎徐光启依西法悉验。于是礼部奏请征召西士，开局修改，以光启督修新法。九月开局，局设宣武门内，天主堂东，首善堂院，名曰历局。光启奏举太仆卿李之藻、邓玉函、龙华民。翌年以玉函卒，三年五月，徐光启又征汤若望、罗雅各，译书演算；光启进本部尚书，仍督修历法。六年光启以病辞职，荐山东参政李天经代董历务，逾月光启卒，所著有崇祯全书百余卷。（《明史纪事本末》P. Bartoli，Cina，pp. 104，154.）

原徐文定公荐西士修历，其志不特欲修明一代之历法，且尤欲圣教在中国得以坚植其根也。此等计划，徐子先布植其种子，在其生时且已见其萌芽之盛茁，至汤若望而发荣滋长，其效果且自明末延至嘉道间；为圣教之宣扬，收其至大之效验，徐文定公扶翼圣教之功，诚大而深也。

自徐文定公荐举汤若望等修历，汤公得皇上宠幸，出入宫禁，颇形利便；与太监等往来，常乘机与言圣教道理，圣教化行禁内；约在一六三〇年太监庞天寿首倡奉教，同时领洗者十人，庞天寿取圣名亚基楼 Achillée（庞氏于永历四年庚寅一六五〇年上书教皇谓“信心崇奉二十余年”见后）。初由十人，渐至四十人，妃嫔皇子亦有奉教者。禁中安治圣堂两座，汤若望屡次在内举行弥撒，施行圣事。数年之内，宫中之受洗者，有五百四十人之多，此皆当日神父所记载，并非虚语。（萧若瑟神父《天主教传行中国考》。P. Colombel，pp. 458 seq.）

永历皇太后皇后进教　当时满清日益强盛，侵略中原，明室卒致不保，崇祯自戕。福王常洵之子万历帝之孙由松，遂称帝于南京（顺治二年），是为明弘光元年；不一年而遇害，南京失守。明宗室诸王中之唐王朱聿键乃称帝于福建，改元隆武。隆武二年八月被清兵所执；此信传至广东，寓居广东之兵部尚书丁魁楚，侍郎瞿式耜等，即奉桂王朱由榔称帝于肇庆，改元永历，永历皇上时年二十六岁，永历是万历皇帝之孙桂王常瀛之子也。永历在位十五年，奉教大官瞿式耜，庞天寿，焦琏（圣名路加南京人）之功居多。

永历帝，皇太后，皇后，因庞天寿之屡屡进言均略知圣教道理，宫中有小堂一所，供奉耶稣圣像，朝夕瞻拜。永历二十年（顺治五年一六四八年）适太子诞生，皇太后，皇后等大发信德请求瞿纱微（Fr. André Xavier Kaffer s. j.）付洗入教，瞿公鉴其诚心在宫中小堂内行授洗礼，同时领洗者，宫中有五十人。皇太后圣名赫肋纳，皇后圣名亚纳；新生太子慈煊永历帝不许其受洗，不久太子重病，乃许焉，洗名公斯当定，盖望太子将来如泰西公斯当定大皇率中华人民奉教，以再造中华民族。太后且遣使至澳门求司铎献祭，以谢主恩而求祝福，澳门炮台鸣炮致敬，教中修士排队迎迓。使臣至天主堂，虔恭叩拜天主，陈述太后之意，将所赍礼物大蟠龙银香炉一对，镂花银瓶（内贮珍贵香料）二对，镂花银蜡奴二对献诸圣堂，此外另赠三银瓶于耶稣会之会长；会长即定于公历十月三十一日，举行大礼弥撒，使者亦与礼焉。礼毕，澳门葡国总督盛筵款待使臣，异常欢洽。（萧若瑟司铎《天主教传行中国考》）

皇太后遣使上教皇书　太后遣使至澳门求弥撒，心犹未足，更欲遣使至罗玛教皇。庞天寿自愿前往，太后以其年高，不允，乃改派卜弥格司铎，卜公于永历四年（一六五〇年）起程，持国书二通：一上教皇，一致耶稣会总长；其文录下：

明王太后致罗玛教皇诏书

大明宁圣慈肃皇太后烈纳致谕于因诺曾爵代天主耶稣在世总师，公教皇主，圣父座前，窃念烈纳本中国女子，忝处皇宫，惟知阃中之礼，未谙域外之教。赖有耶稣会士瞿纱微，在我皇朝，敷扬圣教，传闻自外，予始知之。遂尔信心，敬领圣洗，使皇太后玛利亚中宫皇后亚纳及皇太子当定并请入教，领圣洗，三年于兹矣。虽知沥血披诚，未获涓埃答报，每思恭诣圣父座前，亲领圣诲。虑兹远国难臻，仰风徒切。伏乞圣父向天主前，怜我等罪人去世之时，赐罪罚全赦，更望圣父特与圣而公一教之会，代求天主，保佑我国中兴太平，俾我大明第十八代帝太祖第十二世孙，主臣等悉知敬真主耶稣，更冀圣父多遣耶稣会士来，广传圣教。如斯诸事，俱惟怜念。种种眷慕，非口所宣。今有耶稣会士卜弥格，知我中国事情，即令回国。致言我之差圣父前，彼能详述鄙意也。俟太平之时，即遣使官来到。圣伯多禄，圣保禄台前致仪行礼。伏望圣慈，鉴兹愚悃，特谕。永历四年，十月十一日。

明王太后致耶稣会总会长书

大明宁圣慈肃皇太后烈纳敕谕耶稣会大尊总师神父，予处宫中，远闻天主之教，倾心既久；幸遇尊会之士瞿纱微，领圣洗，使皇太后玛利亚，中宫皇后亚纳，及皇太子当定并入圣教，领圣水，阅三年矣。今祈尊师神父并尊会之友，在天主前，祈保我国中兴，天下太平。俾我大明第十八代帝太祖十二世孙主臣等，悉知敬真主耶稣，更求尊会相通功劳之分，再多送老师，来我中国行教，待太平之后，即着钦差官，来到圣祖总师意纳爵座前，致仪行礼。今有尊会士卜弥格尽知我国事情，即使回国，代传其意，谅能备悉，可谕予怀，钦哉，特敕。永历四年，十月十一日。

明庞天寿上罗玛教皇书

大明钦命总督粤闽，恢剿联络水陆军务，提调汉土官兵，兼理财擢饷，便宜行事，任总督勇卫营，兼掌御马监印司礼监掌印太监，庞亚基楼契利斯当膝伏，因诺爵，代天主耶稣在世总师公教真主，圣父座前，切念亚基娄，职列禁近，谬司兵戎，寡昧失学，罪过多端，昔在北都，幸遇耶稣会士开导愚懵，劝勉入教，恭领圣水始知圣教之学，蕴妙洪深，夙夜潜修，信心崇奉，二十余年，罔敢少怠。获蒙天主庇佑，报答无繇，每思躬诣圣座瞻礼圣容，讵意邦家多故，王事靡盬，弗克遂所愿怀，深用悚仄。但罪人一念之诚，为国难未靖，特烦耶稣会士卜弥格归航泰西，来代告教皇圣父在于圣伯多禄圣保禄座前，兼于普天下圣教公会，仰求天主慈炤我大明，保佑国家，立际升平，俾我圣天子乃大明第十八代帝太祖第十二世孙，主臣钦崇天主耶稣，即我中华全福也。当今宁圣慈肃皇太后，圣名烈纳，昭圣皇太后圣名玛利亚，中宫皇后圣名亚纳，皇太子，圣名当定，虔心信奉圣教，并有谕言致圣座前，不以宣之矣；及愚罪人，恳祈圣父，念我去世之时，赐罪罚全赦，多令耶稣会士，来我中华，教化一切世人，悔悟敬奉圣教，不致虚度尘劫。仰徼大造实无穷矣。肃此，少布愚悃，伏维慈鉴，不宣。永历四年岁次庚寅阳月弦日书。原函见拉丁文 Kirchri，China，pp. 100—103。

以上致教皇二书《东方杂志》八卷五号有原书摄影，徐汇书楼由商务印书馆张菊生先生赠有印片。

卜神父奉命前往，途中许多不利，二年后，方至罗玛，适教皇意诺增爵故世，新教皇亚立山第七选出后，卜公蒙召见，即呈上太后国书；教皇亦答以复书，由卜公带回；拉丁原文书见 Kirchri，China，p. 103。卜公回到时，皇太后已不在人世间矣，教皇复书是否呈诸永历帝，已不可知。惜永历终不能复兴明室，毕命于云南，其太子公斯当定，想亦遇害；皇太后与皇后亚纳及他宫女则送至北京，居于别宫；不得见神父，惟有北京女教友，时去慰藉而已，亦云苦矣。

金尼阁到罗玛　西士在中国传教，竭心尽力，拟思有以植其坚固之根基；然中国地大物博，需才孔急，龙华民接利玛窦会长任后，爰有遣金尼阁司铎至罗玛报告中国传教情形，并请求多遣教士来中国传教。金公于一六一三年二月中旬离华起程，卒于一六一四年十二月到罗玛，觐见教皇保禄第五世。金公曾请求教皇许将圣经，司铎日课经，司铎典礼，弥撒经等翻译华文，以便行圣事及作祭，不用拉丁经言，而用中国经文。盖意谓教皇若予以此种便利，将来华人之欲晋升铎品者必多而易也。教皇容纳其意，且亦准许，一六一五年三月二十日并给许可诏书。惟此准许终未见诸实行。（Pfister，Notices；—P. N. Trigault，p. 113—Colombel，272.）

嗣后利类思翻译弥撒经典、司铎典要、司铎日课，亦是此意也。

再有一事，为耶稣会在中国传教史上至有关系者，即金公在罗玛时，请求耶稣会在中国能自立一省也。盖耶稣会士在亚洲之传教史，始自圣方济各在印度之开教；起初印度传教区属于葡国耶稣会省；一五五二年在圣人逝世之年，圣依纳爵始从葡省，分出东印度，立为一省，任圣人为省长。圣人之到中国，即用此名义。印度教务发展甚速，后又分出日本为一省，澳门耶稣会之公学当助中国传教事业；利玛窦到中国后即任为中国教区会长。金公当时请求者，是中国传教区分离于日本耶稣会省而成为自立省。耶稣会总会长以中国当时教士不满廿，会院不过五处，全中国教友只有千数，即成一自立省恐财力人才有所不能；乃定为副省，将中国与日本同属于一巡阅司铎。一六一八年中国即分离于日本；一六二五年阳玛诺为代理省长（罗如望继龙华民为会长一六二三年），一六三六年傅泛际继阳公为省长。直至一六四一年。但当时分为华北华南二教区，傅公为华北省长，管理北京，山东，陕西，山西，河南。艾儒略为华南省长，管理南京，江西，湖广，四川，浙江，福建。至广东广西，归澳门遥领。

圣伯辣弥诺致书中国教友官绅　又有一事足堪大记特记者，耶稣会士圣伯辣弥诺枢机对于其同会士在中国传教之关心也。金公在罗玛，与圣枢机谈论传教事务，圣人闻之，非常欣悦，即亲缮一书致中国教友官绅（即徐光启李之藻等），奖勉有加，其书汉译曰：

司铎金尼阁回自远东，抵罗玛，面陈种切，欣悉贵国敬奉耶稣基利斯督，是信德之门已辟，从此可稳行常生之路矣。佳音传到罗玛西方万国之首京，欣欣忭舞，教宗保禄五世，万国奉教君王之共父也，亦不禁跃然以喜；其侍从若枢机，若司牧，若司铎，及信众人，举欣欣庆慰，盖中国地广民众，才智特出，而未认识造物真原，及自古先知所示降生为人，甘受死刑，与人以天福之天主圣子也，久矣。夫魔鬼以天神罚为巨魁，人类死仇，假托保存国土，拒绝福音之士，闭塞长生之门，目击之余能不惄焉伤痛？今也天主圣宠，已发祥于贵国，俾君等悉圣经之道，不但无害于邦国，而且授人以天国矣。君等蒙此洪恩，不得不为君等贺！而余赢得如许新昆仲，同事耶稣基利斯督，能不深自庆幸乎？顾信天主圣父圣子，而不知饬身检行，以善其身，亦不足以自救；故劝君等还当谨守天主诫命，常由狭径而行，慎防一切贪婪、淫欲、欺骗等罪；勤行种种善工，勉修种种圣德，而于依恃天主，友睦同侪之道尤当三致意焉。苟因昭事维皇之故，遭遇世上一切困苦艰难，则当深自荣幸，以其将得赏报于天也；盖我等在天之父，每欲以苦难锻炼吾侪之信德，望德，爱德，不啻如火之锻炼金然。假令天主欲免我侪诸般困难，固易于反手；然而不为者，因欲吾人在世上，忍受诸般苦难，以得常生之报，愈厚而愈荣也。夫天主惟一圣子一生博施，一生受苦辱者，岂非以身立表，欲吾人仿而行之乎？经云："彼自谦听命至死，死于十字架上，为此圣父显扬之，令升圣父光荣之座，加以美号，超诸名号之上；凡闻耶稣名号者，上天下地，地下幽牢，皆屈膝伏拜。"然则吾侪忍受诸般困逆，天主圣子，亦将显扬之，使吾侪之身，亦肖像其荣光之圣身也。遥知敝会昆仲随君等，左之右之，以进于善；余故无庸多赘：惟求天主，因吾等救世主耶稣基利斯督之名，保全君等，康强安吉，更望彼等互相祈祷，共得常生！

一六一六年五月十二日，枢机罗伯多辣弥诺自罗玛柬

一六二一年金尼阁司铎回华，带有圣枢机是信；徐文定公等拜诵之余，欣慰异常；旋即答复，其中文原书，已不可得，今得有从法文译出者，录之如下：

恭维枢机主教大人，仁风广布，无间海洋，爱火飞腾，炙我华夏；神子等不胜感颂之至。自接瑶翰，公卿士夫，或现任职，或已致仕俱皆敬诵。间有未奉教者瞻仰博爱宏深，亦多感戢而谋则效。神子等忝为主仆，心仪弥殷，决相亲爱，以全纯爱，务使赖吾主宠佑，圣教广扬中国，真光普照，午日辉耀！夫境异情疏之人，而能同心同德，共成一会，士者叹服；伏蒙教益，

期臻圣域,众庶欣忭!是则我枢机主教大人,虽居远方之国,而不外视我人,欢跃之下,铭感无疆!惟恨不能插翅飞至罗玛叩谢,只因国律禁出国境,不克如愿,然仰慕之情,固无时或已。自当公众同声祝祷,以颂宏愿与戴盛德!窃我中国数世以来,异教盛行,左道充斥,而我圣教之传入,为时未久,信者不多;其始也,固不为敌者所介意,迨后信从者众,儒士复多,一心一德,崇奉惟一真主,于是仇教者嫉视之,始惧彼之异端妄理,将为吾教所歼灭,乃施其如狐之故技,罗网设陷,兴风作浪,随时随地,以侵扰我圣教,然我信众仍皆安全,耶稣会诸司铎,亦未被逐出国;盖因吾主神恩扶佑,异端决不能胜真理!现诸司铎,或仍旧在故居,或住新教友处,或至愿奉教而未知所由之外教人中宣传福音;是故圣教广扬于中国,将来兴盛亦可预祝;尚祈祷枢机主教大人,勿为我人目前遭难而悬念也!盖以上世往事证之,因知魔鬼,每起风波,迫害圣教,天主所许,故而遂有,仰维吾主。亦从未忘助佑事主之人。抑有进者,司铎辈常讲吾主芥种之喻,言入于耳,训铭于心;其言圣教,比芥一粒,诸种中之最小者,及播于田,虽同在土,经霜生长,阳春已届,种渐萌芽,比其长矣,大则成蔬,成若树然,初非其始所明知也。今圣教在中国,犹春日之芥种耳,其如善种,生生不息,直至永远,迄无穷世。虽然,芥喻玄义,何以萎而盛者,非神子浅见能议论也,伏乞枢机主教大人,时为我等祈求天主,又恳在公教皇主圣父座前,叱名致敬,神子等矢诚致力于通国钦崇天主,扶助诸司铎,广扬圣教会,虔望圣父慈鉴,而祝佑以神思,俾任重而道远,仍恒毅而尽忠,再冀枢机主教大人,道履安康,时锡教诲,肃此披沥微悃,敬叩郧安,不宣。(以

上二信见西文 Bartoli, Cina;中文译见《徐文定公三百周年纪念论文》二一九页以下)

中国圣教自利玛窦逝世之年以迄明末,中间虽遭沈潅兴起之教难,然显然有极大之进步:圣教传至明代版图之十三省(明代全国分十五省),惟滇贵二省未沾圣教之化。全国耶稣会有二会长,管理教务;一六四〇年时,在华北有傅泛济为会长;其属下驻在北京者,有汤若望、龙华民;驻在河南开封者有费乐德;山西者有金尼阁、万密克。陕西者有方德望及郭纳爵;华北五省共有教士八位。华南诸省,艾儒略为会长,驻福建;属其管治者,南京有毕方济,常熟有贾宜睦,上海有潘国光,杭州有孟儒望,福州有杜奥定,泉州有聂伯多,延平及建宁有阳玛诺、瞿西满;南昌有谢贵禄,武昌有何大化,成都有利类思,在华南六省共有教士约十三位。至广东广西二省归澳门管理;海南有林本笃及(Marquez)。圣教最早传入之肇庆,韶州,南雄,因本地官绅之反对,不能恢复传教,重建圣堂。计明末有教士二十四人,辅理修士四人而已。

至论教友之数,利玛窦时(一六一〇年)约有二千五百;至一六一五年,增至五千,一六一七年,有一万三千,一六三六年,三万八千二百;一六五〇年竟增至十五万。(德礼贤《中国天主教传教史》六七页)以此区区之教士而传教竟收如此之功效,可见天主之降福中国,及圣方济各沙勿略,利玛窦诸教士在天祈祷之功之宏大也。

第八章　中国天主教史

——自清入关至康熙朝

汤若望治历　天主欲创造一大事业也，往往兴起一二才德出众之人，为其工具，使成其事，明末，圣教传入吾国，天主生利玛窦；使之传教我中国，奠定圣教基础。利玛窦殁，在襁褓中之圣教，亟须有人抚育，天主又生中国圣教三柱石——徐光启、李之藻、杨廷筠，使之护卫圣教。明亡，满清入据中原，圣教之前途，安危莫测；天主又生汤若望，以保障圣教，而圣教得以渡过危险。自利玛窦至明末，圣教之史事，前已论之矣，今言清初，汤若望时之圣教。

汤公字道未，德国谷洛月（Cologne）人，生于一五九一年，幼年肄业于本城耶稣会学校，一六一一年进耶稣会，晋铎后偕金尼各司铎来华，一六二二年抵广州，旋至北京学华语；继奉派往陕西西安传教，一六三〇年，邓玉函卒于京，公奉命偕罗雅谷回京任修历职。一六四四年五月，满清侵入关内。摄政王多尔衮以满蒙各旗兵弁，纷入京都，莫可安插，乃谕令我中华人民，限三日内，迁出禁城，以便旗兵居住。时在北京之教士有汤若望及龙华民，二公之住院，适在皇城之内，理当迁让；无奈院中积有历书板片，为修历所重要之件；又圣堂之旁，不可不有一司铎居留。持此二由，汤若望乃缮折趋朝启奏曰：

臣自大西洋八万里，航海东来，不婚不宦，以昭事上主，阐

> 扬天主圣教为本，劝人忠君孝亲，贞廉守法为务。臣自构天主堂一所，朝夕虔修，祈求普佑，作宾于京，已有年所；曾奉前朝故帝，令修历法，著有历书多帙，付工镌板，尚未完竣，而板片已堆积累累，并堂中供像礼器，传教所用经典，修历应用书籍，并测量天象各种仪器，件数甚伙，若欲一并迁于外域不但三日限内，不能悉数搬尽，且必难免损坏。其测量仪器，由洋带来者居多，倘一损坏，修整既非容易，购办又非可随时寄来，特为沥情具折，恳请皇上恩赐，臣与同伴诸远臣，龙华民等仍居原寓，照旧虔修云云。

折上，有一亲王接览，询问良久，谕令暂行回寓安居，明日再来候旨。五月十二日，若望趋朝，亲王和颜礼待，付给清字上谕一道，允准汤若望等安居天主堂，各旗兵弁等人，毋许阑入滋扰等语；且令恭贴堂门，若望回寓见有旗兵多人在内，因出上谕给看，旗兵遂散去。

此次圣教之生死难关。既经渡过，嗣后汤公所得于皇上之宠遇，更不胜枚举。顺治元年（一六四四年）五月，前朝钦天监内官员，缮就新朝顺治二年之历本，亲赍趋朝进呈；亲王以旧法舛误甚多，谕令新朝本应依西洋新法推算，着汤若望龙华民等，测验天象，随时奏闻。是为历本 Calendrier 之采用西法也。同年八月朔日食，明年（一六四五年）正月望月食，汤若望照新法推步，均密合天行，而旧法——大统历，回回历俱有差误；皇上乃传批于历册面“依西洋新法”五字。顺治元年十一月，并奉上谕，钦天监印信，着汤若望掌管，所属官员，嗣后一切占候事宜，悉听举行，钦此。（参观《正教奉褒》二十四页）

尝考吾国成例，历法为国家大典，非私人所得而研究；明末西士参与历务，已是罕闻之事；不料至清代而更有甚于此者，西士竟得授钦天监之官职，如汤若望者，岂非一异宠乎？三年六月，清廷以汤公创立新法，勤劳懋著，又加太常寺少卿衔；八年诰封为通议大夫，又赐封其父母与祖父母二品官爵。十年三月上赐号“通微教师”；十四年十月授通政使司通政使，加二级，又加一级；十五年正月诰授光禄大夫，并恩宠若望祖先三代，一品封典。十八年四月初一日，公寿届七帙，名公巨卿，赠言称贺；又是年九月，皇上赐若望义孙入国子监读书。先是顺治皇以若望绝色清修，未有子孙，令其抚养一子，以为受荫之地。若望遵旨，即以潘尽孝之子士宏为义孙，至是士宏蒙恩入监，都中人士叹为异数。（参观《正教奉褒》二十五页以下）

汤若望因修历而为顺治帝重视；圣教之宣传，亦因之而得便利。顺治七年上赐汤若望，宣武门内天主堂侧，隙地一方，以资重建圣堂，孝庄文皇太后，颁赐银两，亲王大官等，亦相率捐助。若望遂鸠工兴建，撰记立石。

都门建堂碑记曰：

自昔西汉时，有宗徒圣多默者，初入中国传天主正教，次则唐贞观以后，有大秦国西士数人，入中国传教；又次明嘉靖时，圣方济各入中国传教，至万历时西士利玛窦等，先后接踵入中国传教，译有经典，著有书籍，传衍至今；荷蒙清朝特用西法，定造时宪新历，颁行历务；告竣，谨于都城宣武门内，虔建天主新堂，昭明正教。

时天主降生一千六百五十年，为大清顺治七年岁次庚寅。

修政历法汤若望记

越二年，圣堂告竣，上赐"钦崇天道"匾额。顺治十一年三月廿五日，上饬户部，将阜成门外利玛窦坟茔两旁地亩，赏给汤若望，为日后窀穸之所。若望随于是地，建立石碑以志盛事。又于是地，建造圣母堂一座，十七年七月工竣。十四年二月初一日，上赐御书堂额曰："通微佳境"，敕送恭悬宣武门天主堂；又御制天主堂碑记。

是时在外省传教之西士，因汤公之故，亦得平安无事，宣传圣教；凡此皆学问所收之功效也。

杨光先兴起之历狱 然德高则谤兴，为事之所难免者，汤公受宠于清帝，而忌嫉之者不在少数，尤以杨光先为甚。光先安徽歙县人；以钦天监一职，累朝以来，皆系回人充任，自汤若望倡用西洋新法，补授钦天监，回教人不得进用，因抱不平，思有以倾陷之。顺治十七年于是讦告汤若望，以为汤若望所造时宪书，其面上不当用上传批"依西洋新法"五字；盖书此五字，是暗窃正朔之权以予西洋，而明谓大清奉西洋之正朔也云云。顺治十七年十二月初三日，具投礼部，未准。（见杨光先著《不得已》上卷）

先是杨光先于顺治乙亥（一六五九年）仲夏望日著刊《辟邪论》（见《不得已》上卷），散布谣言，毁谤圣教。利类思神父以妄言繁兴，圣教日晦，作《天学传概》（一六六二年）以辨之（Greslon，Histoire pp. 94 seq），许之渐李祖白作序弁首。及书出版，杨光先见之如疯似狂，积恨愈深，又作《不得已》（康熙甲辰冬）一书以诬圣教。乙巳年（康熙四年）夏，利类思又作《不得已辨》以驳之。当是时也，我圣教中，已无如徐光启，李之藻，杨廷筠等其人者有声政学界，出而保护圣教，故光先之谤教书，流传日广，朝野多有信从之者。不久,大祸作矣。康熙三年七月,杨光先上章参劾汤若望与他西士大罪三款;潜谋造反,一也;邪说惑众,二也;历法荒谬,三也。八月提审若望;时若望年已七十三,猝患痿痹,口舌结塞;南怀仁在旁,为之答辨。康熙四年三月初一日,礼刑两部会议拟汤若望处死,其余教士俱杖充。初二日辅政大臣方欲依议批行,忽地大震,连日震五次,合都惶惧,辅臣以清狱为戒。随利类思等赦出法署,暂行留京,各省拘禁之教士释解广东安插;惟汤若望仍羁绁拟死。旋因太皇太后(顺治母后)以天谴可畏,谕令开释。李祖白、宋可成、宋发、先光显、刘有泰等五教友被处斩。其他大员如御史许之渐臬台许缵曾,抚台佟国器等,均因奉教之故罢黜;而国器缵曾以曾捐助银两,建修天主堂,杨光先衔之尤甚。(《正教奉褒》四十七页)

汤若望蒙赦之后,即归宣武门内天主堂(今之南堂),未几又被杨光先驱逐,迁至东堂,与南怀仁、利类思、安文思三神父蹴居;至次年(一六六四年)圣母升天瞻礼日,平安逝世,年七十五岁,在中国四十四年。杨光先虽一时得志,不久亦归失败。盖光先任钦天监监正后,治历多有舛谬;康熙七年(一六六八年),帝命光先与南怀仁等同测日影,以考验中西历法之优劣;光先所测不验,而怀仁之推算无不若合符节。皇上乃革光先职,录用南怀仁为钦天监官。八年又恢复汤若望官职,并给还通微教师之名;许缵曾许之渐等照原品复职;李祖白等照原官恩恤。杨光先本应处斩,其妻子应流徙宁古塔;但念其年老,姑从宽免,妻子亦免流徙,光先出京,行至山东德州,病发背死;一场历法案至此告终。(参考 Colombel, la Mission du Kiang-Nang)

历狱后之传教　历狱虽告平息,然中国传教事务有待整理者,实繁且多也。拘留在广州之二十五位教士,虽康熙九年十二月间开释，康熙帝且亲书"奉旨归堂"四大字，分谕教士，然当时实能归堂传教者，只有十九人而已。南怀仁则见重于康熙帝，于八年六月被擢为钦天监，监副治理历法；十三年又因制造仪器告成，加太堂寺卿职衔；十七年，康熙永年历成，加通政使司通政使衔，二十一年，因铸造炮位，加工部右侍郎职衔，康熙帝之重视南公可见一斑。（《正教奉褒》上卷五四页以下）

法国耶稣会士始来中国　至于在传教方面，一六七七年，南公被举为中华传教区之副省长，公于是殚精竭虑，思有以重整教务；惜当时工多人少，不无困难。南公在一六七七、一六七八两年，乃修三函一致耶稣会总长，一致耶稣会之各省长，一致日本及中国之监会长，请求遣派同会士，来华传教。法王鲁意十四世，由耶稣会士雁辞司铎（Le P. de la Chaise）之陈述，有意派遣法籍教士到华协助文化及传教事；法国耶稣会长上乃选派洪若翰（Fonteney），李明（Comte），白晋（Bouvet），张诚（Gerbillon），刘应（visdelou）五会士，于一六八五年三月五日起程来华，一六八八年二月八日至北京；中国教务于是有一番革新之气象。（Pfister N°170. 德礼贤《中国天主教传教史》七六页）盖五位教士皆精通天文历算地舆之人，而又能与当时法国新成立之科学院 Académie des Sciences 不少关系。后又来有马若瑟（Prémare），雷思孝（Régis），巴多明（Parrennin），蒋友仁（Benoit），宋君荣（Gaubil），冯秉正（de Mailla），钱德明（Amiot）等诸教士来华，宣扬文化（参阅《通报》一九一六年二七二页以下）；康熙时代，中国全国舆地之测制，即于是时成之也。

管理中国圣教主教制之概观　中国教务至康熙时，有显著之进步，于是当注意于圣教会内部之组织。圣教会者是有系统有组织有制度之社会也。在世代表耶稣基多而统治圣教会者有罗玛教皇,襄助教皇治理普世教会者有枢机主教,总主教,主教,司铎等等。圣教会是无国界,普世之公教会也;其统治也,有罗玛之中央组织,及地方省区之组织。中央组织,教皇之下,有枢机组成之圣院;枢机有选举教皇之权,大多数居罗玛,平时则分掌罗玛各部事务;枢机居外省者,则领袖一地方之神级。至于地方省区之组织,即教皇派遣主教,分牧全球也。全球教区可分为常法教区,与传教教区,常法教区隶属于罗玛会议部;会议部之职为选择主教,巡察主教区,增设新教区等;欧美各国之教务多属此部管辖。传教区属于传信部,亚非澳三洲之教务多隶此。管理常法教区之神长,称为本主教,本主教者,直辖治下之教友,而为其神牧。管理传教区域之神长,称为宗座代牧。宗座代牧者代教皇管理一方之教友也(参考《圣教杂志》十五年第四期)。元代,圣教在吾国极盛一时,领洗入教者有三万多人;罗玛教皇格肋孟第五闻孟高未诺在中国开教之成绩,乃于一三〇七年特遣方济各会士七人有主教品者,来到北京将祝圣高氏为北京总主教,并授以统理远东教务,有简授主教之权。方济各士七人实抵北京惟有三位。三位主教乃于一三〇八年依圣教礼仪祝圣孟高未诺为北京总主教,四位主教共居北京五年。一三一三年孟总主教派才拉尔(Gérard)为泉州主教;一三一八年才主教逝世,孛来仁(Peregrin)主教接其任,一三二二年孛主教逝世,乃由安德肋伯罗氏(André de Pérouse)任泉州主教职,安德肋主教于一三二六年逝世,乃无继位之人。上言之主教即祝圣高未诺总主教之三主教也。

北京之总主教于一三二八年逝世。教皇若望二十二世惟在一三三三年才闻此消息,乃委派方济各会士,尼各拉(Nicolas)去接任总主教位,但到任就职与否成一疑问。教皇本笃十二世又派若望马里诺利(Giovanni da Marignolli)充任教廷专使;一三四二年来到中国觐见元成宗，旋于一三四五年间启程回欧。最后教皇于一三六二年六月十七日，委多默（Thomasso），一三七〇年三月十二日，委奇耀谋伯拉笃（Guglielmo del Prato），一四二六年十月二日委雅各伯加布阿（Giacomo da Capua）为北京总主教缺，但此三位主教均不到任。（德礼贤《中国天主教传教史》四〇页）

元亡而圣教亦无法宣扬，至明末而方能重振旗鼓，由利玛窦而传入中国。及至清初，则已发扬光大，几普及全国矣。圣教会于当时组织神职的行政系统，以奠其基础。所谓神职的行政系统者，即有管辖教会之神长系也；换言之即主教是也。

中国传教事起初本属于澳门主教，澳门主教属于印度卧亚的总主教。然一五七五年，教皇额我略十三世在原则上，已创立澳门主教区，而分离于印度；主教任之实授，不过一六九二年始实行之。明末圣教之传入中国，是由于耶稣会士，耶稣会士圣方济各沙勿略初在印度传教，印度一省教务，进步甚速，故一五五二年圣依纳爵即从葡省耶稣会分出，另立为东印度耶稣会，日本之耶稣会士隶属之焉。继而日本教务日形发达，日本耶稣会士，又分离于印度省而独立为一省，中国耶稣会士属之焉。一六一八年耶稣会总长又分中国为耶稣会□省，分离于日本省；惟澳门仍归日本省。但中国幅员广大，不能以一神长管治之，故分华北华南二教区，有二会长以管理之。北京、山东、陕西、山西、河南属华北会长；南京、湖广、四川、浙江、福建，属华南会长。惟在华南之广东广西，仍属于澳门之日本省。

清顺治朝，汤若望颇得帝宠，教务顺利，欧人信为中国将完全皈依圣教矣。罗玛教皇因于一六五八年八月十七日，选 Mgr de la Motte Lambert，为安南代牧主教；又选 Mgr François Pallu① 为中国华

① 即陆方济。——编者注

南代牧主教，并以广东为教区中央点。一六六〇年 Mgr Ignace Cotolendi 在法国祝圣为主教，受命为中国华北代牧主教，以南京为中央点。但 Pallu 及 Cotolendi 二主教均未得入中国境；前者由西班牙人之阻止，令其从美洲仍回欧洲；后者途中病故。此三位代牧均系法人，故葡西二国阻当此事之实现。盖在十六十七二世纪时，远东传教事业，葡国政府予以不少之帮助，葡国居保护传教士之地位，任何国籍教士之来华，在事实上，当承认此习惯也。

一六七七、一六七八年罗玛传信部为近东及远东教务，又选派六位代牧主教，其中二位是为中国，一即 Pallu 主教，管理华南教务者，一即罗文藻主教，管理华北六省，即江南、河南、直隶、陕西、山西、山东。但 Pallu 主教，同时请求罗玛，有总辖中国教务之权，并要求在中国之任何国籍教士及传教先生，在宗座代牧前须宣誓绝对遵守罗玛宗座所颁布之任何谕旨，并任何作为莫不听命代牧。但此宣誓之式，不特为葡西法三国政府所反对，即各修会亦视为不可通行。当时南怀仁为耶稣会会长，南公久居中国，深悉中国情形，若此宣誓实行，朝廷及外教人必兴起许多疑虑，将视圣教为一种秘密会，因上书罗玛传信部请求取消此事，卒得许可免去。

但 Pallu 主教一到福建漳州，即致全中国教士一牧函云：彼系总理中国教务，罗玛所要求之宣誓当一体遵行。此宣誓之举，在当时为中国传教，似发生不少纷扰影响。此事仍未解决，而 Pallu 主教于一六八四年逝世矣，此问题旋不提起。

一六八五年时，中国有四主教，一澳门（但在原则上葡国视澳门主教为中国之独一主教），二广东有 Mgr Pallu della Chiesa 主教，即 Pallu 主教之副主教；三福建有 Maigrot[①] 主教，即 Pallu 主教死时，

① 即颜珰。——编者注

授以继任之权者，然未祝圣；四罗文藻主教。

一六九〇年罗玛宗座与葡国政府同意议定澳门、南京、北京三主教座由葡国政府建立而维持。葡国得此三主教座，以为保教之权能及全中国教务矣。但罗玛宗座于一六七七年所定之宗座代牧制仍不取消；因此于一六九三年在福州发生误会。即二方面主教之权限问题，因而教士在施行圣事上，多有阻碍，为教友之神益增加不少之纠纷。

一六九六年，教皇意诺增爵第十二世简定中国十二主教区，分治中国教务。十二主教区：

一，澳门区，广东、广西属之。
二，南京区，江南、河南属之。
三，北京区，直隶、山东、辽东属之。
四，福建区。
五，云南区。
六，四川区。
七，浙江区。
八，江西区。
九，湖广区。
十，山西区。
十一，陕西区。
十二，贵州区。

十七世纪之末，中国全国教务，分为十二教区，属于十二主教（Colombel pp. 386 sq. 428 sq.），及至今日教区有一百三十多，其进步之速诚足慰者。又有一问题与宗座代牧制有密切之关系者，即罗玛宗座之通使问题。蒙古入主中原，与罗玛宗座即有使节之往返，前已论及，不复多赘。迨至明末，圣教传入吾国，明廷又甚重视，似可无问题之发生矣；然此种一时之幸运，究非久安之长计，范礼安司铎知之甚明；乃思设法使罗玛宗座派遣钦使与明廷通使，以联络情谊。于是在一五八八年遣罗明坚司铎回欧，与教皇商议此事。罗公于一五八九年抵葡国里思鲍城，见葡王斐利伯第二，商陈进行；葡王甚赞成之。不幸到罗玛后，四位教皇——西斯笃第五（一五九〇），乌尔朋第七（一五九〇），额我略第十四（一五九一），意诺增第九（一五九一）——相继逝世，通使问题不果进行。罗公见事难成就，且精力日衰，乃退隐萨来纳（Salerne），于一六〇七年逝世。（Pfister. p. 19-Trigault, Expédition, pp. 325 seq. Ricci, Opere t. Ⅰ. pp, 162 seq.）

十七世纪之末，教皇意诺增爵第十二世，及葡王又重兴此问题，提议通使，葡王且许以津贴，建立南京主教座。教皇乃拣定耶稣会士斯比诺拉（François Marie Spinola）为教宗钦使。但当时在华之教士，知悉此事，甚觉不安，因举行钦使之典礼，如不有盛大之规模，难免明廷之藐视，而列教廷为朝贡之一国，于教皇之尊严有损也。幸天主上智之安排，斯事未得实行。嗣后教皇格肋孟十一钦派宗主教铎罗（Card. Tournon）充作使臣来与康熙帝通好（一七〇五年到北京），事不成就；继又派宗主教嘉乐来中国，兼充使臣（一七二〇年到京）又无实效。

原通使不能成就之故，一因康熙帝之专权骄傲；不愿罗玛教皇对于其教士之有所威权也。盖康熙帝欲在华之教士驯服在其权下。二因葡国对于在中国教务之专办权，凡不与葡廷有利者，不愿与罗玛教廷合作也。有此二故，故通使之事终不成就。

教仪问题 康熙时期在我中国传教史上，罗玛通使之问题外，又有所谓教仪问题(Question des Rites)者，即十八世纪中，中国传教士所兴起之二辩论，一即对于天主之名，一即敬孔祭祖之事。

一，论天主之名，天主教初传到中国时，西士因言语不达，许多宗教名字，颇难取决；天主之名尤为其一。起初译 Deus 为陡斯，译音而不译义；利玛窦起初取用天主二字，嗣后研究中国古籍，知天与上帝之名，为中国古圣贤用以指天地之主宰，于是改变初志，以天及上帝名 Deus 而不用天主二字矣。及读朱熹《集注》察出朱子之注释，是将古圣贤所解说天与上帝之真旨，改变其意义，以为天是苍苍之天，而上帝并非有天地主宰之义；利子于是又以天主与天、上帝三名并用之矣。

在公教士中所兴起之问题是一派主张用天主二字，排斥采用天与上帝；一派主张天与上帝可与天主并用不悖，盖中国古儒亦以解释天地之主宰故也。

此问题发生后，曾有剧烈之辩论，一七〇四年、一七一五年教皇格来孟第十一世规定天主二字为法定之名，不准采用天与上帝之名字，而于是问题解决矣。

参考 Encyclopedia Sinica, p. 485. —Legge: The Notions of the concenring God and the spirits, 1852. And A letter to professor Max Müller, chiefly on the translation of the chinese terms Ti and Shangti 1880

Cordier, Hist de la Chine, Ⅲ pp. 318 seq.

二，祭祖敬孔问题。祭祖之礼，是在祖宗神位前，献酒食焚香跪拜。利玛窦以为此等礼节不过表示子孙孝爱之情,即事死如事生之意,所以许可皈依公教之新教友奉行。至于敬孔之礼,利子只许考生考中后入孔庙行礼,其余四季祭祀不准参与。

原利子之所以许可者,亦不过从权,暂时之处置而已。然已有不少耶稣会士不以利子之办法为然者,如龙华民司铎,接任利玛窦为会长后(一六一〇年),即禁止祭祖敬孔之礼。

继而反对之者,有多明我会士,彼等于一六三一年入福建传教,六年后(一六三七年)旋即退出;该会士见耶稣会士容任祭祖敬孔之礼,大不以为然,乃禀告马尼剌(斐列宾首邑)Manila 总主教,总主教即以此诉诸罗玛教皇迁尔朋第八,此为一六三五年之事;迨后查明事情之真相后,总主教即在一六三八年撤回其诉状也。

一六四三年有多明我会士名马拉来斯(Morales)亲为此事赴罗玛控告,一六四五年九月十二日,传信部出一通令禁止此礼,此通令是由意诺增爵第七所通过者。在中国传教之耶稣会士,以马拉来斯所报告之事,与具体之事实不符,乃亦遣派卫匡国司铎 Martin Martini 到罗玛,一六五四年至圣京;卫公将一切事实情形陈述详明后,圣礼部得教宗亚历山大第七允准,仍许可祭祖敬孔之礼焉。

此问题之难处后又被多明我会士名鲍郎高(Jean Palanco)者重行兴起,一六六九年十一月二十日圣部经教皇格来孟第九世之允准,又宣言谓:一六四五年及一六五六年之二次通令,依二方面之陈述,仍有效力。

清康熙帝艰难圣教时,勒令全国教士集合广州;当时耶稣会士(计有三十三人),多明我会士及方济各会士共聚首一堂,爰共商上言之仪礼问题,共提议四十二条,结果议决同意者计四十一条,事在一六五六年也;一六六八年一月二十六日在议诸教士均签押遵守,一六六九年十二月十九日在广州之多明我会会长那槐来脱(Dominic Fernandez Navarette)忽潜逃至澳门,卒乘轮回欧洲,一六七六年在欧洲出版一部名 Tradados historicos, politicos…y religiosos de la Monarchia in China 之书,此书一出授欧洲之誓反教人及异端 Jansénistes 派以不少攻击耶稣会之柄;在中国所以未受煽惑之纷扰者,乃福建主教满格老[1](Charles Maigrot)阻止之力也。然满主教同时公布一令谓:一六五六年罗玛圣礼部所准容任礼仪之通令,在良心上无遵守之责任,因卫匡国所呈上之理由无根基故也;他又请罗玛教皇意诺增爵第十二世再将礼仪问题重新审查,且又遣二教士管末南尔(Guemener)及雅尔马(Charmot)到欧洲办理是案,一七〇〇年十月十八日竟得到法之沙尔包纳大学(Sorbonne)责斥中国礼仪之宣言焉:

此问题既又在罗玛兴起,教廷乃和四枢机组织一委员会以研究之,此委员中无耶稣会士及多明我会士参与其间。此时在中国之耶稣会士适有请问康熙皇帝关于祭祖敬孔,究有宗教性质与否。康熙于一七〇〇年十一月三十日正式宣言谓中国祭祖敬孔之礼,不过为一种俗礼,与宗教无涉,且无宗教性质。然反对耶稣会士者即以此攻击耶稣会士,谓彼等以此关于圣教之事,求判决于外教皇帝,而不请求罗玛教廷。此等诬妄,虽不见信于有识之人,然在教廷前,已足引起一般误会之恶感矣。

一七〇四年十一月二十日圣部经教宗格来孟第十一世之允准,公布采用天与上帝之名之禁令,及关于祭祖敬孔之几种礼仪。此禁令由教廷派多罗主教(Card. Charles Thomas Maillard de Tournon)至中国公布,故在中国未公布之前,在欧洲亦无人预知也。多

① 即颜珰。——编者注

罗主教于一七〇五年四月二日到澳门，六日到广州，十二月四日到北京。康熙帝起初优礼相加；后知其使命之目的，乃大为不悦，令其速离京师。多罗（de Tournon）主教离北京到南京时，得悉康熙帝曾出一谕，凡教士非领得朝廷准予传教之印票，及许可服从中国之礼仪者，不得在中国传教。多罗主教，念自己使命之责任，因在南京亦将教皇之禁令于一七〇七年一月十五日宣布，并令教士一体遵照无违。康熙帝乃下逐客令，交澳门总督看管多罗主教。葡官府正以此使命不先与葡国商榷而来，故即将多罗主教监禁，多罗主教于一七一〇年五月八日卒于狱。

对于多罗主教所宣布之罗玛禁令，在中国教士中之意见分为二派，一派是服从多罗主教之禁令，不接受康熙皇帝之印票，因而被逐出境，如满格劳主教及巴黎外方传教会士，大部分之多明我会士及少数方济各会士；一派是领受康熙准予传教之票，而将多罗主教之禁令，上诉教皇，陈禀理由，如北京之方济各会主教，江西奥斯定会之主教及耶稣会士。康熙皇帝派遣耶稣会士到罗玛教廷，将礼仪问题再行详明奏闻，并请求收回成命，终不得照准。一七〇九年三月格来孟第十一正式颁布谕旨，翌年九月二十五日，又重准多罗主教所宣布之禁令；更为彻底解决起见，此问题又于一七一五年三月十九日颁布 Ex illa die in 谕旨禁止教士不得再兴起此问题，且当守一七〇四年之禁令，又在中国之传教士对于上述禁令当宣誓愿意遵守。

教皇之谕旨一七一六年八月始传到广东，不久而通国教士均知悉，且无有一人不唯命是从；惟在政学界中新皈依圣教之人则有不服从者；康熙皇帝更形不悦，乃命礼部禁止天主教，不得在中国宣传（一七一七年四月十六日），而圣教艰难从此开始，历雍乾嘉道四朝。

一七二〇年教皇格来孟第十一世为缓和禁令之空气，乃派满柴排尔排（Jean Ant. Mezzabarba）亚历山大府宗主教为教宗钦使来到中国，觐见康熙皇帝，并许以禁令可以缓和。一七二一年十一月四日他回欧前，果然宽免八事。但不因此而得在华传教士之一致之同意，因有一派谓此种宽免与格来孟十一世之禁令有抵触，故不生效力；一派谓并不相反，可以并行不悖。罗玛教廷于是将此问题再行审查，自教宗格来孟第十二世至本笃第十四世考查完毕，一七四二年六月十一日，本笃第十四世乃颁 Ex Quo singulari in 谕旨取消满柴排尔排所宽免之八事，仍维持格来孟第十一世之禁令；中国之礼仪问题乃停止争辩：至今在中国之教士均遵守教皇之议决案，莫敢或违。

参考 Encyclopedia Sinica pp. 482—487— Brucher s. j. Cérémonies chinoises, dans le Diction. de la théologie catholique de Vacant. —Catholic encyclopedia, vol. XIII, p. 37., Cordier, Bibliotheca Sinica t 2. col. 869.

参观《康熙与罗玛使节关系文书》印影（原书无图——编辑注）

十七世纪之教务状况　中国圣教自满清入关，至康熙朝，虽经过许多困苦艰难，然其进步之速，其成绩亦颇可观。今将当时之统计列下：

一六六四年全国教务情形

直隶　北京　　教友一五〇〇〇　圣堂：南堂

东堂及利玛窦墓堂

正定府　圣堂七

保定府　圣堂二

	河间府	圣堂一　　教友二〇〇〇
山东	济南府	教友三〇〇〇　全省共圣堂十
山西	绛州	教友三三〇〇
	蒲州	教友三〇〇
陕西	西安府	教友二〇〇〇〇　圣堂城内一　城外九
	汉中府	教友四〇〇〇〇　圣堂城内一　城外五 会口一五
河南	开封府	圣堂一　一六六四年开堂
四川	成都	保宁　重庆　教友三〇〇
湖广	武昌	教友二二〇〇　汉口及别城中会口共有八所
江西	南昌	教友一〇〇〇　圣堂城内一　城外二
	建昌	教友五〇〇　圣堂一
	吉安	教友二〇〇
	赣州	教及二二〇〇　圣堂一
福建	汀州	教及八〇〇
	福州	教友二〇〇〇　兴化　连江 长乐等处有圣堂五　会口八
	延平	教及三六〇〇
	建宁	教友二〇〇
	邵武	教友四〇〇
	彝山	崇安县等处圣堂多所
浙江	杭州	教友一〇〇〇　圣堂二
江南	南京	教友六〇〇　圣堂一
	扬州	教友一〇〇〇　圣堂一
	镇江	教友二〇〇

淮安	教友八〇〇　圣堂一
上海	教友四二〇〇〇　又说五〇〇〇〇
	圣堂城内老天　主堂及南门九间楼　乡下六六
松江	教友二〇〇〇
常熟	教友一〇九〇〇　圣堂二
苏州	教友五〇〇
嘉定	教友四〇〇
太仓	昆山　崇明均有教友圣堂

以上均为一六六四年耶稣会士在中国十一省传教之情形；统计教友一一四二〇〇，耶稣会住院二〇，会士二十五或三〇，内有国籍助理修士三。当时在中国传教之会士分散于三大区域：一华北，二中央，三华南。直隶、山东、山西、陕西、河南、四川为华北区。福建、江南、浙江、江西为中央区。海南、两广为华南区。华南区当时属澳门耶稣会士管理，而澳门会士属于日本省之耶稣会；华南华北为中国省耶稣会。

又当时在中国传教者，福建、山东、浙江。又有圣多明我会士，及圣方济各会士。多明我会于一六三一年来中国，共会士三〇，住院一一，二一小圣堂，二十一会口。方济各会于一六三三年来中国，从斐列宾来的教士共十人，但惟二人居住中国，在山东有三小堂，二传教地，教友三五〇〇。

据毕嘉（Galiani）神父，在一六六七年广州狱中写的统计说：自一五八一年罗明坚起，至一六六四年，杨光先难为圣教年止，到中国传教之中国省耶稣会士共八二位，十六助理修士；日本省会士十二位。中国省会士共有三八住院，内八处尚未恢复原状，十七处，至少有一位会士常驻。共造圣堂一五六，内十四处已坍毁。二七二传教处所，每年教士至少去二次。澳门耶稣会士（日本省）在两广及海南住院三，圣堂三，传教处所十三。一五八一至一六六四年，八十三年中耶稣会士共印关于宗教书一三一种，算书一〇〇种，学术书及伦理物理五五种；又十四种关于宗教书为教友刊的。又在此八十三年中会士共付洗二四六〇〇〇（参观德礼贤《中国天主教传教史》六七页，又 Colombel pp. 122 seq. ）

一六九九年在中国耶稣会之状况

	公学	住院	圣堂	小堂	教士
直隶	北京一	北京东堂一			
		正定府一	十	四	九
山东		济南府一	九	七	一
山西		绛州一			
		太原一			
		平遥一			
		蒲州一	一六	甚多	二
		汾州一			
陕西		西安一	二		一
河南			二		
江南	南京一	六	八九		一四
浙江	杭州一		三		四
湖广		二	一〇		四
福建		二	七		三
江西	赣州一	一	九	二	二

一七〇一年中国教务状况

	耶稣会士			方济各会士		
	住院	圣堂	教士	住院	圣堂	教士
直隶	六	二一	一一			
江南	十六	一三〇	一五	二	二	二
山东	四	十二	一	六	六	一〇
山西	三	十	二			
陕西	四	四	一			
河南	二	二	一			
湖广	八	八	二			
江西	八	八	六	四	四	五
浙江	四	四	二	一		
福建	七	七	六	三	二	三
广东	一	一	一	三	三	五
广西	七	七	十	五	七	

	多明我会士			不入会教士			奥斯定会士		
	住院	圣堂	教士	住院	圣堂	教士	住院	圣堂	教士
直江									
江南				一	一	二			
湖广							一		
江西	一						一		
浙江	二	二	三	四	一	一			
福建	五	四	五	二	二	三			
广西							一		
广东				三	三	九	四	四	六

自一五八一至一七一二年传教数

耶稣会士　二四九　尚有一二七位自欧洲到中国途中故世。

多明我会士　四八　方济各会士　五六

奥斯定会士　一七　不入会士等　三十

Colombel p. 465.

第九章　雍乾嘉道时之天主教

苏努家奉教及遭难　圣教自传入吾国后，险阻艰难，无时或息：沈漼杨光先之难，方庆平静，即继之以礼仪问题，礼仪问题阻当圣教之发展，更有甚于教难者；及教皇禁止争辩，而康熙皇帝对于圣教之态度已大有改变，自斯以后至十九世纪，圣教常生活于患难之中，而开始难为圣教者，厥为雍正。雍正朝可述之教难有苏努案，有福建案。试先言苏努案。

苏努为清太祖努尔哈齐之四世孙，与雍正为从昆弟行，康熙六十一年十一月，帝崩，苏努始封贝勒（陈垣《雍乾间奉天主教之宗室》）；康熙时苏努曾任镶红旗兼奉天将军，至雍正二年而获罪。本论所谓之苏努案，即谓苏努全家之皈依圣教，及为主而被窘难是也。

苏努全家奉教及遭难之事实，详记于耶稣会士巴多明（Parrenin）函。（Lettres édifiantes，XVI-XVIII，ou t. III，pp. 366 sq.），巴多明法人，号克安，康熙三十七年（一六六五至一七四一年）来中国，在华四十三年，雍正二年公历八月二十日致书欧洲同会士，详述苏努全家事，故所言均可信，足以补中国历史之不足。其论苏家之奉教，谓苏努有子十三人，多居显官，家中大小不下七八十人，佣婢三百，庄田数千顷，乃因变故，不数年间，家败人亡，降为平民，子孙捐躯致命者数人，而举家奉教之热心，坚如金石，始终不渝；虽在患难之中，而妇女孩童莫不欣欣然直认奉教不讳。溯自苏家进教之动机，开始于苏努之第三子名苏尔金者，约在康熙五十年（一七一一年）间，苏尔金在旧书肆中购得《灵言蠡勺》一书，归而读之顿觉爽然，有深究天主教教理之心，乃遣人向京师天主堂索取论教书籍，悉心研究，彻悟教理之真正，惟对于天主降生之道理，不无疑虑：继见其弟书尔陈于康熙五十八年（一七一九年）先已领洗，取圣名为保禄，求进教之心乃益切，遂于康熙六十年（一七二一年）圣母升天瞻礼受洗入教，圣名若望，其子同时受洗，圣名依纳爵，未几全家从而效之，其福晋取名则济利亚，子妇洗名依搦斯，孙二，一名多默六岁，一名玛窦七岁，又孙女二人；其弟库尔陈，苏努之第十一子亦于是年领洗，圣名方济各。不久，雍正元年（一七二三年）苏努之第六子勒什亨，第十二子乌尔陈亦领洗入教，勒什亨圣名类思，乌尔陈圣名若瑟，继而其家人亦邀得圣洗恩宠。雍正二年苏之长子领洗，圣名沙勿略，三年第十三子木尔陈，圣名若翰达尼老，四年第二子，及第七子鲁尔金圣名伯多禄均先后受洗。苏努之妻在临终时进教，至苏努本人则于雍正二年十一月十一日，未及领洗而谢世。

苏努全家之奉教，诚为天主上智特别之安排，然其遭难未始非有天主圣意存乎其间焉。其所遭之难，即雍正以为苏努获罪于己，而发往至远边也。苏努之罪，雍正以其曾助允祀谋继立，大为所忌。初，康熙立第二子允礽为太子（康熙十四年），既而废之（四十七年），而复立（四十八年），而复废（五十一年）。康熙有认为己子者嫡庶共二十三子，末年诸皇子希图非分，各树朋党。互相残害，就中运动最力者为皇八子允祀，允禔，允禟，允䄉，允禵等（萧一山《清代通史》卷上七百九），允祀有才望，允禵立功边陲，颇得民心，康熙崩，第四子胤祯立，是为雍正；雍正于是藉故治诸皇弟之罪。首先召回允禵，解其兵权，命与其子保基俱圈禁高墙，名为守景陵；

(de Mailla, Histoire de la Chine, t. XI, pp. 371 seq.)乾隆时,方赦出。其他名望较著者:如允祀(康熙第八子),允禟(第九子),悉遭贬黜,降为庶人,改允祀名为阿其那,译言犬,允禟为塞思黑,译言豕。宗室王公及大臣牵连被害者甚众。

苏勒父子牵连最先者为勒什亨。勒什亨康熙六十年十一月任蒙古正黄旗副都统,六十一年四月调满洲正红旗副都统。雍正与诸兄弟有隙,已如上述,而与所称九阿哥者(即允禟)更积不相能;乃寻衅罚锾巨万,发往军前效用,着勒什亨催缴此款。勒什亨知此谕别有用意,而九阿哥亦无力交款,且不奉诏赴军,于是被罚与九阿哥同往军前,以赎重辜;乌尔陈亦与其兄勒什亨发往军前。起程之前,即雍正元年西四月五日领洗入教;六日,允祀、勒什亨、乌尔陈起行,经水陆三千多里,始抵西宁;及到西宁勒什亨亦即奉教。葡籍耶稣会士穆经远(Jean Mourao)甚为允祀所敬爱,爱亦被请同往。(de Mailla, Histoire de la Chine, t. XI, pp. 372 seq.)勒什亨乌尔陈既到西宁,不特专务神修,且亦热心救灵,附近村庄多有奉教者,于是有人揭告以二人传教立堂事,摇惑人心,奉闻皇上。皇上大怒,立召二人回京,收监禁押,而皇九子允禟,与穆神父亦遂得罪(Colombel, p. 645; de Mailla, Hist. XI, pp. 373 note 1. 萧若瑟《天主教传行中国考》三百五十页。);关于此事,陈垣《雍乾间奉天主教之宗室》有云:

> 勒什亨,乌尔陈既到西宁,年羹尧适以川陕总督管理抚远大将军印务。雍正元年十月年羹尧自甘州至西宁恒有密折到京附陈允祀动静。……其第一折有曰:"勒什亨见臣问好,其狂诈之态如故,臣实不解。库尔陈一言不发,满腹怀疑之状,西洋人穆经远摇尾乞怜之外无他技也。"

其第二折有曰:"勒什亨兄弟两人不时令家人装扮,于西大通城外探问闲事;近又买民房十余间,故意使人闻之,若将终身焉;此其山鬼伎俩。"

其第三折曰:"贝子允禩近日行事光景,颇知收敛,臣此次路过西大通,未曾见面;盖自臣参奏之后,恨自固深,而其上下人等,亦自此知畏法;臣已留人在彼,凡贝子允禩有何行事之处,臣皆得闻知之也。惟勒什亨吴尔慎两人接人十里,其语言神气,纯乎作伪而已。臣惟以大义晓之,令其感恩悔过,亦明知有人使其见臣来探口气也。"

三折皆无年月,然据陈垣先生谓:第一折当在雍正元年十月,第二折在二年二月,第三折在二年三月。年羹尧之报告,巴神父函上亦有记载,谓"西历七月一日(雍正二年)川陕总督年羹尧递折控类思(勒什亨)若瑟(乌尔陈)同入天主教;并捐资建教堂,又与教士穆经远相善。"按年羹尧之控折不过迎逢上意,周内之言耳。

苏努之二子既充军西宁一年后,乃祸及苏努;苏努于雍正二年西七月十五发往右卫,右卫即今山西右玉县。启程前,其长子在北京南堂费隐神父手领洗圣名沙勿略,同时受洗者其长媳圣名德肋撒,其二孙一圣名方济各,一圣名伯多禄;其第八子圣名若翰,其他受洗者甚多。苏努长子不胜路途之苦,途中病故。及到充军地,苏努之妻于一七二四年十二月二十九日领洗后病终;苏努自己亦于一七二五年一月二日,未及付洗而殁。苏努一家初到右卫,右卫将军待之异常严厉,置在一荒僻小村名新铺子(译名)者;朝臣之希旨承颜者亦一再上书告揭,雍正四年正月初五日苏努被削宗籍,五月二十八日又遭戮尸;其子与孙分禁各省,撤去黄带;而诸人身披九链，备受酷刑，三四年中相继去世。

苏努家遭难之故　苏努一家奉教之真诚，与遭难之重大，已如上言；然由何因而获罪哉？查雍正实录，及上谕内阁，上谕八旗中关于苏努之罪状观，似苏努因助允禩谋继立，为雍正所忌，此为其获罪之原因。（陈垣《雍乾间奉天主之宗室》三页）

但据巴函所述，苏努之获罪，似因奉教故。其故：一见于宗人府言，其言曰："尔六子十二子均信天主教并捐银建堂，尚有他子奉教者，尔何不阻之，阻之不听，何不早以上闻，尔不知约束，自有人代尔治之。"二见于苏努之待奉教之子，"苏努闻三子已入教，怒不可遏，逐之出，不准来见，其他入教者皆如之，并云：倘不速改，将奏请治。"盖当时雍正已开始为难圣教，苏努恐累及己也。三见于雍正既下发往苏努充所之诏，而努冀挽回雍正之心。将家中奉教之子与孙无论大小，均加以铁链，乃往告宗人府，又诸子家中之小堂，令一一拆毁，圣像苦像念珠等均还诸司铎，又往宫中，求皇上惩办其子；盖皇上之怒，以其子信教故也。四见苏努临死前之言，召诸子而告之曰："皇上不公，罚吾辈流徙在此，皇上数吾有四罪，皆无实据；其第四罪谓吾任诸子入天主教，不加惩治。"五见于雍正皇帝屡谕各皇子背弃天主教，可得宽赦而知；如若翰自述被审之情形云：雍正四年十一月十五日八旗都统遣多数委员来西宁传都统之谕令，命罪仆出教；罪仆等答以既奉独一无二之真教决不稍有变更；他事唯命是从，出教一语，万不从命。未几西宁将军修折上奏，折云："西宁右卫将军申穆德跪奏，为逆臣信从邪教，理应诛惩事。窃臣奉旨，明查暗访，知苏努第三子苏尔金及其第十一子库尔陈等业已信从天主邪教，彼等兄弟数人及子侄妇女辈亦已一律信从，胆敢藐视王章，违背纪律；臣将逆臣辈等严拿到案，令彼等一律出教，以期悛改。彼等众口一词显然承认，并云：宁死万不背教云。”此折到京后，皇上召集六部九卿及宗室大臣开御前会议，将此事视为重要问题。议后，皇上一心欲迫诸皇子等速行背教，以后虽有假借罪名，成为莫须有之案狱耳；其实欲令彼等出教，故借罪以惩治之也。（巴多明西文函译文见《圣心报》）

综上观之：苏努一家获罪之原因，虽系助允祀谋继立事，然此苟非借端，亦不过原因之一，而奉教亦系其中之一原因也。穆经远神父被诬为助允祀继立事，在康熙前言允祀之善处，俾立为皇，及雍正即位，诬穆公潜至广州澳门兴起革命，冀倾覆雍正皇位等。（de Mailla，Histoire de la Chine，t. XI，pp. 373，note 1.《文献丛编》第一辑《穆景远口供》，余疑所供系伪造。）纯然为诬妄，不可置信。因Les Anecdotes 所述为反对耶稣会士，有意诬之也。（Huc，le christianisme，t. IV，pp. 42.）至于造新体字为密书往来通号，遥为允祀党援，亦不过捕风捉影；穆神父在康熙时，与权贵人颇多交际，因为苏努案被人周内其中；及在西宁又热心传教，建立圣堂；年羹尧密告雍正；于是穆公身被九链，亲回京师审问（《文献丛编》有口供），无实据，又发往西宁，一七二六年，葡国为营救穆神父，遣使至中国，雍正不待葡使之至，先令人毒杀穆公，时在一七二六年八月十八日。（Pfister，NO. 248. Velt-Bott NO. 296.）此岂非出于仇教之心理哉。苏努一家，遭患难而信心坚如铁石，且其中多人正在充军之前日，求领洗而奉教，受酷刑而不怨，诚给与教友以许多好表样；至今读此史事，犹觉苏家信光之照耀人心也。

雍正难为圣教　苏家所遭之难，犹其事之小焉者也；其最甚者，自雍正朝起，历乾嘉至咸道，吾国整个圣教会所遭之教难也，其教难发端于福建之福安。雍正初年，福安多明我会士筑圣堂，行将竣工，有不良教友控告教士于福安县，县长陈报闽浙总督满宝，满宝素知雍正疾恶圣教，乃一面出示严禁所属境内建堂传教，传教士则一律驱逐出境；一面则上奏皇上禁绝天主堂，奏称"西洋人杂处内地，在各省起天主堂，邪教遍行，闻见渐淆，人心渐被煽惑，请将各省西洋人除送京效力人员外，余俱安置澳门，其天主堂改为公廨，误入其教者，严行禁饬"。奏入（一七二三年十一月二十二日），奉谕"远夷住居各省，已历年所，今令其迁移，可给限半年，委官照看，毋使地方扰累，沿途劳苦"。雍正元年十二月壬戌即一七二四年一月十一日。（见《东华录》）

禁教之令甫下，而各省之官吏遂迎合上意，大肆仇教手段，有不待限期之到，而先虐待教士者；此时各省教士约计五十多位，内有五位主教，悉驱逐出境，圣堂充公，多改作庙宇者。雍正不喜西士，又不热心科学，故无求于西士；间有官绅与西士善者，亦胆怯如鼠，不敢出而保护，各省天主教中亦无有品高位重之教友，如明末之三柱石，出而维护教士；故此时之教难，有严重之性质。教士之遣往广州者，有暂留广州至九年之久。雍正二年，两广总督孔毓珣疏言："西洋人先后来澳者若尽澳门安置，滨海地窄难容，亦无便舟回国，请令暂居广州城内天主堂，有年壮愿回者，关洋船归国，年老有疾不能归者听；惟不许妄自行走，倡衍教语，其外府之天主堂，悉撤为公廨，内地人民入其教者出之"。

雍正虽难为教士，然在京之教士则任其自由居住，不加取缔，盖惧人议其不能继承先帝之志也。又惧在京之西士不能谅解其意，乃召巴多明（Parrennin），冯秉正（de Mailla），费隐（Fridelli）三司铎告之曰：

朕之先帝皇父训朕四十年，在诸兄弟中，宠幸寡人，选朕登皇位，朕管治国家，事事从我皇父为继承其志。近在福建，有若干欧西人侵乱我百姓，蔑视我法律，福建官长来奏申报，朕当制止乱行；此为我国家之事，朕当负责执行者也；朕为太子时可以不闻不问；今则不能不统治也。尔等谓你等之法律不是伪的，朕亦深信，不然，朕将命尽毁尔等之圣堂及完全驱逐尔等。虚伪之法律是以道德为护符而以捣乱为宗旨，如白莲教之所为。试思苟我遣和尚喇嘛至贵国宣传彼等之教，尔等将何谓乎？当明万历初，利玛窦之来中国也，朕不论当时华人之所为，盖此不是问题，当时教士不多，不若现在若是众多，及圣堂之遍及各省也。及到朕皇父朝，而天主教传扬至全国，天主堂满天下；我侪当时未敢一言及之；然现在尔等勿妄思能骗朕皇父者亦以骗朕也。

尔等欲我中国人民尽为教友，此为尔教之所要求，朕亦知之；但试思一旦如此，则我等为如何之人，岂不成为尔等皇帝之百姓乎？教友惟认识尔等，一旦边境有事，百姓惟尔等之命是从；虽现在不必顾虑及此，然苟千万战艘，来我海岸则祸患大矣。

中国北有俄罗斯不是可轻侮的，南有欧西各国，更是可惧的，西有回子，朕欲阻其内入，毋使捣乱我中国。俄国使臣曾请求在各省通商，为朕所推辞，惟允彼等在北京及边境贸易而已。今朕许尔等居住北京及广州，不深入各省，尔等有何怨乎？先帝皇父优待尔等深入内地，颇为儒士所不满；今我不顾改变我国儒家之信仰，而授人以物议也。将来朕子朕孙继我皇位，如何作为，朕不置议；朕不愿效万历之所为而受拘束也。

尔等莫思朕相反尔等，或压制尔等。尔等素知朕为太子时，曾帮助尔等。尔等当记忆辽东某官绅家，因家中一人奉教不祭祀祖宗，故起而与之为难，尔等求我助，而事得平息。现在朕既登皇位，朕唯一之本分，是为国家而治事。朕夙兴夜昧，且无暇晤会我皇子及皇后，终日所晋接者为朝廷当国钧之大臣。朕守制三年，未满服之前当如是，满服后可如前仍接见尔等。……（Lettres Èdifiantes，t. Ⅲ. p. 363；—de Mailla，Histoire de la Chine，t. Ⅺ，pp. 400.）

皇上言毕，显示严厉之面目而退，不令三司铎有致答之余地。雍正接见三司铎后，于是遂藉故严治苏努全家，所以苏努之案，雍正之仇教亦是一原因也。

教皇及葡王与雍正之使节　雍正难为圣教，严待教士之际，罗玛教皇本笃第十三世特遣加尔默罗会（Carme），鄂达尔（Gothard），伊尔方（Ildefonse）三修士，充作钦使，来至中国。三修士至广州后由官府一路保护，于一七二五年十月到北京。雍正优礼有加，并将留京之二十西士同召御前进见。钦使持有教皇玺书二通，一贺雍正登极之典礼，一谢先朝宠遇教士之隆情。教皇钦使，请弛教禁，并开释禁押在澳门之二西士，一名毕天祥（Appiani），一名计有纲（Guigues，宗主教铎罗之随员）。雍正答教皇之书，语多傲慢，而禁教如故。（De Mailla，Histoire de la Chine p. 430，et Huc，t. Ⅳ，pp. 39 seq.）

翌年即一七二六年末，葡王闻耶稣会士穆经远充军西宁，特遣使臣麦德乐（Alexandre Mettello-Souza-y Menezes）带随员八十至中国觐见雍正。舆服之美盛，礼物之珍奇，为中国前所未见。雍正召见二次，颇示优待；第一次在一七二七年五月二十八日，第二次为七月八日。葡使之来，原为请求中国皇上保护圣教，营救穆经远神父；但雍正虚与周旋，葡使虽居北京二月，而不能提及片语；且葡使未到京之前，先期遣人绞死穆神父（一七二六年八月十八日）。七月十六日葡使离京时，特赐人参缎匹瓷漆器纸墨字画绢镫扇扇香囊诸珍加赏使臣，旋命御史常保住伴送至澳门归国。（De Mailla, Histoire de la Chine, t. XI, pp. 446 sq. —Huc, t. IV, pp. 43.《国朝柔远记》卷三第二十三页）

语云：上有行者，下必有甚焉者矣；雍正难为圣教，各省官吏于是从而效尤，雍正八年五月（一七三〇年）浙江总督李卫奏毁杭州天主堂，改为天后宫，福建巡抚刘世明请禁民习天主教（《国朝柔远记》卷四第十四页）；两广总督则于一七三二年八月十八日得皇上之准，驱逐留居广州之三十五位教士于澳门，教士等于是月二十日起行，二十三日至澳，广州之圣堂至是被毁，教友被难，教士被逐；澳门之教士，告急在京教士，请求挽救；一七三三年公历一月十六日戴进贤上书陈情，为教士伸冤。皇上览奏后，于公历三月十八日传旨召见在京西士；雍正盛气厉色，谕之曰：汝辈西洋人何裨子我中国，彼寄居广州，被逐出境，乃理之当然，又何词之有？即汝辈在京，亦岂能久居耶？（Mailla, t. XI, pp. 494 sq.）

教士驱逐圣堂充公　雍正皇帝所兴起之教难既如上述；此教难也，较之沈漼杨光先等所发动之教难，更有甚者，因此次之教难是雍正所兴起者，雍正心存仇教，有灭此朝食之慨，且志坚意决，渐渐而进；必欲铲除之而后快。各省官吏又迎奉上意，驱逐教士，拆毁教堂，教堂或改公廨，或作书院，或变庙宇；如南京圣堂及教士住院之改作积谷仓，上海天主堂之改作关帝庙，杭州圣堂之改作天后宫是也；计当时全国天主堂约有三百，除若干圣堂教友代为保存者外，不数年而其余之堂尽行废灭；散布全国之教士，雍正二年尽数送居广州，其中三十七位系耶稣会士，四位主教，三位方济各会士，及若干多明我会士，至一七三二年留居广州之教士又逐至澳门。当时圣堂之得以保留者，惟北京之南堂，东堂，北堂，西堂而已。南堂前为利玛窦、汤若望所居之圣堂，有耶稣会住院；东堂即利类思清初自四川提到北京，居住之圣堂，北堂为法籍耶稣会士所居。当时在南堂东堂有十一位耶稣会司铎，五位辅理修士，在北堂有十一或十二位耶稣会士，辅理修士一位。西堂是在雍正时建造，专为传信部教士之圣堂。至雍正时在钦天监服务者有钦天监监正戴进贤，监副徐懋德；合计在京之神父有二十多位。夫雍正时教士不得安居内地，驱至广州澳门，而在京之教士得以安居供职而不受取缔，岂非徐文定公有远见之明，引进西士修历，以树其基础，至是而收获其效乎？雍正时全国教友有三十万，因教士被逐，悉如无牧之羊，无领圣事之便利，亦云苦矣。

乾隆之流血教难　雍正朝之圣教艰难已如上述，雍正于一七三五年十月七日（旧历八月二十三日）晚九时逝世；皇长子弘历即皇帝位于太和殿，以明年为乾隆元年，大赦天下。赦皇叔允禵允䄉，复苏努子孙宗籍，人心大快。巴多明戴进贤二司铎知新皇无仇教思想，拟上折奏，求弛教禁；奈为朝臣所阻，未得上达。后幸郎世宁修士供职内廷，得睹乾隆，因以面呈。然乾隆赋性仁弱，被左右所包围，终不能得护教之效也。

桑主教致命　在乾隆朝之教难，较在雍正朝，更多严重之性，盖有流血之致命也。首先致命者是多明我会士桑主教（Mgr. Sanz O. P.）与其四同会士。桑主教西班牙人，生于一六八〇年，一六九八年七月六日发大愿，一七一五年由马尼剌到中国，在福建传教，雍正二年被逐出境寄居广州，八年（一七三〇年）教皇简为代理福建主教,是年二月二十四日祝圣;十年被逐至澳门,令回西洋。一七三八年五月九日潜回福建;一七四六年在福安县行坚振,与同会四位神父费若望(Alcober)、德方济各(Serrano)、华若亚敬(Royo)、施方济各(Diaz)相会于某村,被奸徒告发,被捕解至省城;福建巡抚周学健素恶天主教,奏闻朝廷,请旨将主教即行正法;翌年四月部文发到,周学健即饬差役将主教提出,斩于西门外,时在一七四七年五月二十六日。四位神父则于次年致命,一八九三年四月十八日,教皇良第十三位立桑主教等于真福品。(Colombel, p. Ⅱ. L. Ⅷ. Chap. 3. p. 740; Huc, t Ⅳ, p. 108 sq.《天主教传行中国考》三百七十一页以下)

苏州谈黄二神父致命　多明我会士,天主赐以致命之荣冠;然天主对于耶稣会士亦未尝靳予之焉。桑主教致命后之翌年,在苏州即有黄安多(P. Henriquez)、谈方济(P. de Athemis)二司铎之致命是也。黄安多葡人,生于一七〇七年六月十三日,一七二七年随葡使麦德乐到中国;使命告竣回国时,于一七二七年耶稣圣诞瞻礼日入澳门耶稣会初学。一七三〇年正月遣至马尼剌攻读,计在该岛居八年,回澳门后,一七三七年派至江南传教,一七四四年九月任为江南耶稣会会长,又承方主教 Mgr Francois de Ste Rose de Viterbe, Franciscain, évêque de Nankin 擢为江南代牧。谈方济意人,生于一七〇七年七月二十八日,一七二五年十一月二十八日入耶稣会初学;一七四四年春起程来中国,是年九月十五日到澳门,翌年即遣至南京等处传教。

一七四七年十二月十一日谈神父在常熟弥撒后被捕,黄神父则于同年十二月二十一日在苏州胥门外被拘;二铎之捕拘,实因常熟一冷淡教友尤某者诬告之也。黄谈二神父被拘后,多次刑审,受苦万状,诬以谋反、犯奸二罪,均无证据;于是批决第三罪款即违禁传教之罪:“洋人散布邪说,煽惑良民,罪当绞死”奏闻。皇上批准苏抚之奏,着将二位神父绞死。二神父于一七四八年九月十二日在苏州绞死。与二神父牵连而刑审之教友亦甚多。其中最著者唐德光常熟人死于狱中,汪斐理歙县人出狱后即故世。苏州之致命神父与教友,盼望早日列入圣品。(《苏州致命纪略》,Colombel, Ⅱ. L. Ⅷ. p. Chap. Ⅲ.)

福州苏州既开致命之路,而各省之教难亦随之兴起。乾隆十九年(一七五四年)有五位耶稣会神父囚于南京。已定绞决在狱中,将及二年,卒蒙赦出,押解澳门,不准再来中国,五位司铎皆葡人,即郎若瑟(Araujo)、卫玛诺(de Viergas)、费德尼(Ferreira)、毕安当(Pires)、林若瑟(de Sylva)也。(Colombel Ⅱ. p. 775)

其他各省之教难 乾隆三十四年(一七六九年),北京谣言繁兴,谓教友用邪术乘夜剪人发辫,被剪者数日即死,此种谣言幸在京师不曾化大,然在湖北已大有其影响,在谷城县为尤甚;外教诬教友谋反,被捕之教友有一百五十人之多。四川有刘神父 Gleyo 监押八年之久(Huc, t. Ⅳ. p. 184.《天主教传行中国考》三百八十九页),幸北京傅作霖(felix de Rocha)神父奉旨赴金川绘图,路过成都,在四川总督前说情乃得开释,此乾隆四十三年事也。乾隆五十年,因四位方济各会士,由广东潜入内地将往陕西传教,在湖广被差役拘获,因而各省又教难大作,官府捕索教士,虐待教友,于是四川冯主教与李吴彭三神父,山西马吉主教,陕川高主教,山东四位神父,江西两位神父,广西一位神父,湖广石刘二位神父,其他别省神父教友等,或投官自首,或被逮捕,均解往北京;经部臣提审数次,请旨定永远监禁之罪;既而将中国神父七人,与教友十一人俱刺字于额,充发伊犁,另有教友三四十则枷号示众,然后开释;而西

洋教士十八人一律从宽释放；自此以后，十五六年间，无大风波。（《天主教传行中国考》三百九十三页）

乾隆一朝，圣教在各省受许多之教难，但在北京，教士则安居无事，且能宏宣圣教，毫无见阻。计乾隆初年在南堂东堂有十一位耶稣会士；在北堂有十位，华籍会士有四位。其中供职朝廷者，有钦天监监正戴进贤（Kogler），监副徐懋德（Pereira），嗣后继戴进贤者有刘松龄（Hallersteni）、鲍友管（Gogeisl）、高慎思（d'Espinha）、索德超（d'Almeida）等。郎世宁（Castiglione）在内廷绘画，林济各（Stadlin）为表匠，罗怀忠（da Costa）为药师，安泰（Rousset）为御医，乾隆之重视教士，可见一斑。至论教务，一七四三年，在北京有四万教友，每年成人之付洗近一千。乾隆时在各省亦有教士潜入，宣传圣教，在湖广有十位左右，一七四六年有教友八千。在江南，教士传教似较他省便易，因有许多河港可以以船为家隐匿其中也。当教难危急之时，所赖以施行圣事，扶助教士信德者，中国神父之力居多，其中尤以何天章、龚尚贤、樊守义、程儒良、罗秉中、高若望、陈圣修、沈东行诸人为最著。乾隆时之教难与雍正时有不同之诸点，雍正难为圣教，不过驱逐教士出国，发往澳门；乾隆则不特禁以监狱，且施以刀锯也；雍正严酷苛细，综核名实，臣下不敢擅作威武；乾隆帝则赋性仁弱，优柔寡断，大权未免旁落；故当时之教难大抵皆由官吏主持之也。

嘉庆朝北京之传教情形　乾隆六十年，皇上以在位周甲，乃禅位于太子永琰。以明年为嘉庆元年。嘉庆不识西士，不爱西学，而难为圣教一秉前朝之故智。嘉庆朝有一大变故，即耶稣会解散后，而钦天监之职务由味增爵会士福文高（Ferreira）、李供辰（Réberio）、毕学源（Pires）、高守谦（Serra）等接补。道光十七年高守谦辞职回西洋，从此钦天监不复用西人；徐文定公引进在钦天监服务之教士至是告终。而北京之圣堂亦迭遭灾祸：东堂建自利类思，嘉庆十二年（一八〇七年）毁于火，计是堂历一百五十九年。西堂建于雍正初，十六年（一八一一年）被毁，北堂在禁城内，康熙时奉旨敕建，自乾隆五十年（一七八五年）味增爵会士接管后，不数年后只剩高守谦一人，乃徙居南堂，而北堂遂被仇教大臣拆毁变卖。计自康熙至是时，圣堂历一百三十四年（咸丰时法兵进京，此堂又重建）。南堂自利玛窦初建，毕学源主教居南堂（一八三八年），逝世之前将南堂之地契等，托俄国魏某（Archimandrite Russe）保管，故道光十八年虽满清欲将南堂封禁入官而不致实现；咸丰十年（一八六〇年）乃重行修理（《燕京开教记》下篇，《天主教传行中国考》三百九十六页以下 Colombel，L. 9.）毕主教故世后，北京无西教士，教务惟有中国神父主持。

自乾隆五十年之教难后，圣教相安无事者多年，嘉庆十年（一八〇五年）又有一道禁教之上谕，其禁教之原因，因御史蔡维钰奏请严禁西洋人刻书传教而起，又因拘获广东民陈若望私代西洋人德天赐（奥思定会士）递送书信地图至澳门转送西洋，疑为教士勾串外国，谋据中国土地。其结果德公被拿革职（奉宸苑卿），发往热河，永远监禁；送信之陈若望与北京教友十多名则发往伊犁，给厄鲁特为奴，又将中文书籍三十一种悉数销毁。（《天主教传行中国考》三百九十九页，《国朝柔远记》六卷）

嘉庆二十年（一八一五年）九月十四日四川成都有徐主教 Mgr. Dufresse 之致命；历嘉道咸三朝，中国司铎教友之致命者其数甚多，而列入真福品者有赵奥斯定神父等二十一位；一八四〇年九月十一日，湖北又有真福董神父 Bx. Perboyre 之致命；其他致命者已有专传，不多述矣。

耶稣会之取消　雍正乾隆二朝虽圣教遭多艰难，然终未能比耶稣会之解散，为中国圣教所遭打击之更巨更重也。

先是在欧洲，葡萄牙，法兰西，西班牙分别取缔耶稣会后，葡国在澳门于一七六二年七月五日亦即捕逮耶稣会士。当时在澳门耶稣会有三住院，一为圣保禄学院为日本传教士之中心点；一为圣若瑟学院专为中国之传教士，以弥补南京，杭州，广州之学院也；除此二院外，有法籍耶稣会士寓居于圣保禄学院；三院会士共二十四人。七月五日天未明，葡总督遣兵捕圣保禄学院会士，囚诸多明我会院，捕圣若瑟学院会士囚诸方济各会院，继又押解至多明我会院。一七六二年十一月五日，押遣回葡国。（Colombel p. 803.）至在北京之外籍耶稣会士九人，及十五位华籍会士均得幸免。（Colombel p. 813,819.）

一七七三年七月二十一日，教皇格来孟第十四出谕正式解散耶稣会；此谕于一七七五年方至中国，中国耶稣会乃于是年解散；此时在北京会士十七人，江南三人，湖广六人，广州一人，华籍耶稣会士十一人尚未在其内。（P. de la Servière, Anc. Mïssions de Cie de Jésus en Chine p. 70— Colombel, p. 844.）为代替耶稣会之传教士，罗玛传信部因法王类思第十六之请求（一七八三年十二月七日），遣味增爵会士来至中国，一七八五年四月二十九日三位教士到北京；接收北堂，尚有留居在京之耶稣会士亦寓于此，为味增爵会士之寓客焉。当时在各省传教，已解散之耶稣会士，湖广、河南、江西尚有几人，继续工作；其中最著名者为南怀仁主教（Laimbeckhoven）。南主教奥国人，一七五二年升为南京主教，一七六〇年到江南传教，计二十七年，另在上海苏州一带宣传福音，一七八七年五月二十二日安逝于浦东之汤家巷，葬于苏州之白鹤山。除此南主教外，在我江苏上海一带有名之耶稣会士为华籍之姚若翰，崇明茅家镇之会口是姚公手创之也,卒于一七九六年。

综上观之:雍乾嘉道之时代,为中国天主教史上最悲惨之时代;圣教遭难,约历一百五十年之久,教士隐迹,教友避难,不敢公然行敬礼天主之事。然天主上智保护吾中国人之信德,使从艰苦困难中得来之信光不致消灭也。今吾人幸生于圣教传扬之际,缅被吾列祖列宗在乱世而勇敢承认是耶稣基利斯督之门徒,岂不能加增吾人之信德者哉。

第十章 中国天主教史

——自鸦片战争至今日

耶稣会士重来江南 十八世纪之中国圣教，历雍乾嘉道，在一百多年之中，常遭艰难，无时或息。一七七五年十一月十五日，不幸在中国传教之耶稣会又奉罗玛命解散；中国教务又遭一重大之打击；然物极则反，理之常也，一八一四年耶稣会在欧洲重行恢复，吾中国于是有复请耶稣会士来华之运动，中国传教史，在十九世纪之初叶，乃有一线曙光之出显矣。

此曙光之发现，已在一八三二年四月二十五日，北京教友致书于耶稣会总长劳达（T. R. P. Roothaan）请求追回会士到华传教为始；彼等以为耶稣会士为神学家，又是传教士，重来中国，当能振兴中国之教务。过二年，一八三四年五月十八日总长复函，谓：中国教友之不忘耶稣会士，深为感激，会士亦不忘中国之传教事云。一八三三年圣神降临瞻礼日，北京教友又上书罗玛教皇额我略第十六请求耶稣会士之重来，谓中国缺少教士，教务停顿，恳赐允准，遣回会士。同年八月二十四日，河南，湖北，陕西，山西等省教友，有同样之请求，致书劳达总长；然吾江南教友亦不让人美，亦连名上书耶稣会总长；一八三九年八月又上书求教皇额我略第十六，准遣耶稣会士，连名共署者有九十八人之多。先是一八三七年，江南教友，有杜姓者，圣名保禄，前在澳门修院读书，出院后充堂中司事，每年到澳门，代取传教士之常年经费；闻罗公伯济（Mgr de Bési，公意人，一八三四年至澳门）新由罗玛来华，误认为耶稣会士，回到江南后，随处遍告教友；江南教友一闻此讯，喜不自胜，乃由王若望张西满二华铎领衔，缮呈请愿书于北京主教毕学源（Mgr Pires Pereira）恳派罗公为江南副牧，代理江南教务；毕公准之，此为一八三八年十月一日事。罗公奉命于一八三八年及一八三九年冬春之间由湖广到江南。一八四〇年一月，教皇额我略授罗公伯济为山东代牧，兼管江南教务，其所辖之区域有山东河南江苏安徽四省。

罗主教既到江南，知江南教友企望耶稣会士之重来，甚为赞助。传信部长枢机勿郎沙尼（Fransoni）于一八四〇年一月十三日，报告耶稣会总长罗伯济为山东主教兼理江南教务，并请遣派会士前往助理等情。是月十六日，总长接受传信部之请求，即选派会士来华。被选者，乃法国巴黎省之南格禄司铎（Gotteland）。时南公方卒试将毕，于一八四〇年夏受命整备起行，同时被选者有艾方济（Estève）、李秀芳（Brueyre），一行三人。三人于一八四一年四月二十日乘轮东来，翌年七月十一日到上海，罗主教表示极大之欢迎。

当南公之至江南也，江南教务之状况亦有可述者在。自利玛窦入中国传教，以迄耶稣会之解散（一七七五年）在江南传教者，悉为耶稣会士；时中国耶稣会省长，驻在北京。一六七四至一六九〇年统理江南传教事务者，仅为代牧主教。一六九〇年教皇亚立山第八世，升江南主教为南京主教，属印度卧亚府总主教权下，葡萄牙国有保护中国天主教之权利。一六九六年，教皇意诺增爵第十二世合河南江南两省同属一主教管理。一七七五年耶稣会取消时，南京主教为耶稣会士南怀仁（Laimbekhoven），时襄理主教管理教务者仅中国司铎一人，教友有三万多人。南主教殁于一七八七年，殁前曾祝圣四位中国司铎。自南公殁后，以迄耶稣会士回至江南，其间五十多年，江南之教务由数位中国司铎及北京与澳门遣来之味增爵会司铎共相维持，共计十一位，内法籍之味增爵会士二人，华人入法国味增爵会者亦二人，一为杨安德司铎直隶人，一为陈保禄司铎蒙古人；尚有二人进葡国味增爵会者：一为金保禄司铎，一为沈玛窦司铎，其余中国司铎皆为澳门葡国味增爵会所培成者也。其后法籍味增爵会士离江南而至直隶，杨陈二司铎亦随之而去，其余中国司铎则仍留江南。一八四一年江南共有大小圣堂四百处；教友有四万八千左右；较之一六六三年，江南教友有五万五千一百人，上海有四万人比之，逊色多多矣。（以上均参观 P. de la Servière, Histoire de la Mission du Kian-Nan t. Ⅰ. Chap. 7, 2, 3. 及《圣教杂志》第十年第三第四期《江南教务近代史》）。

中国与列强结约开教禁　当南格禄司铎到华之年，正我国与英国有鸦片战争，开始于道光二十年（一八四〇年），结局于二十二年，中国完全失败，与英吉利结《南京条约》，割地（香港）赔款（二千一百万银元），开放广州、厦门、福州、宁波、上海为通商港口，打破中国闭关锁港之局，而成门户洞开之势，实为近世中国政局变动之一大造端也。因此变动而在中国天主教之处境，亦遂之改良，盖宣传圣教，载在约章，而中国政府正式许可之也。英约：

> 耶稣天主教原系为善之道，自后有传教者来至中国，一体保护。

美法二国见英国与我结约，援利益均沾之说，美国于道光二十四年（一八四四年）亦与中国缔结条约，法国亦于道光同年得准海口设立天主教堂，华人入教者听之上谕，且允准归还充公之圣堂等；

此即两广总督耆英与法公使拉格来南(Mr Lagrené)所订之《黄埔条约》也。咸丰八年英法联军北上,缔结《天津条约》,英约第八款:

> 耶稣圣教暨天主教原系为善之道,待人如己,自后凡有传授习学者,一体保护,其安分无过,中国官毫不得刻待禁阻。

美国亦结条约,其第二十九款关于传教事曰:

> 耶稣基督圣教又名天主教原为劝人行善,凡欲人施诸己者,亦如是施于人。嗣后所有安分传教习教之人,当一体矜恤保护,不可欺侮凌虐;凡有遵照教规安分传习者,他人毋得骚扰。

法国条约,其第十三款,关于天主教曰:

> 天主教原以劝人行善为本,凡奉教之人皆全获保身家,其会同礼拜诵经等事概听其便;凡按第八款备有盖印执照安然入内地传教之人,地方官务必厚待保护,凡中国人愿信奉天主教而循规蹈矩者,毫无查禁,皆免惩治,向来所有或刻或守奉禁天主教各明文无论何处概行宽免。

咸丰十年又法续约第六款:

> 应如道光二十六年正月二十五日,上谕即颁示天下黎民,任各处军民人等传习天主教会合讲道建堂礼拜且将滥行查拿者,予以应得处分;又将前谋害天主教之时所充之天主堂学堂

茔坟田土房等件应贴还交法国驻扎京师之钦差大臣，转交该处奉教之人，并任法国传教士在各省租买田地建造自便。

发还充公之圣堂　因上条约天主教之在中国可谓入一新时代矣。盖自雍正登极（一七二三年），艰难圣教，安置教士于澳门，改天主堂为公廨，天主教已禁令传扬之矣。及乾隆即位，而更变本加厉，教士教友之遭难者，不止一起；至嘉庆朝（一八〇五年）且禁教士刻书传教；中国人不得入天主教。至是教士可以建堂传教，华人可以入教敬主，昔日充公之圣堂，可以发还教士；道光二十六年正月二十五日上谕曰："前据耆英等奏学习天主教为善之人，请免治罪；其设立供奉处所，会同礼拜，供十字架图像，诵经讲说，毋庸查禁。……所有康熙年间各省旧建之天主堂，除改为庙宇民居毋庸查办外，其原有旧房屋各勘明确实，准其结还该处奉教之人。……"同治九年刑部删去传教治罪旧例，续纂新例曰：凡奉天主教之人其会同礼拜诵经等事概听其便，皆免查禁：于是内地传教之禁尽弛矣。（《教务纪略》，康雍乾道咸同条约，萧一山《清代通史》中册，陈恭禄《中国近代史》上册）

因道光之上谕，及咸丰十年法国条约，令还充公之圣堂，而于是各省天主堂得以收还；上海南门之圣墓堂及老天主堂皆于此时归还原主，北京之南堂得行启封，举行圣祭，其他各省亦有收还圣堂之事，兹不多赘。

教案　惟自咸同时起，有所谓教案之发生，随处而有，开始于咸丰六年，广西西林县之惨杀法国教士马奥斯定；八年、十一年及同治元年贵州为义而致命之教友多人。继而四川酉阳州之杀毙教士，焚毁教堂（同治七年末一八六八年），贵州遵义府之仇教风波

(同治八年),安徽建平宣城宁国广德教堂之遭打毁(光绪二年),天津仁慈堂之横遭焚杀(同治九年),湖南湘潭衡州及江西南昌教堂之被毁(同治元年),他若河南、广东、湖北、直隶、陕西、山东、江苏等省均有教堂拆毁,教友被害等事情之发生;而为祸之最烈最惨者是庚子拳匪之祸。

原教案之发生,由于双方之误会,彼此之隔膜,愚民无知,妄听谣言,而祸患起矣。其攻击天主教最大之理由谓天主堂收买婴儿,挖眼剖心,作为药材,又称教堂诱污妇女,拐骗丁口,又诬以剪辫取魂致人死命,《中西纪事》钞引梁章钜所著之《浪迹丛谈》曰:

> 自西洋人设立天主堂,细民有归教者,必先自斧其祖先神主及五祀神位,而后主教者受之,名曰吃教,按名与白银四两。……有疾病不得如常医药,必其教中人来施针灸,妇女亦裸体受治。死时主人遣来敛,尽驱死者血属,无一人在前,方临门行敛;敛毕,以膏药二纸掩尸目,后裹以红布囊日衣胞,纫其顶以入棺,或曰借敛事以刳死人睛,作炼银药。……又能制物为裸妇人,肌肤、骸骨、耳口、齿舌、阴窍无一不具,初折叠如衣物,以气吹之,则柔软温暖如美人,可拥以交接如道。其巧而丧心有如此。(参考陈恭禄《中国近代史》上卷二九二,下卷四九一。)

《辟邪纪实》书中所捏造之事更荒谬绝伦,不屑一述。陈恭禄《中国近代史》(上卷二九二页)中曰:"……今自吾观之,无异于痴人说梦,徒供一笑而已。吾人明了教会之性质,教士之工作,取睛炼银之说,不合于科学,事实上且不可能,故不之信。时人知识幼稚，闻之不察，信以为真，无怪其仇视教士，而欲焚毁教堂”。

拳祸者愚民排外心理兴起之战祸也；其排外之故，由于列强之侵略中国，及藉教案以压迫中国也。拳匪初起于山东，蔓延至直隶，不久遍于津京，到处设坛立拳，焚教堂，戕教民，攻使馆，政府纵容之，而祸遂大作矣。八国联军进京，两宫西奔，卒结辛丑约而终局。

要而论之：自鸦片战争以后，弛教禁，许教士入内地传教，购地造堂；但不见谅于一般民众，猜疑丛生，因猜疑而仇恨，而仇教。无聊文人又推波助澜，著书立说，诬天主教以种种不法事情，民众轻信浮言而闹教起矣。及教案发生，官吏有不肯秉公办理者，教友有仗势以凌人者，教士有被蒙蔽而干涉讼事者，列强则有利用教案而侵占中国权利者。故教案者实为民教之不幸事件，而吾天主教固清洁自守，而不知已被人嫁祸而蒙其害矣。

中国传教区域之发展　自鸦片战争后，中国传教事业有极大之进步，而教会内部之组织，亦日益精密。先是于一六五八年，南京设立宗座代牧区，康熙三十五年（一六九六年），教皇意诺增爵第十二世又简派十二位主教，管理中国十二区教务，然因葡国争权，未得一一实行。故在实际上，仍仅有罗玛宗座与葡国政府于一六九〇年，同意议定之澳门、南京、北京三主教区耳；此三主教座由葡国建立而维持。一八四六至一八五六年，因教务进展之迅速，罗玛教皇又增加陕西、山西、山东、湖广、江西、云南、香港、高丽代牧主教区（《圣教杂志》第十八年第七期四页）；一八七九年，教皇良第十三分中国为五大传教区域。第一区域中，有直隶、辽东（满东）、蒙古。第二区域中，有山东、陕西、河南、甘肃。第三区域中，有湖南、湖北、浙江、江西、江南。第四区域中，有四川、云南、贵州、西藏。第五区域中，有广东、广西、香港、福建。（《圣教杂志》第十三年第七期公会议专号十五页)。每区域中有许多之代牧主教,自不待言焉。一九二四年全国主教在上海公会议,议定将全国教区分十七大区域;蒙古为第一区域,东三省为第二区域,河北为第三区域,山东为第四区域,山西为第五区域,陕西为第六区域,甘肃为第七区域,江苏安徽为第八区域,河南为第九区域,四川为第十区域,湖北为第十一区域,湖南为第十二区域,江西为第十三区域,浙江为第十四区域,福建为第十五区域,广东为第十六区域,贵州、广西、云南为第十七区域。又一九二七年,分江苏、安徽为二区域,贵州、广西、云南分为三区域,故现在共有二十区域。每区域中分有许多代牧区,截至一九三六年末,全国有一本主教区(澳门),八十五个代牧区,三十六个监牧区,七个自立区,共计一百二十九个教区(中华全国教务统计一九三七)。回溯一八〇〇年,仅有六教区,一八四四年有十区,一八六五年有二十二教区,一九二〇年有五十二教区,一九二六年有七十六教区,一九三〇年有一百教区,一九三三年有一百二十教区;其进步之速,诚有不可限量者。(德礼贤《中国天主教传教史》一一六页)

教士之增加 至论传教士,一八〇〇年有二位主教,四位外籍教士,十六位国籍教士,管理二七〇〇〇教友;一八四二年,耶稣会士重来吾国时,在江南教务最发达之处,仅有十一位司铎,北京亦不过两三位。惟从此时起,传教士之数目,日有增加:一九〇三年—一九〇四年间,外籍教士有一一一〇,本籍有五三四。一九一九—一九二〇年间,外籍有一四一七,本籍有九六三。一九二八—一九二九年间,外籍有二〇五一,本籍有一五六三。一九三六年,外籍有二七一七,本籍有一八三五。

上述之四五五二位中外教士,均分隶于二十六个修会:一会外神职班(Clergé séculier)圣奥斯定会(Augustiniens,一六八〇年来华),重整圣奥斯定会(Augustiniens récollets,一九二八年来华),圣多明我会(Dominicains,一六三一年来华),巴尔玛圣奥斯定会(Société St-François X. de Parme,一九〇四年来华),圣方济各嘉布会(FF. Mineurs de St-François Capucins,一九二六年来华),圣方济各住院会(FF. Mineurs Conventuels,一九二六年来华),圣方济各会(FF. Mineurs Franciscains,元时第一次来华,第二次一六三三年),密良外方传教会(Institut Pontifical des M. E,一八一五年来华),耶稣会(Jésuites,一五六二年在澳门立住院一五八三年到肇庆),巴黎外方传教会(Miss-Etrangères de Paris,一六八二年来华),遣使会(Lazaristes,一七八五年来华),白冷外方传教会(Missions Etrangères de Bethléem,一九二六年来华),圣高隆庞外方传教会(Miss-Etrang. de St Colomban,一九二〇年来华),玛利诺外方传教会(Miss-Etrang. de Maryknoll,一九一八年来华),甘倍克外方传教会(Miss-Etrang. de Québec,一九二五年来华),苦难会(Passionistes,一九二一年来华),圣心司铎会(Prêtres du S. C. de Jésus (Betharram),一九二二年来华),Missionnaires du S. C. de Jésus (Issoudum,一九一七年来华),比布斯二心会(Soc. des SS. CC. de J. et M. (Pipous),一九二二年来华),慈幼会(Salèsiens de St Jean Bosco,一九〇二年来华),救世主会(Salvatoriens,一九二三年来华),Mission de Chine de Scarboro Bluffs(一九二五年来华),圣母玛利亚圣心会(Congrég. de Scheut CC. I. C. M.,一八六五年来华),圣言会(Congrég. du Verbe Divin de Steyl,一八七九年来华),印五伤司铎会(Prêtres des Saints-Stigmates,一九二五年来华)。

此外在四川顺庆西山之本笃会(一九二六年来华),四川打箭炉之奥斯定常律会士(Chanoines réguliers de St-Augustin,一九三三年来华)，宣化之西都会(Cisterciens，一八八三年来华)，以及主徒会(一九三〇年创立)，赎世主会(Rédemptoristes，一九二八年来华)，圣若翰保弟斯大小兄弟会(一九二八年创立)等等，均为传教之一支生力军也。

有此大批之中西传教士宣传圣教，教友之数于是日见增加。一八〇〇年，全国教友数为二十万，阅五十年，即一八五〇年增至三十二万，再阅五十年，即在一九〇〇年又增一半而强，全国教友有七十四万一千五百六十二人。一九〇七年增至一百〇三万八千人；一九二一年教友数为二百〇五万六千三百三十人；一九三七年终竟至三百万弱；共计二九三一四七五人。

教皇本笃第十五世及庇护第十一世关于中国传教之二通牒

近三十年来，中国之传教事业，固有显著之进步，然有一事，足在中国圣教史上，开一新纪元者，即吾中国司铎，荣升代牧主教而有管理一教区之神权也。国籍主教本是平常之事，因为天主教传至何国，即当以该国之人培植为司铎，为主教，使之管理教务，施行圣事；圣教会传教之最后宗旨，是为此耳。但在吾国，圣教自明末传入后，经过三百年长时期之整备，而此传教之宗旨，方始实现，此所以谓开一新纪元也。

此新纪元曙光之出现，允为教皇本笃第十五世为始；即一九一九年，教皇特派光大司牧巡阅中国教务，为其第一步之整备；继于同年十一月三十日，有“至大至圣之任务”通牒(Maximum illud，通牒见《圣教杂志》第十八卷第三期以下)发表，此为罗玛宗座宣示关于中国传教之新计划也。不幸本笃逝世，此传教之新计划乃留诸教皇庇护第十一世继续执行；庇护则萧规曹随，实行前教皇未竟之志愿，即于一九二二年遣刚总主教至吾国为驻华罗玛宗座代表，以总成中国教务。一九二三年十二月十二日立湖北蒲圻为国籍宗座监牧区,选成和德为监牧;翌年四月十五日,又立河北安国为第二国籍宗座监牧区,选孙德桢为监牧。是年五月十五日至六月十二日又在上海召集全国主教公议,统筹全国教务。一九二六年二月二十八日,教皇又发表推广传教之通牒 Rerum Ecclesiæ(见《圣教杂志》第十七卷第十期以下)与本笃之通牒,后先媲美。同年六月十五日又有 Ab ipsis pontificatus primordiis 新通谕致中国各教区之主教(见《圣教杂志》第十八卷)。又于是年十月二十八日教皇在罗玛大堂亲自祝圣第一批六位中国主教:即河北蠡县(今改安国)孙德桢主教,湖北蒲圻成和德主教,河北宣化赵怀义主教,山西汾阳陈国砥主教,浙江台州胡若山主教,及江苏海门朱开敏主教。一九三三年六月十一日教皇又在罗玛祝圣第二批三位国籍主教,即河北集宁樊恒安主教,永年崔守恂主教,及四川雅州李容兆主教。截至一九三六年终,计全国有十三国籍宗座代牧区,及十宗座监牧区;至是而中国之圣教会,可谓已奠其基础。

天主教之女修会　天主教之宣传,固恃中外之传教士,然有许多慈善教育等事业,端要辅助人员,辅助之者于是有中西之女修会。修女均专心修己成人,发有神贫,听命,贞洁,三愿服事天主,为人类尽义务者也。外籍之修女,来自欧美各国,及到吾国,亦有许多吾国女子入其修会者;除此外,又有不少女修会为各教区主教等所创办,专为中国守贞不嫁之女子而立;今将中西之女修会列表如下:

外籍修女会(但亦有吾国女士入此会者)

仁爱会	Sisters of Charity	一八四二年来华

圣保禄雅脱女修会 Sisters of St. Paul de Chartres

一八四八年来华

加诺萨女修会 Canossian Sisters 一八六〇年来华

拯亡会 Helpers of the Holy Souls 一八六七年来华

包底欧上智会 Portieux Sisters of Providence

一八七五年来华

方济各圣母传教会 Franciscan Missionaries of Mary

一八八六年来华

多明我女修会 Dominican Sisters 一八八九年来华

圣衣会 Calmers 一八六九年来华

安老会 Littels Sisters of the Poor 一九〇四年来华

圣神婢女会 The Servants of the Holy Ghost

一九〇五年来华

加拿大圣母始孕无玷会 The Missionary Sisters of the Immaculate Conception of Canada 一九〇九年来华

埃及方济各女修会 The Franciscan Missionary Sisters of Egypt 一九一〇年来华

玛利诺多明我外方传教女修会 The Maryknoll Foreign Mission Sisters of St Dominic 一九二〇年来华

山林圣玛利亚会 St Mary of-the-woods 一九二〇年来华

上智会修女 The Sisters of Providence 一九二〇年来华

包勒杜玛利若瑟会 Bois-le-duc, Daughters of Mary and Joseph 一九二二年来华

勒奶维尔天神母后会 Sisters of Notre-Dame des Anges

一九二二年来华

圣若瑟小娣妹会 The Little Sisters of St Joseph

一九二二年来华

罗玛圣乌苏拉会　St Ursula　一九二二年来华

罗玛联合会　St Roman Union　一九二二年来华

南林劳莱笃会　Merinx, Sisters of Loretto of the foot of the Cross　一九二三年来华

圣母进教之佑会　Nizza Monferrato, Daughters of Mary Auxiliatrix　一九二三年来华

奥斯定传教修院　Missionary Canon Nuns of St Augustin　一九二三年来华

加拿大宝血会　The Adorer Sisters of the Precious Blood　一九二四年来华

奥斯定第三会教学修女会　Logrono, The Teaching Sisters of the Third Order of St Augustin　一九二五年来华

吾主仁爱会　Convent Station N. S. Sisters of Charity　一九二五年来华

方济各会服务医院会　The Hospital Sisters of St-Francis, Springfield.　一九二五年来华

圣高隆庞传教修女会　The Missionary Sisters of St-Columban　一九二六年来华

美国毕资圣若瑟修女会　Sisters of St-Joseph Pittsburg　一九二六年来华

圣母赎掳会传教修女 Missionary Sisters of Mercy　一九二六年来华

加罗萨圣母会　Sisters of Our Lady of Kaloksa　一九二六年来华

耶稣圣心会　Religious Sisters of the Sacred-Heart　一九二六年来华

救世主修女　Salvatorian Sisters　一九二六年来华

巴尔玛乌苏拉圣心会修女　Ursuline Sisters of the Sacred-Heart of parma　一九二七年来华

卢森保方济各第三会仁爱会　Luxemburg Sisters of Mercy　一九二七年来华

奥斯定重整会修女　Recollect Sisters of St-Augustine　一九二八年来华

永久朝拜方济各会修女　Franciscan Sisters of Perpetual Adoration　一九二八年来华

美国沃梅洼州若瑟山仁爱修女会　Mount St-Joseph, Ohio　一九二九年来华

圣十字架修女会　Sisters of the Holy Cross　一九二九年来华

巴伐利亚圣方济各沙拉诺会修女　Sisters of St-Francis-Solano　一九二九年来华

奈缪圣母修女会　Sisters of N. -D. de Namur　一九二九年来华

美国本笃会修女　American Benedictine Sisters　一九三〇年来华

嘉布遣会第三会圣家会　The Third Order Capuchin Nuns of the Holy Family　一九三〇年来华

门斯德圣母始孕无玷会修女　Sisters of the Immaculate Conception of Münster.　一九三一年来华

耶稣孝女会　Daughters of Jesus　一九三一年来华

善牧会　Sisters of Bon-Pasteur　一九三一年来华

（录自德礼贤《中国天主教传教史》十四节）

国籍修女会

献堂会	上海	一八五五年创立
圣母圣心会	吉林	一八五八年创立
耶稣宝血会	香港	一八六〇年创立
若瑟会	北京	一八七二年创立
方济各第三会	湖北老河口	一八八〇年创立
若瑟会	正定	一八八〇年创立
拯灵会	宁波	一八九二年创立
圣母无原罪会	热河	一八九四年创立
圣妇亚纳会	吉安	一八九七年创立
圣母无原罪会	广州	一八九八年创立
圣母会	永年	一九〇一年创立
圣家会	南宁	一九〇三年创立
圣方济各第三会圣婴会	宜昌	一九〇五年创立
圣母善导会	南昌	一九〇七年创立
圣家会	兖州	一九一〇年创立
圣心会	重庆	一九一〇年创立
圣道贞女会	叙州	一九一三年创立
圣母圣心会	奉天	一九一三年创立
圣心女儿会	杭州	一九一四年创立
圣心院	贵阳	一九一五年创立
圣方济第三会训蒙院	汉口	一九一七年创立
圣母无原罪会	南阳	一九二〇年创立
耶稣圣心之圣方济各第三修女会	西安	一九二二年创立
善导修女会	汉中	一九二二年创立

贞女传信教授会	太原	一九二四年创立
圣女婴孩耶稣德肋撒会	宁夏	一九二六年创立
圣母会及无原罪会	广西北海	一九二七年创立
传信协助会	兖州	一九二八年创立
圣若瑟善功会	武昌	一九二九年创立
宝血会	汉中	一九二九年创立
圣母传教会	烟台	一九二九年创立
德来会	安国	一九二九年创立
献堂修女会	集宁	一九三〇年创立
婴仿会	江苏海门	一九三一年创立
圣家女修会	兰州	一九三一年创立
圣母救亡会	献县	一九三二年创立
圣神修女会	永年	一九三二年创立
玛利亚亚松大圣方济各第三修女会	衡州	一九三三年创立
传教贞女会	常德	一九三三年创立

(见德礼贤同上书十五节)

修道院　传教之宗旨是在导引外教人进入耶稣基利斯督之圣栈;要得到此宗旨,须建立修道院,栽培本地之传教人才,在中国之传教士亦早注意于此,最初入中国之传教士,是耶稣会士,耶稣会士于一五八三年到肇庆后,即于一五九一年收钟鸣仁黄明沙二修士入耶稣会,中国人入会修道者此为最早;厥后时有入会,无间断;中国耶稣会士第一晋升司铎者是郑玛诺,郑公同卫匡国(Martin Martini)神父到罗玛,进耶稣会,一六七一年回至中国,在北京传教,不幸短命,一六七三年即逝世。(Pfister, NO. 141.)一七五四年在中国四十八位耶稣会士中,计有中国司铎十位,读书修士二位;一七七三年左右,有十五位司铎。统计自一五八一至一七八〇年二世纪中,在中国耶稣会士有四百五十六位(司铎及助理会士),其中共有八十一位中国耶稣会士,内四十八位系司铎。(P. D'Elia, Catholic Native Episcopacy in China, p. 46.)

一七七三年,耶稣会在中国被解散,遣使会来吾国,接管耶稣会传教事务,该会自一六九七至一八四四年收入进会者计有六十位,其中五十八位登受铎品。又从一七三一至一八八五年,计法籍遣使会有一百五十位,国籍司铎有八十二位(Catalogue des Prêtres, Clercs et Frères de la Congrégation de la Mission depuis 1697, Pékin 1911; 2e édit. 1936)。其他中国教士尚多,不多赘,已可见教士之热心栽培中国传教人才矣。

至论栽培修生之方法,其在北京之耶稣会士主张收纳有德学经验之中年人,免以拉丁,以中文译成圣教礼节,圣教经文,及为一司铎施行圣事当知当习之一切经书,请求教皇准用"中国礼节"。以为如是,则华人之晋升司铎者,必易且多,而传教之效验必宏且大也。教皇保禄第五世于一六一五年三月二十日曾降旨明准;然卒不施之于事。(《圣教杂志》第五期二六七页)

在澳门之耶稣会士则不赞成此法,要收集年幼之人,自小教以拉丁文,以培植西国修生之法,以培植之。此法亦不得北京耶稣会士之同意。试听柏应理司铎于一六八四年所发表之言曰:澳门南昌修院专收年幼子弟,经七十年之经验,耗财劳神,所培成之优秀生仅六七人收入耶稣会为辅理修士;然其工作出俸金以雇人为之,亦能得相同之效验也。(Acta Sanctorum (Bollandistes), t. Ⅶ Maii, p. 127)。间于二法之中,耶稣会士亦曾收录在社会上已有名望之人，教以拉丁文，及神哲学，历六七年而即升登铎品，为荣主救灵，且作一番事业者；如吴渔山（五十七岁）、万其渊（五十四岁）、刘蕴德（六十岁）等。

耶稣会士对于栽培修生，既得许多可贵之经验，及圣教已传扬多省，教友日增，信德日固之际，正拟创立修院以养成传教士，不幸耶稣会在中国被取消解散（一七七三年），而其目的不可达到。

巴黎外方传教会来至中国，感觉教士之不敷传教，乃有创立修院之定议。其第一修院，立在暹罗京城亚余底亚（Ayuthia），专收东方各国之修生，如中国、印度、日本、安南、暹罗等是也。约在一六八二年间，来自各地者有修生三十九，中国惟有一人。此修院因时局不靖，迁至安南，继又于一七七〇年迁至印度之蓬的血连（Pondichéry）；然因该地天气炎热，他国人不习居住，不久中国人甚多，几可谓清一色的中国修院矣。卒又迁至槟榔屿，一八〇五年该院已有中国修生。（P. D'Elia, Catholic Native Episcopacy in China, pp. 39—42.）

味增爵会士（即遣使会）自耶稣会解散，接办其事业后，在澳门修道院亦竭力培植修生，十九世纪初叶，在澳门培成之司铎有三十多位。溯耶稣会未解散前，在澳门有二修院，一为圣保禄修院由葡籍会士主管，一为若瑟修院为法籍会士办理。又一七三二年，意国教士李葩（华名马国贤，Matteo Ripa），在意拿玻理城创立圣家修院，为培植华籍传教士；李公在康熙朝，供职内廷，及康熙卒，于一七二三年率领中国修生四人返意国，而立此修院焉。在此修院培成者有一百多位华籍教士；修院于一八八八年十二月二十七日被意国法律封闭。（P. de Moidrey, Clergé Chinois du Kiangnan, p. 3.）

自十九世纪初叶，圣教开幕一新纪元，以至今日，传教之进步，诚有一日千里之概，已如上言矣。及民国成立，政治一新，而民智亦日益开通，便利于传教，诚非浅鲜。今国民政府列入信仰自由于宪法之中，而天主教在宪法上，乃有其保障。至在吾天主教之内部，当今罗玛教皇注重于中国之传教事业，欲圣教早日广扬于吾国，欲吾四百兆之黄帝子孙早日认识真主，共成一栈一牧；故有大批国籍主教之祝圣，期望早日达到传教之目的。传教之目的无他，既奠定圣教之基础于圣教所传到之地，使之能自发展也。奠定圣教之基础，即建立本籍主教区，使一日宗座代牧制，成为国籍本主教制也。今教皇已重视此点，而全国神长，又与教皇一心一德，共同合作，吾中国之圣教，将来诚有无限之好望。但我教友亦当热心，恭敬天主，不特要救己灵魂，且欲救人灵魂，而有传教之心。如是，庶耶稣基多之神国，能早日广扬于吾国乎。

结论　读中国天主教之传教史后，可以有几个感想：

一，利玛窦传入天主教是何等艰难；然卒能成功；此实是天主的一大特恩，要归功于圣沙勿略方济各的祈祷的。

二，天主所用之方法，使圣教在中国得以树其根本，真是奇妙的；如在人的面，有徐光启，李之藻，杨廷筠，许母徐甘弟大，和别的有名政学界中人，不特襄助传教，且保护圣教，著有奇功。在事的方面，即以科学，为准备人之感情，使人研究学问而得获真道之门。其中最显著而最有效者，是历法。汤若望南怀仁在钦天监，管理历法事，因而得朝廷之宠任，便利传教，实非浅鲜也。圣教艰难，也是为圣教之宣扬，至有效力的。沈漼及杨光先兴起之教难，使圣教之真相更形昭白。雍乾嘉道时之禁教，以及拳匪之乱，使教友之信德受着磨练而更形坚固。其他天主所用之方法尚多，兹不过言其大者著者。

三，天主教在明末清初之传入各省，皆有各地方政学界中之人以引进之，得有保护，因而便于宣传，故皈依圣教者，多上级社会中人。或有反其道而行之者。即不以学术为方法，连络感情为先导，则鲜有能成功者。

四，明清之际，传教难，传教士少，而所得之成绩，竟有超过人所期望者。当时教士有在朝廷，专事文化事业者；有在乡村，专为传教救灵事务者，而各种之工作，均有相当之成绩。今人思之，诚有自愧不如者矣。

五，中国之教务在十七世纪，果有显著之进步，但所惜者，在传教之本身上，兴起许多问题，许多障碍，致圣教不能尽量宣传，不能得到当有之成绩，此则大可痛心，而吾人不能辞其责者也。

上言之几点，不过感触之所至，因而笔之于本书之末，以为结论。

第十一章　附录　中国圣教掌故拾零

肇庆圣堂始末

一五八二年十二月二十七日，两广总督陈文峰允准罗明坚暂居肇庆府东关天宁寺，但仅居四个月即被迫回澳门。一五八三年九月十日，因新制台郭应聘之请，罗公和利玛窦回肇庆，十四日就得官府之许可，择地建堂。是为中国内地第一圣堂。但于一五八九年八月十五日，新制台刘节斋羡天主堂之华丽，取为生祠。利公乃离去肇庆，计圣堂保留不过五年十一个月，装饰共用去六百金云。教士陆续来驻节者，有五：罗明坚、利玛窦、Cabral、孟三德、麦安东，惟利玛窦始终居此五年多，Cabral是澳门公学的院长，兼传教地会长来肇庆视察教务而已。

韶州圣堂始末

利玛窦和罗明坚于一五八三年入肇庆。一五八九年，利公离肇庆，而肇庆圣堂终。就在是年秋，利公到韶州，建圣堂开教；一五九五年五月中旬，利公又进入江西，韶州圣堂由郭居静管理，直至一五九七年。继而龙华民，罗如望来居，韶州圣堂常有教士驻节保留，卒因地方民众的种种为难，至一六一二年四月十三日，终乃放弃，计至圣堂留存，历二十四年。自一五九五年起开始在韶州传教，至一六〇七、一六〇八年间已有教友八百多；《圣教日课》也于是时刊印。

南昌开教

一五九五年五月三十一日利玛窦到南昌府，就买屋建堂；但教士的住屋和圣堂很狭小，乃于一六〇七年八月，由李玛诺以百金，买一较大的房屋作为圣堂。最初和利玛窦居的，有苏如望，利公去后，有罗如望于一六〇〇年来伴苏公，但于是年五月即调至南京，翌年即一六〇一年李玛诺到南昌，一六〇四年十二月八日付洗满清宗室某，翌年三王来朝瞻礼，又付洗宗室三人。时李公任韶州、南昌、南京三处院长之职；但一六〇九年末回澳门任公学院长，龙华民代之，时有教友三四百。

江西南昌府第一次弥撒

一五八九年八月十五日，利玛窦退出肇庆后，到韶州建堂；一五九五年又离韶州，由江西到南京，时在一五九五年五月三十一日。但在南京不能居住，乃折回江西在南昌府驻节，用六十金买一小屋改为院舍。从那时起利公乃改服儒服；用堂字名圣堂。除去寺名；因肇庆和韶州的圣堂，前名为寺故。是年即一五九五年六月二十九日，南昌府第一次有弥撒圣祭；利公驻此，直到一五九八年六月二十五日。

南京的第一教友

利玛窦在南京所付的第一圣洗，是一秦姓的七十岁老人；他的领洗圣名，叫做保禄。秦家是书香之家，世代任武官之职；因为秦家的祖上，给洪武帝开创帝业有功，所以运漕到北京的职务，特给为专职，赚钱很不少的。每年有五百只运船，装了漕米，由运河内载到北京。保禄的一子为武孝廉，任武职，也皈依圣教，圣名玛尔定。他们全家的妇女,也都一一受洗了。秦姓家在头城外,家中预备二屋,一为小堂,一为神父住房,这是我们江苏的第一会口了。玛尔定的一侄名依纳爵,忠心永历帝,和瞿式耜的不臣二姓,抑制异族,为我汉族争光,先后媲美;这也是公教与爱国的榜样。

南京圣堂

利玛窦于一五九八年六月二十五日,离南昌,由南京到北京,九月七日至京师。但居一月,无法见皇上,因又南回。在途中和郭居静钟巴相(华人)开始做一华拉字典,惜这书现不存留了。利公到山东临清后,和二仆陆行到苏州,要晤旧友瞿太素;但瞿公适在丹阳,乃又前去见他。二人卒于一五九九年一月底同抵南京,寓居承恩寺中,厥后郭居静亦回到南京了,乃购买城西螺丝转湾户部刘斗墟的房屋而居;厅间立一祭台,奉天主圣像于其中。时在一五九九年四月杪五月初;是为南京有圣堂之始。

南京圣堂的结果

王丰肃于一六一〇年,在南京开始建筑一西式的华丽的圣堂,翌年五月二日行开堂弥撒;不料在一六一六年的南京教难,沈㴶视这圣堂因为圆顶无梁,如宫殿一般,诬王丰肃以大逆不敬的罪。一六一七年这圣堂和西士的住宅,都拆毁,充公,变卖。当时园基卖于内相王明,估银十五两,西士住居七间楼,移盖于黄公祠,房地一块及物料,卖银一百五十两,交上元县。

利玛窦始在北京建住屋

利玛窦于一六〇〇年五月十八日离南京到北京去了,途中在山东临清被督税太监马堂扣留，历六月之久，卒于一六〇一年正月二十四日到北京。起初太监馆利公在皇城外，继而官府居之以夷馆，卒利公在宣武门附近，借屋自居；直至一六〇五年八月二十七日，始以五百金元购买房屋，建立正式住屋。是即今南堂的起点，利公到北京后，终不南来；于一六一〇年五月三日得病，十一日逝世；在世仅五十七年七个月又五日，在中国二十七年。

上海开教

一六〇七年，上海徐文定公，丁了父艰，离北京南回了。他经过南京的时候，特请郭居静司铎，到上海来开教，徐公扶父柩先行。郭公于一六〇八年冬始到上海寓居徐公家中。那时徐阁老住在南门沿乔家浜之九间楼；郭公先在此居住三日；后迁至南门外的双园，郭公在此居住二月，即于此时间亲自付洗五十人，都是由徐阁老所劝化预备的。徐公后又另购一屋，作为圣堂；一六〇九年十二月廿五日郭公特行圣诞大礼弥撒，新教友都欢天喜地，徐阁老的快乐，更不必言了！一六一〇年，郭公又付洗一百五十人。一六一一年徐阁老回北京，郭公于是也离上海而南京去了。那时的这二百教友中，我想上海老教友人家，也有他们的子孙吗？则饮水思源，当怎样感德呢？

上海教友数之增加

自一六〇八年，徐阁老请郭居静到上海来开教，二年之间，就付洗二百；后来教友的数目，年年有加增。在一六三九年，新教友有一一二四；一六四〇年有一二四〇；一六四四年至一六四八年共有三千。在一六六一年，潘国光神父写信给总会长说：每年大约有二百多新教友；可见当时的教务，已非常发达。

上海的老堂和九间楼的小堂

一六六四年杨光先难为圣教时，各省教士也波及。那时上海的教士是潘国光司铎，上海有二圣堂，一系城内的老堂（即今之老天主堂），一系南门九间楼旁徐文定公所造的小堂。那时有满人持势以老堂作为马厩，不料马连死三只；他于是不敢亵渎圣堂了！

徐宅的小堂为聚集女教友之所，外教人乘此教难，屡次来驱逐教友，教友常抗拒不畏；其中有一热心女教友，得着圣母特别之光照，说此堂不受倾毁也。

徐文定公之某孙要避难至松江，因将此堂及教士住所，售于某满员，徐宅族中人不知此事，及知而欲阻当，亦时不我许，于是惟有祈祷天主安排此事。一日午时满员在大厅中，忽见徐文定公显在他的面前，满面光明，身穿大礼服，在厅中踱步，一若为此厅之主人然，默不一言。满员见之，惊惶异常，竟病焉。因即远离，和徐宅商议退买事。徐宅付还银洋，房屋仍归原主。（Colombel，Histoire de la Mission du Kiangnan，t. Ⅱ. p. 183.）

上海老天主堂的来历

一六〇八年，因徐文定公请郭居静到上海来开教；一六一一年，徐公到北京去，郭公也离上海了。那时杭州也开始传教，教士有住院；此时的上海乃由杭州和南京的教士每年来过几次。上海起初的第一圣堂，在徐公的住宅九间楼之西。后来此堂觉太小，不能容纳许多的教友，在一六二七年，徐公又造了一堂。大约从这时起上海有常驻的司铎了；最久的要算潘国光共居二十八年。一六四〇年潘公又在城内安仁里买了潘家的房屋造一新堂了；潘家就是徐文定公第四孙女的夫家；那时公之孙女（圣名玛尔弟纳 Martine）已是寡妇,很出力帮助潘公造堂等一切事。这堂名为敬一堂,奉耶稣救世主为主保;就是今日的老天主堂的始基。徐文定公所筑的堂在一六三八年还存在,奉圣母为主保,故名圣母堂;专为妇女集会诵经之所云。

在上海到过而暂居的有龙华民、罗若望、阳玛诺、艾儒略、鲁德昭、傅汎际。

潘国光司铎于一六三七年居上海;上海教友之数,一六三九年计有一一二四;一六四〇至一六四八年共计三千人。杨光先难为圣教时,潘公于一六六五年避居广东,一六七一年卒于该地。教难平后,潘公之柩迁回上海,今在南门外圣母堂墓上。

杭州建堂

我们知道罗明坚于一五八五年,因要到杭州开教,曾到过嘉兴,这个杭州开教计划,于一六一一年成功了。当时李之藻请去的有郭居静、金尼阁和钟巴相三人;钟公是广东人,耶稣会修士,当时助西士讲解教理,是很得法的,徐阁老在南京领洗时,也听过他讲要理的;可惜未登铎品而去世。当时郭公到杭州,起初居在城外李之藻家,约二月,后借屋别居。但即在是年冬,三人仍回到南京,翌年,因杨廷筠的请求,郭居静林斐理复活瞻礼后,仍回杭州寓于杨公家,到后即付洗十八人。郭公自南京到杭州,路过上海小住二主日。一六一三年郭公在杭州付洗杨廷筠的父母,一六一六年付洗他的夫人。杨廷筠为谢主恩的缘故,在自己家的附近,特为教士建一住院,一圣堂;教士于是有自己的住屋了。

明末时的杭州

我们都知道:杭州在明末的时候,因杨廷筠和李之藻的热心传教，教士有住院，成了一个教务的中心；在南京教难的时候，得杨公的庇护，而隐居杨李二公家中的西士也不少。且在那边，耶稣会为培植圣召起见，也曾开过一小公学，并有初学院，郭居静艾儒略等曾做过初学修士的神师。但是修士有生者的住院，也当有死者的坟墓。现在方井南的墓，就是杨公为修士购置的。那边所葬的有：郭居静、金尼阁、阳玛诺、罗如望、黎宁石、庞类思、伏若望、卫匡国、洪度贞、徐日升、钟巴相，杭州在圣教历史上，是一个有名的地方。

杭州开教

上海开教的迅速，远超南京、北京、韶州、南昌四处。依事情看起来，上海当就建立一教士的住院了；岂知事实上反不如此。这里也有缘故：因为一六一一年，徐阁老离上海回北京去了；上海在那时不过一个县，地位不甚重要。天主上智安排事情，很是奇妙的；徐阁老满孝回任去，是年李之藻遭父丧，丁父忧回到家乡杭州去了。李公邀请郭居静金尼阁同去开教，龙华民就决定遣会士到杭州，杭州浙江省城，地方非常重要，且离上海不远，故徐阁老李之藻都同意郭居静到杭州去，并时也可兼顾上海教友；郭公在杭州更能得到李之藻的帮助；但每年教士也到上海来小住多时以行圣事的。

嘉定开始传教建堂

江苏嘉定孙元化是徐文定公的门人，由徐公被化，在一六二一年，在北京领洗入教。不久南归，至杭州访杨廷筠遇见郭居静，公因请他到嘉定开教。郭公应请，就同鲁德昭到嘉定，孙公乃为之购地建堂，时在一六二二年。据民国嘉定县续志，堂建于城内拱四图。

孙公和徐公联有姻好；文定公第三孙，名尔斗者，娶孙公之抚嫡生女王氏为室；尔斗公之女适孙公之孙致弥公。致弥公乾隆嘉定县志有传。

宁波及嘉定开教

宁波开教也是很古的，据说一六四〇年，孟儒望曾付洗五百六十，翌年一六四一年且创立一会口云。

嘉定开教也很早的。西士在杭州试办公学之前，在嘉定，即试行栽培传教先生；西士新到中国的，在该处学习华文，邓玉函、傅汎际即在费奇观教授之下，学习中文的。一六二一年已有六十教友，一六二二年又增七十，一六二三年已有教友四百。嘉定开教之始非常顺利；但不久绝无音响，良由孙元化在一六三三年，为国殉躯后受到的影响罢！

淮安开教

南京教难以后，毕方济在南京一带传教，有许多好的成绩；在南京毕公认识几个淮安的青年学者，他们后来请毕公到该处开教；一六三八年毕公即付洗三十，其中三人是官绅，二十七人是读书人，后又付洗他们家中的妇女八十人。淮安有一京中宦官，已经领洗，圣名伯多禄，很热心事主，病重时特请毕公到淮，时在一六四一年。毕公这次到淮，付洗许多信佛妇女，这些妇女都是由伯多禄新付洗之富妇所劝化的。先是这富妇性喜佞佛，纠合城中妇女募捐建庙，及进教后转劝这些佛婆也皈依圣教，反不相从。一日她们到庙中烧香拜佛，烧的香不燃，化的锭不火，她们惊惶失措，于是信从富妇之劝，弃邪归正。她们领洗后，毕公为之立一妇女善会，这富妇为领袖云。

张家楼金家巷的来源

我们常赞美浦东的张家楼和金家巷教友的热心；不知这二会口和徐阁老是很有关系的；这二地方的人，原来是徐宅的佃户将黄浦东岸新涨出的地，垦耕而居住的。明末时，据说在黄浦之东金家巷，已有上海某教友捐款，筑有一小堂。至于张家楼的来历，是一北京人张姓者，由利玛窦手领洗，后来徐光启领他到上海，在徐宅服务；不久即在黄浦江边垦种新涨出之地，因而居留焉。张姓有四子，自明至今，保存信德：今张家楼极发达之会口，其信德的根基实由利玛窦所种植，徐光启所灌长的。

松江传教

松江是一府城，明末时，较上海尤为繁盛；徐文定公孙女甘弟大即许太夫人，是嫁在松江许家的。许家是世代书香，许乐善——许太夫人之子缵曾的曾祖，曾做通政司，很有名的。徐文定公的孙女又是一位热心传教的妇女，所以圣教自然当传到松江了。我们知道一六二七年，在松江传教的李玛诺，黎宁石，被人控告于知府，而来上海避于徐文定公的家中。

我们又知道毕方济在一六二二年因徐文定公请求，同来到上海，文定公在上海计二年，毕公亦传教于松江，据巴尔刀利(Bartoli)司铎说：毕公在松江某姓家一次付洗九十，都是一家的人，又在别一家付洗八十九人。在松城中竟有秀才教友三十五人；足见松江教务颇有成绩。

崇明开教

崇明是沙洲堆积而成之岛，位长江入海之口，距上海约二十七里,长约百余里,阔十余里乃至二十余里,面积二四三〇方里。这岛上的开教,似有天主上智特别之安排。一日潘国光至宝山,远见长江旁隐隐约约地长岛,心中忽有传布福音至该岛之愿望。及回到上海,即以此意告知与彼同居之二教士,于是商议,即照此意,共作一九日敬礼。敬礼末日,忽有自崇明新开河来者名徐启元,求见潘公,述其来拜望之意。潘公深悟天主允许其祷,非常快慰,乃为之讲解要理授以圣教书籍;徐公洞明教理后,即在潘公手领洗进教,时在一六三八年。按徐公系一医生,素来信佛,其友王君,甫自上海来崇明,告以上海徐文定公敦请西士,建堂开教,并驻有教士等情。徐公闻之,欣然就道到沪,得获此信光之福。同时和徐公领洗者,尚有陈周南、茅镇彩、顾雅卿三位云。

罗明坚麦安东试入浙江寓嘉兴

一五八三年罗明坚利玛窦得入广东肇庆府开教。浙江嘉兴为西士又试入内,开教的第二中国内地。入嘉兴的动机,乃范礼安意,拟令会士,再入别处内地开教;罗明坚乃同麦安东于一五八五年,因籍隶浙江山阴之王太守泮任肇庆府知府。然此行并非空虚,因王太守的父得以领洗入教,罗公并得付洗几个将死的小儿。此行,麦安东写有日记,意文的一五八八年出版,西班牙文的一五九一年出版。这日记,记载中国之富庶,顿开欧人的心目,使对中国有正确之认识。

四川开教

四川圣教的传入,间接也是徐文定公的功绩。徐公曾经请准明廷聘西士修历,以为这样圣教有庇护了。崇祯十年(一六三七年),四川绵竹县的刘宇亮为宰相,在京和修历的西士交谊很好,因请西士也到四川去开教。一六四〇年，利类思神父持有刘阁老致成都主要大员的介绍函前去了。利公始寓阁老家有八月之久，不一年付洗三十。继而安文思神父也去帮助利公。圣教始自成都，传至保宁府，重庆等处。及张献忠扰乱四川，满清来攻，利安二公被肃亲王豪格送至北京。

湖北开教

湖北的开教是由该省的雅各伯玛弟亚二教友请求傅汎济，乃由新到中国的何大化去开教的。这两教友是在北京领洗的。何公当时不知言语，初到武昌，不见重于官绅，因而潜居城外，然得付洗三十人，大半系雅各伯家中人。不久湖广总督因和教友相善，请何公居驻武昌城内并为之建堂。惜不久满清易朝，教务抛弃了。

山东开教

山东的开教和徐文定公也有多少的关系；因为公的孙中一人不知何故，在济南府，因而请龙华民去焉。初次付洗十三人，龙公和官绅非常和洽，惟不能久居山东，因北京有职务故。一六三七或一六三八年，龙公又到山东，继到泰安府付洗一百多人。一六四一年他又在青州开教；大约每年必至山东一次云。

广西圣教之传入

广西圣教之传入，颇有天主上智的安排。明末，各处流寇为患，那时广西亦自难免。广西当局乃求援于南京，南京方面都不敢远出援救。时有教友秦路加者不怕乱民，愿出师前去。当时流寇迷信魔术，魔鬼利用此术，以愚弄民众；攻战时魔鬼且筹谋划策，指示战术。秦路加信德活泼，军旗上都画十字以敌魔力；魔鬼谓此十字兵万难得胜，后果真失败。秦路加凯旋回南京，皇上给以特殊之宠典。

海南开教

海南之开教和利玛窦也有关系，因为圣教之传入由于王忠铭的子在北京领洗，圣名保禄，亲到澳门请求准许，乃引进 Pierre Marques 司铎和一华籍修士 Dominique Mendes 同到琼州（海南首府），时在一六三二年。王忠铭乃礼部尚书，导引利玛窦到北京者也。即在是年保禄之妻和他的三子，一媳，四孙，都领洗入教。

Marques 司铎以不谙华语，于一六三五年离去，由林本笃继任传教，等一年即付洗三三五，一六三七年又付洗三三〇。一六五一年，林公遇海盗害，被投于海而死。

福建开教

福建的开教，乃艾儒略的功绩了，艾公于一六一三年到中国；曾经传教于扬州、西安府、常熟等处，在杭州寓居最久；杨廷筠教授他中文，颇有进步。一六二五年，福州叶相国致仕归里，道经杭州，至廷筠家，遇艾公，谈甚合心，因邀艾公同至福州开教。初未敢显然传教，因惧当地官绅告发魏宦忠贤。既见官绅学界景从，乃敢公然居住省城，而又得叶相国之保护，于是一往顺利无阻矣。

始初四月，即付洗二十五人，其中三人系秀才；既而每年增加二三百之新教友；一六三五年间每年竟增至八九百，故当时群称艾公为西来孔子，足见他感人之深，而德学之服人也有如斯。

艾公善交际，接见学者，往往盛服，不敢疏忽礼仪，即祝圣一圣牌，亦必穿白衣戴领带也。

艾公在福州创立圣堂后，不久在福安、建宁、延平、邵武、汀州、兴化、泉州、漳州造堂开教。其余别处成立会口，尤不计焉。泉州造堂时，掘地寻获一石上刻十字，必系天主教之遗迹。但此遗迹恐未甚古；因泉州近海与葡人斐利宾人有通商之便，恐他们之遗址亦未可知。

福建仇教

福建省有天然的山为界，故明末时，各省虽骚扰，而福建偏安一隅，圣教因而得以传布无阻。当时在斐利宾有圣方济各、圣多明我、圣奥斯定会士传教，他们风闻中国皇帝已皈依圣教，并谕令民众付洗入教，故不畏风涛危险，亦拟到中国来传教了。

明末在中国的教士，大都意籍或葡籍；西班牙国当时很愿和中国通商，一六三〇年，在吕宋的西班牙总督因而愿与福建总督开谈这事；适在吕宋的教士有意到华传教，西班牙总督乃以这事托多明我会士委办焉。

在吕宋之多明我、方济各、奥斯定会士到福建传教者，日益加增，他们的救灵神火非常热切。但在当时圣教不能公众宣传，艾儒略之得以居福州，在全省创立圣堂十七，每年能付成人洗九百左右者，大抵因官绅的保护，私行劝化者为多。新来的教士志切救灵，远入内地公然讲道，愚民无知，疑教士与外洋海盗声气相通，仇教的风波，乃于一六三八年大作了。在福建之传教士完全逐出，艾儒略也远避他处，所有的十七所圣堂都没收了，能保存的惟一处。幸而不久艾公得以潜入，访拜他的老友某官，同时又因在南京之毕方济在南京总督前周旋，这一场风波暂得平息。艾公于一六四九年也卒在福州。

山西开教之高一志

山西之开教，实是高一志功绩。高公本名王丰肃，因南京教难由官押解至澳门；既而事平，乃改名高一志而入山西，时在一六二五年，至他死时（一六四〇年），山西教友有八千，实一大成绩。今将他的十五年的传教事，略志一二：

一六二五年他初至绛州之年，即付洗二百，其中六十人系读书人，并皇亲一家。一六二六年又在绛州付洗五百。一六三〇年已增至教友二千。继又在蒲州，创立住院，一六三一年在此城付洗一百五十读书人，一六三七年又付洗一六〇〇。

高公又在绛县（在缎州之南）开教，开始即付洗一百五十；北至太原府，创立会口；他的功劳尤显现在一六三四年旱荒时：此时民不聊生，人相肉食，而婴儿之抛弃更为可怜，公乃立育婴院。初收婴儿由五十，一百而至三百，人之感德者莫可名言。荒年之后，继以疫疠，又遭闯乱，高公以耋耄之年，不辞劳瘁，救人甚众。闯贼到处放火，某城火时，凡教友房屋有耶稣圣名记号者概不殃及；有教友亲见天神护卫教友之家及圣堂。当时类似之奇迹甚多云。

陕西山西开教

高龙盘神父说：陕西山西二省圣教之传入，也要归功于徐文定公的，因为艾儒略随某官圣名伯多禄者做官陕西，继而伯多禄调升福建，艾公又随去，凡此皆徐公之力。此时大约在一六二〇年，当时山西绛州有一学者在北京识徐光启，因而领洗入教，今闻艾公到陕之音信，因请其来绛州，但不稽留焉。一六二二年金尼阁自罗玛回来后，由河南开封，继因绛州教友之请求亦至山西，卒又至陕西之西安成立一住院；一六二五年高一志则来驻绛州；高公从此在山西传教十五年，他故世时已有教友八千，其中八十人系读书人；不久在一六三七年，在陕之蒲州，又建立住院，既而汉中府又开教。一六三八年，西安府教外领洗者四百人，一六三九年共有教友一二四〇。原教士之得以入陕西山西传教，其介绍人都是在北平领洗的士大夫，这班士大夫又是因为认识徐文定公和敬仰他的好表，所以得获信光而皈依公教的。如陕西泾阳之王徵（圣名斐理伯），蒲州之相国韩炉，山西绛州之韩霖（圣名多默），其兄云，其弟霞；又段兖，其弟袭，扆，他们在京进教后，因而请教士到本省开教，可见以文字传教于知识阶级中，其影响之大，又不可思议者。

明末中国传教区演进简史

明末第一位教士到中国传教的，当推圣方济各沙勿略，他于一五五二年至广东的三洲岛，旋即去世。圣人也当说是中国传教区的第一会长；因为在圣人逝世的一年，圣依纳爵从葡省，分出东印度，立为一省，任圣人为省长。圣人之到中国，即用此名义。

圣人去世后，传教中国的计划又为范礼安所鼓动，不久之后，因派罗明坚、巴范济、利玛窦来华。

印度教务发展很速，后又分出日本为一省。澳门耶稣会的公学，当助中国的传教事业的。利玛窦到华后任为中国教区的会长，以至他的逝世（一六一〇年），继任的为龙华民，自一六一〇至一六二二年；龙公任会长时，适值南京教难，为传教至艰苦的时期。继龙公的为罗如望，但在一六二三年即去世。金尼阁从罗玛回来时持有耶稣会总长的命，以中国教区，成为一省，分离于日本（一六一八年）。一六二五年阳玛诺为代理省长。一六三六年，傅汎际继阳公为省长，直至一六四一年；但那时分为华北华南二教区；傅公为华北省长，管理北京，山东，陕西，山西，河南。艾儒略为华南省长，管理南京、江西、湖广、四川、浙江、福建；至广东广西，归澳门遥领。

一六四〇年之教务情形

明末在一六四〇年时，中国全国之传教情形，大约如下：全国有二会长管理全国教务。

一在华北者，傅汎济为会长；汤若望、龙华民驻北京，汤公是时年近五十，专任历事，龙公以八十岁之老翁，犹不时到山东传教。河南有费乐德，驻开封府，山西有金尼阁、万密克，接管高一志的教务。陕西有方德望及郭纳爵。在北方惟有教士八位。

二在华南者，艾儒略为会长，驻福建；南京有毕方济，贾宜睦驻常熟一带，上海有潘国光，杭州有孟儒望，杜奥定从陕西调至福州，聂伯多在泉州，阳玛诺、瞿西满在延平及建宁，江西南昌有谢贵禄，武昌府有何大化，四川成都有利类思。在华南六省，大约有十三西士。海南有林本笃及 Marquez 教士。

明清易朝之际，在北京：满清保留汤若望及龙华民；南京弘光帝——万历帝之孙，福王常洵之子，原名由崧，保留毕方济；四川张献忠称帝保留利类思及文安思；陕西李自成闯王保留郭纳爵及梅高于西安；弘光遇害，唐王朱聿键称帝于福建，改元隆武乃召毕方济前去；隆武遭不幸，桂王朱由榔称帝于肇庆，改元永历，保留瞿安德、卜弥格。

明末圣教传到之地

明代全国共分十五省，圣教除边省云南贵州外，都已传到。广东圣教之传入最早，而反不进展；其中一故，亦良由接近澳门，和外商多有接触，而他们的表样，又不甚可风；兼之当时荷西葡诸国竞争商务都想入中国内地，因而广东官绅防之唯恐不周。这也是为圣教广布的一阻碍。又当时教士不多，而所作之事业，竟有惊人之处；对于文化又多成绩。比以今日，真可愧多多。如果他们的传教的政策，继续到现在，中国圣教早已广扬了！

利玛窦时在我国的教士四住院

罗明坚利玛窦于一五八三年正式居住广东肇庆府；这是中国传教的始基。当时耶稣会士在澳门（又称香山澳）有一天主教公学，教士从欧洲东来时，先集中于此，后来分遣到中国和日本。中国和日本那时合组成传教的副省区。在利玛窦的时候，在中国共有四处耶稣会会院：广东韶州府一，江西南昌府一，江苏南京一，北京一。南方三院受辖于一院长，北平利玛窦任为中国全教区的会长。南方三院的院长，起初为李玛诺（一六〇九年），李公调任澳门公学院长，乃由龙华民接任；一六一〇年利玛窦逝世，龙公为会长，第五会院在一六一一年立在杭州。

康熙时圣教传到地

康熙末年，在中国传教之耶稣会，分为日本省及中国省。在中国有日本省，因为在日本传教之耶稣会士有部分在中国传教故也。属于日本省之耶稣会士在一七一七年在中国所有之住院：

广州一　海南二　佛山二　关海二　廉州一　雷州二

桂林二　香山一　新会二

共有会士：司铎三四　修士一八

中国省之耶稣会共有住院三七，公学四；其所在之地如下：北京，正定府，南京，苏州，松江，太仓，镇江，常熟，扬州，淮安，上海，嘉定，崇明，五河，济南府，太原府，建昌，杭州，海宁，嘉兴，福州，汀州，延平等，尚有他处，未录，因无译名。

共计会士八二位。

除此葡国之耶稣会（但亦意德法比等籍）二省外，在一六八七年，法国鲁易十四，亦遣有教士在中国；当时（一七〇二年）法国耶稣会士之传教处有宣化府，怀安，永平府，凤阳府，无锡，江阴，湖州，平湖，绍兴，宁波，汉阳府，汉口，黄州，安陆府，襄阳府，岳州，荆州，九江，饶州，景德镇，抚州府，瑞州，临江府，袁州府，南阳府。

广州全国教士会议

一六六四年，杨光先难为圣教时，在各省的教士，耶稣会士二十五位，多明我会士四位，方济各会士一位，都解往北京；卒遣发到广东，圈禁在广州城内老耶稣会堂中。徐文定公的孙女甘弟大汇款八百两去供给教士之费用。全国教士有这个机会，共聚在广州，他们于是组织一教务会议，商议传教士关于施行圣事和礼节等等的事情；各教士均签押。一六六八年一月十一日，末次会议，共选圣若瑟为中国全国主保。

嘉定会议

我们都知道嘉定孙元化曾经请教士去开教，筑有教士住院；这地方幽静，很配修道人的居住。一六二八年一月教士在嘉定曾经开过一个会议,讨论"Deus"究当译"上帝",或"天主",或音译"陡斯"。当时参议者共有十一位,即:阳玛诺,高一志,龙华民,金尼阁,毕方济,郭居静,李玛诺,鲁德昭,费奇观,艾儒略,黎勃劳(译音)。他们的意见不一致,各有相当的理由。金尼阁是精通中国经书的,曾经到过罗玛,他主张用上帝,因为这名词依经书的解说是指天地万物的主宰。金公保护己说,非常竭力,因劳而得病,发大寒热;卒于是年十一月十四日在杭州去世云。

利玛窦传教的方法

圣保禄宗徒说:天主圣神给与各人的神恩,是各不同的。但是为一地方开教,天主上智的安排,也各有不同。圣方济各沙勿略在印度开教,劝化十多国,授洗数十千;天主上智所安排的方法,是令圣人多行"灵异之迹,使印度诸国人民,合群于诸信者之栈。"利玛窦在中国开教,天主上智所用的方法,是学问,使利公用天文地理算术等等科学,兴起华人研究之心,使华人由本性的学问上,得获超性的学问。利玛窦等著书立说,和士大夫交,知识阶级都受其影响;即当今的学者诵其言,也得有深刻的印象。灵异的圣迹,是直接施它剧烈的效力,触动人们的觉司,故它的效验,施及于人们的欲司,自然有很大的力量。学问演它的势力,在人们的悟司上晓示以真理,于是欲司动而欲之;故其力量,和缓而固定。天主要一国归化,所用方法各不同;这是天主上智的安排,渊妙莫测。

利玛窦之文化传教

利玛窦到了中国以后,他的传教方法是间接的,不是直接的,就是起初要用学问和书籍,先与中华的知识阶级接触,与之往来,引起感情,在无形之中,灌输圣教道理。这个传教方法,很为徐文定公和其他教友学者所赞成。但龙华民和王丰肃不甚同意,他们一到了南京,就在公众前想讲道劝人,因为他们曾在韶州试验得有一时的成绩的。当时 P. Carvalho 神父为巡阅中国教务,且令阳玛诺日后不准再谈学问,当讲要理,幸而这个主张,未曾公布施行。利子逝世后,龙华氏继任会长,遣金尼阁到罗玛为陈报传教事务,也将这个主张,请求耶稣会上级神长解决。然上级神长命将此事征求徐文定公和其他教友学者的意见;而罗玛教皇亦同意于利玛窦的方法,故这问题得一好解决。

学问和传教关系

利玛窦和徐文定公他们的传教政策,是要从本性的学问,引人归到超性的学问;因为本性的学问和超性的学问,是发源于一棵根子的,换句话来讲,就是科学和信德不相抵触的。这个政策自然有他的好收获。你看因徐文定公的推荐,西士等能入钦天监参预历务,皇上非常信任,因而教士在我国得能站得住;这岂不是传教的一个很好的根基吗? 不但如此,即那时的士大夫很和教士有交际,因而感情也很好;这个媒介物,也是靠托学问;学问的效验,不止此,还延长到我们的时候:现在的学界中人,还有些看重教士的心,也是受利玛窦徐文定公的学问的遗惠。

李之藻与公教文化

李之藻自一六一〇年皈依圣教后,对于公教的文化事业,非常努力。他的主张从他的刊物上,可以得见,就是他要为圣教创造公教文化。据鲁德昭说:他好读书,喜学问,或帮助西士翻译书籍,或润色他们的著作，二十年如一日。一六二〇至一六二六年，在沈漼难为圣教的时候，李子回杭州家居，同傅汎际专事著译，译有亚利斯多德的《寰有诠》(De Coelo et mundo)。一六二八年李子自出费付梓，又译成葡国高能盘利大学课本《名理探》二十五卷。

一六二九年，李子又刻印《天学初函》凡二十种，共三十二册，分理编十种：《西学凡》，《天主实义》，《辩学遗牍》，《畸人十篇》，《七克》，《交友论》，《灵言蠡勺》，《二十五言》，《职方外纪》，《唐景教碑附》；器编十种：《泰西水法》，《同文测算》《前通编》，《浑盖通宪图说》，《几何原本》，《圜容较义》，《表度说》，《测量法义》，《天问略》，《勾股义》，《简平仪》。李子的意思，是非常明白，要为圣教创造一公教文化。

科学之有助传教

天主教之传入中国，直至十九世纪之中叶，其根基本来不甚巩固，就是中国之传教，惟以朝廷之好恶为转移。自明末以迄嘉道教士得以驻居中国传教，缕缕不绝者，惟恃学术为工具。试看利玛窦之得入北京，以科学为先导，南京沈漼所兴起的教难，后来得以渐渐平息，亦恃徐光启、李之藻、杨廷筠几位教友学者联络官绅运动之功。杨光先之诬汤若望，排斥教士，圣教几遭倾覆而卒水落石出得胜者，亦因南怀仁推算日蚀之准确，以启悟皇上为动机。嗣后各省教士得以回归各堂居住，一六九二年，康熙又颁准许教士自由传教诏谕，凡此皆是南怀仁修历所得之功绩。及敬天祀祖的礼仪问题起，教皇又钦派宗主教铎罗来华，与康熙讲论此题；铎罗在南京且宣布教皇谕旨，禁止敬孔祭祖之礼，大遭皇上之怒，康熙待教士之态度乃大异，教士居留中国，还须领票，传教危机，于焉显露。但终因康熙需用白进，巴多明司铎等绘测中国舆地，而容任教士的传教，并不接受官府的诬告。可见科学之有助于圣教之宣传。（《天主教传行中国考》卷六，七十张。）

又雍正乾隆朝，圣教不能自由传行，多遭艰难，亦幸有戴进贤在钦天监任职（著有《历象仪说》，《仪象考成》），后有高慎思、安国宁、鲍友管、傅作霖神父，亦供职钦天监，直至道光十七年都有西士。至若画家郎世宁，巴德尼等，以艺术任职朝廷，为圣教之宣扬亦大有影响。一画家供职乾隆朝历二十五年之久。除画家外尚有雕刻家，钟表家，磁器家；而尤以杨自新修士之各种动物钟表为更奇，杨修士在皇宫内历二十八年之久。

徐光启李之藻扶助西士传教

我们都知道，明末清初的西士，著有许多书籍，至今还脍炙人口。但是这些书籍的编著，都由徐光启李之藻等第一等文人或修削或润色，或同编的。我们又知道利玛窦的传教方法，受当时人们的非常欢迎，因为他们洞明中国人的心理，所以一举一动，满人愿望。但是西士得这个好效验，也是因为有徐光启、李之藻、杨廷筠等作他们的顾问。果然，西士凡关于传教事件，无不虚心就商；凡就商而不从者终无好效。如高一志要请求明帝许可在全中国自由随处传教，因而征求徐光启的意见；徐上海阻之；高公不听，南京教难，不久兴起了。又如一六二一年阳玛诺任了北京会院的院长，他为传教事，不能独断独行，须先征求徐光启、李之藻的同意方可。一六一六年罗玛耶稣会开公会议，当时金尼阁也在罗玛，为中国的传教重要事，公议会议决在中国的教士当征求徐光启的意见而解决，耶稣会之信任徐光启有如是。

徐文定公进教之轶事

徐文定公未曾进教前，曾经做过一梦，梦中见一座圣殿，里面有三堂。第一小堂内看见一位神形，又听得一声告诉伊：这位是天主圣父。第二小堂内看见带冕旒的神形，忽然也听得声说道：这位是天主圣子。在第三小堂中不看见什么，因为徐阁老当时未曾领洗，所以不得大主圣神的光照。后来他到南京，听得教士讲三位一体的道理，他就记得自己所做的梦，然而在那时候，还不敢说出，因为有一位神父说，不要相信梦内的事。后来在北京利玛窦说起：天主有时也从梦里教训人，所以徐公将此梦告诉他听的。此可见天主宠爱徐光启，在梦中默示他天主三位一体奥道，令其进教恭敬天主。

李之藻

李之藻博士，圣名良，浙江杭州人；各科考试，荣获连捷，乃到北京应试，考取会魁。李子在京得以认识利玛窦；明悟敏锐活泼，对于各种学问很多好奇之心，因而和西士喜多来往，与之讨论泰西科学，且很能领悟西学之美妙和她的统系，而对于地理学，尤为所喜。

李子又深明本性的学问，和超性的学问，有其密切的关系，故研究世上各国之状况，尤不忽耶稣基多国的法律；他既洞悉圣教道理，故能助西士著书立说，润色西士所著之要理一书，而付重梓。他很惊喜圣教道理的奥妙，而又勿背于理性；对于信德道理他完全表同情以为很合于性光；但他和西士来往多年，不即皈依圣教，惟在各事中用他的计划帮助教士，对于北京西士住院和圣堂的建造，他很竭力鼓励。

李子扶助教士的种种善举，能感动天主，大量地赐给李子为皈依圣教所需要的宠光。他固然屡求利玛窦早日为之付洗，但他有阻当，所以不即邀得此恩。不料李子忽病很重，于是领洗，得以邀赦罪过，继又领终傅，又获病痊。李子感恩之余，谓此后之年，当为天主作事了。

不久，李子回到他家中将他家中所有的泥木魔像和家堂神主，完全毁除净尽。他的友杨廷筠见这个举动很怪异，以为大恶不敬，得罪于神。李子为他解说，并将天主教的道理为之详细说明。不久，杨子在郭居静，金尼阁手领洗入教，李子为之代父。

二人之友谊，嗣是日益亲密，二人成为中国圣教之柱石和保护人焉。

李子之信德，非常显著，在人前不怕表示。一日李子进爵一级，照例新官上任须供香祭神宣誓。李子进衙署，见一屋中供列的偶像，命隶役一一毁除；隶役因主人之命无法违背，只得从命而行。(Semedo, Histoire de la Chine, seconde Partie. p. 361, seq.)

李之藻临终时以西士托徐文定公

李之藻临终时，紧握徐文定公之手曰，感谢先生在许多事情中之帮助，另外在此最后之时，言时泪流。又曰我甚平安而死，因见教士藉先生之权，在我国已得坚固之地位，我不必将教士重托你。因我知他们在你的心上所有之地位与夫尊敬焉。因我罪之故，我不敢在此事业上，有一份子，但你肯取我为伴侣，我甚有劳焉。(Semedo, Histoire de la Chine, p. 368.)

李之藻的著述

明末清初的传教士，著有许多的书籍，至今脍炙人口。但在当时，这个著译运动，也由徐光启李之藻等所造成的；因为徐李二公是很聪明的学者，对于欧西的科学，饥饿一般地和西士研究；由研究之所得，因而著书。一六二〇至一六二六年，在这六年中，李之藻潜隐家乡杭州，专心和傅汎济译书；当时译成付梓的，有《名理探》、《寰有诠》。据鲁德昭说：李之藻自从与西士游，以至末年，前后共二十年，他的主要的工作，是在编著书籍；不论何时何处，即在轿中，即在宴会，也不停地看阅、写作；迨至年老，一目已坏，一目又不甚明，他还面书披阅；他和西士会谈时，第一问题："现在有何新书"？"现在何书可译"？一五八三至一六四〇年，西士所编著付印的书近五十种；但许多书是经过李公目、手，或改削，或润色，或作序文。又据鲁德昭说：亚利斯德多的哲学除他译刊者外，尚遗下二十种待印。兹查李公所译的《名理探》，当已译二十五卷；今只见《名理探》五卷和十伦五卷已有刊本外，余十五卷抄本未之见，这甚可惜。

杨廷筠皈依圣教

人们都知道浙江钱塘的杨淇园是中国圣教三柱石之一；他和李之藻有姻娅的关系，他的进教，也因李之藻的劝导，在一六一一年五月八日，杭州郭居静手中领洗的。领洗之日，他衣朝服，以示虔诚。他家中本来很富，他的母亲又迷信佛教，家中置有佛堂，也有和尚在家，时常诵经；修庙造庙，又是很高兴。他为求父母进教的恩典，连守大斋十日，及父母进教后，又守大斋十日，以谢主恩；他的父母果然于一六一三年领洗。但是他的夫人固执不肯弃邪归正，直至一六一六年，耶稣圣体瞻礼才领洗。杨廷筠要感谢天主这个大恩，乃买一住屋，献给教士，作为耶稣会的住院。他又在杭州某山附近购买一地，作为贫穷的教友之坟墓，且在这边又造一小堂，以便为亡者行祭；又给教士一地为他们的圣墓。

一夫一妻之真道感化杨廷筠

一六一一年李之藻丁父丧,回杭州故乡。其友杨廷筠万历二十年进士,历任顺天府少京兆,监察御史,江苏学政;致仕在籍,闻丧往吊,在之藻家得见郭居静金尼阁二司铎,与之论道,历九日不倦,继求领洗,郭金二公以廷筠有妾,勿之许。廷筠怪天主教无情面,不能容其一妾,佛教断不如此。之藻答以教之邪正,正由此而判;廷筠顿悟,去妾而受洗。足见一夫一妻之道,亦辩护真教之一好标记也。

东林学院与中国圣教三柱石

据鲁德昧 Bartoli, La Cina. livre 4. chap. 16—19 说,大约在一六二四年前,在无锡成立一东林学院,专为研究伦理及政治之学。东林之名,不久盛传他省,尤以南京、浙江、福建、江西为最,徐光启、李之藻、杨廷筠等亦曾去讲学,当时凡诚正之官员,莫不为东林之学员。西士亦重视此学院,因其为圣教之宣扬,颇有益焉。

瞿式耜

满清入据华夏时,兵部尚书丁魁楚、侍郎瞿式耜奉桂王朱由榔称帝于肇庆改元永历,瞿公者常熟人受洗于艾儒略手,圣名多默,时留守桂林。及清兵至,人们劝他投降,以保富贵,只要改易满服,或穿和尚衣已够。但他终不为利禄所动;其忠义的表样感人不少,卒于一六五〇年正月七日见杀。受刑之际,雷电大作;官府大惊。

江苏省政府近选瞿公为苏省四十乡贤之一,其事略如下:瞿式耜汝说子,字起田,万历进士,寻诒入阁,后为广西巡抚,崇祯末,迎立桂王桂林。负气节，有清名，朝野上下和相推重，而粤破，遇清兵战死，卒谥忠宣，著云涛松凡等集。

利玛窦的日晷

在徐家汇天主堂藏书楼内，我偶然看见一块日晷图：这个图，他的名字已经告诉我们他的用处了，这图是用一块方板做的，板上划有格线。注有气节和钟点；还有一线，用来窥定日光的阴，映在板上的某格线，于是看气节的和钟点的线格，就可以知道什么时候等等。这个图自然为不有钟表的人们，很有用处的。人们又将这个日晷图，刻在向南的门的方砖上；一开门，如有日头，即可推测时候，虽不中，也不远。这个日咎图，是利玛窦在肇庆时，传入中国的，用来教导当时的士大夫的通俗的科学。

西士传进钟表

一五八三年罗明坚利玛窦到了肇庆后，曾将带来的钟表赠送官绅，很得他们的好感。钟表在那时，中国人从未梦想所及，即在欧洲也很稀少。罗明坚且从澳门请一钟表匠到肇庆，为肇庆知府制造钟表；知府又选择城中最精明工人二，从匠师学习，竟做成一只挂钟。利玛窦自己也将钟表的为物，后来写了一本书；因此我们中国的钟表店，竟将他的像高悬店中，奉为钟表的祖师，钟表的传入吾国，当归功于教士。

利玛窦的贡品

利玛窦初次到北京，曾贡献万历皇帝许多欧洲的奇品，在他的表文上，我们知道，他的贡品有“天主像一幅，天主圣母像一幅，天主经一本，珍珠镶嵌十字架一座，报时钟二架，《万国图志》一册，雅琴一张”。所说天主圣母像，一是仿圣路加所画的圣母像；一是圣母抱耶稣，和圣若翰保弟斯大；所说天主像，就是耶稣救世主像。三像都是油画的，可见很贵重的。至论报时钟二架，一架是很高大的，因为不能安置在宫中，乃在园中特建一亭以置之。这钟的轮是铁的。还有一钟是铜做的。二钟上罗玛字Ⅰ Ⅱ Ⅲ Ⅳ等都改用中文的。故宫内尚存许多的各样的钟表，不知利玛窦所贡献的现尚留存吗？

天文仪器

明末天文仪器制造甚多，如象限仪、纪限仪，交食仪、列宿经纬、天球、万国经纬、地球仪、平面日晷、平悬浑仪、转盘、星球候时钟、望远镜等。清入关后，北平内城汉民纷纷迁出，住以满兵，汤若望保护仪器，颇费心力。陕西省立第一图书馆馆刊第一卷第二期《明末清初耶稣会之贡献》李病枝著

明崇祯时西士所制之测天仪器，俱被李自成入北京时，毁坏几无存者：圣祖乃命南怀仁另制新器，怀仁奉旨监造，以红铜制成宿经纬球、交食仪、转盘仪、象限仪、浑天仪共六种，俱径六尺有余，皆以白玉为座，缴龙擎托；至今二百余年，虽列于露天之中，而宛然如新，毫无磨蚀，其制造之精盖若是也。见同上书

地舆

我们都知道，利玛窦的《万国舆图》和南怀仁的《坤舆全图》，在我中国的地舆学上，贡献许多的知识。但是在康熙时代，教士所制测之中国全国地图，其影响于朝野的心理，也很重大。这图的构造

康熙和教士,并非有预定的计划;其经过情形,大约是这样的。巴多明司铎和康熙很有友谊,巴公不特善辞令,且对于满汉文也有相当的知识,一日和康熙谈论,康熙询及怎样防阻北方各地的水患。巴公答以要研究这事的第一步,要有水系地图,并亲荐白晋,雷孝思,杜德美三铎从事这工作,历九年之久,卒成《皇舆全览图》,此为中国的全国地图。

汤若望和满清

范礼安司铎曾训令利玛窦,在中国传教,要以学问为先导,利公遵行其意,颇著效验;明末,圣教虽传入吾国,然未得朝廷正式的许可及承认;惟因利玛窦和徐光启的权力之故,教士能散居各省,建筑圣堂宣传圣教。及满清入据中国,教务很危险,因为教士的将来不知如何。幸这时候天主上智的安排,京中有汤若望,得见重于摄政王多尔衮,入历局修历,教士因得保障。足见中国传教之始,莫不以科学为利器;而吾国学术界上也颇受耶稣会的影响,这是无人能否认的。

明亡时的汤若望

一六四四年,满人进据北京城,那时京师尽在满人势力之中;摄政王多尔衮下令,命汉人三日内完全迁出内城,天主堂适在内城,不能例外;汤若望乃上书摄政王,请准不移,他所持之理由有二:一因有圣堂,不能离开;二因有历书和天文仪器不能迁出。摄政王即允准不迁。可见汤公得此特准,也是为修历科学的缘故。

在明末崇祯年间,教士虽入钦天监,设历局修历,但因旧派历官的嫉妒,不能积极进行。至是摄政王见汤若望推算顺治元年八月初一日蚀。明年正月十五日月蚀,时刻分秒准确,遂授汤若望为钦天监监正。汤若望、邓玉函、罗雅谷等入历局修历,为徐文定公所引进,其所以引进的宗旨,是盼望教士得到朝廷正式的许可,在中国有立足之地;果然这个盼望,后来实践的:因为从此以后历年一百五十,直至道光中叶,钦天监中,常有教士任职,圣教在中国虽遭艰难,而不致绝迹,实赖这修历之功。科学所以为传教的利器,信然。

通微教师——汤若望

顺治皇帝待汤若望,是非常优渥的。一六五三年,送他一“通玄教师”匾额,匾之外围,环有二龙;此匾由法公使馆获得,赠与献县耶稣会保存。“玄”字后改为“微”字;因康熙名玄烨,及其即位,不便用此字,但此徽号由顺治赐与,康熙不能擅改;汤公自己乃上疏求改的。

顺治的死

据西士所说,顺治于一六六一年二月五日逝世,他有八子,顺治的意,要立他叔伯辈或叔伯兄弟中一人之年长者继位;但因争夺之故,立其二子玄烨为皇太子,是为康熙。康熙之立,顺治母的意也居多,太皇太后决定立玄烨之先,也就商于汤若望。汤公为太皇太后所很看重的;当摄政王多尔衮故世后,皇叔豫亲王,俗称五爷者要代他的兄位摄政监国,太皇太后请汤公去婉劝阻止的。顺治是死于天花痘,当时满人染这病死者甚多。顺治的长子,一目有病,并未曾出痘,故满廷恐他不能久活于世,乃立康熙帝,因帝已出痘云。

康熙和西士研究学问

康熙皇帝，喜与西士研究西学，自二十至三十五岁，这十五年中，常有南怀仁、徐日升、闵明，轮流讲学，无日或间。和南公学习利徐二子的《几何原本》，后又学哲学，且令一聪明善写速记之学子，笔写南公所讲之课，以便课后温习。在宫中，康熙且另备一宫为教士预备工作之处。和徐公学代数及音乐，孜孜求学不倦。

明末教友待西士的好表

利玛窦去世时，在我国的西士，所活的性命，非常穷困；在韶州的教士，每主日中，仅食肉一次；韶州地势又潮湿，西士因而害病者甚多。在杭州的教士，也寄食于杨廷筠李之藻家；上海西士来时，也由徐上海供养，新来教士，且有居住蟠龙的。西士每年到上海时，在四教友家作祭。嘉定孙元化招待教士，也无微不至。可见我国老教友款待教士，是何等周到，这也是为我教友对于教士当有的一个表率。

徐文定公和利玛窦友情

一六〇四年徐文定公中了进士，点了翰林，于是在北京做京官，直至一六〇七年他的父亲病故在京，方回上海。在这三年中徐光启和利玛窦之友谊，为最深密的时期；差不多每日徐利二公讲学讲道，著书立说，《几何原本》就在这时译成的。徐利二公研究学问，甚至忘食忘寝；但当时也有评议的人们说：为怎么利玛窦费去宝贝光阴，只讲本性的学问，而少谈超性的学问？但是到了现在利玛窦和徐文定的文化工作，我人也受他们的阴庇了。

利玛窦李之藻轶事

利玛窦精通中文，能握手著书。徐上海重刻《几何》序云：庚戌北上先生没矣。(利氏)遗书中得一本,其别后所自业者,较订皆手迹。利玛窦本记忆学专家,之藻序畸人,称玛窦经目能逆顺诵,之藻效之,相传二人偶过一碑,其读已,玛窦背诵如流,之藻逆诵误一字,玛窦叹服其聪颖有如此。法主教包苏爱以法国人精熟法国文,民到于今称之。利子异域人也,而我国虽教外人亦至今称之,顾不足为教士荣乎。(华封老人述)

利玛窦儒服儒冠

利玛窦始到中国,事事都要中国化,所以便和中国人接近,连他的衣服,也要仿制和尚式的,剃发剪须,僧服而僧冠。圣堂也称她为寺。但是和尚在吾国,为人所鄙视的,利公起初不知道。后在韶州有苏州瞿大宗伯文懿公的长子,名太素者,访拜利公。因告以故。劝利公改服儒服。利公乃禀请上峰,告以缘由,要改儒服。上峰即行许准,并令郭居静到韶州时,通知利玛窦。但是利公改服儒服,是到江西后改的;郭公为开始服儒服的第一人。

《圣教信证》

我们都知道这部《圣教信证》书,为认识明末清初西士的一部好书。这书的著者,署名晋绛韩霖,闽漳张赓暨同志公述。韩霖是绛州的举人,字雨公,初在北京和徐光启善,因得闻道受洗,圣名多默。归家后,邀高一志司铎到绛开教。张赓字夏詹,也是举人,福建晋江县人;在杭州做教谕的当儿,和杨廷筠为好友,也被化进教,圣名玛窦。进教后和杨公助西士译书。他的子名识圣名弥格尔,很有圣德,早年故世。

今论《圣教信证》的书。这书可说是西士之履历,因为所记的,是西士的国籍至中华和传教所到之地，及逝世之年，葬地，并所著之书。起自圣方济各沙勿略，终至郑玛诺（康熙十二年），共九十一人。此书有韩霖序，作于一六四七年，大约一六七二年重印过一次，柏应理于一六八六年又译成拉丁文刊印。

万有真元

法籍耶稣会士到了北京，得清康熙之准许也建造一圣堂。堂造后，康熙亲书“万有真元”一匾，于一七一一年四月二十五日御赐天主堂。然乾隆时圣堂遭火，乾隆慰问教士，颁赐银一万两，又御笔书“万有真原”四字，从此时起匾上之“元”字改为“原”了！但教意不改变也。

北京成立圣母会及张焘的事略

圣母会是一个很好的会，特以恭敬圣母为宗旨的。中国第一的圣母会是由利玛窦于一六〇九年在北京成立的，起初有四十会友都是新教友，他们很热心，每月首主日做会期。他们在一年之中劝化领洗的有一百多，张焘弥格尔也是其中的一人，由利子亲自付洗的。张焘知拉丁文，一年中的拉丁经文，他念诵如流；他和杨廷筠是有亲戚的关系，杨公的进教，受他的规劝的影响也不少。在攻辽东的时候，他在孙元化的部下，徐文定公遣他到澳门，购买军火。一六二三年他病了，利玛窦发显他看，并责备他的几样过失；即痛悔，病也痊好了！

吴渔山到澳门之路程及寓居之久长

渔山到澳门，似由陆路经江西而去的；在澳门似不过住五六个

月;这事是从他的两首诗中看出的:

西征未遂意如何,滞澳冬春两候过;明日香山重问渡,梅边岭去水程多。

江路阴晴费较量,归帆迟缓下南昌;榜人还认冬来客,为报春流比旧强。

《墨井集》卷三四十九页

关于此二诗之释解,胡怀琛先生在《时报》民国二十五年一月三十一日上,有甚好的说明,足资参考的。

选年高学博者升铎品

自杨光先起兴起教难后,中国传教士很觉欠缺,西洋来者因路途的不便,也不多;于是西士思多栽培华人。始初在澳门所取圣召的方法,是在教育年幼者,逐渐引进至铎品。自教难后,华铎更觉紧要,当杨光先教难时,西士禁居广州,当时维持全国教务者惟罗文藻神父(后升主教)一人而已。还有一法,就是选择长于学问,富有经验的人,教以为司铎紧要的学识而祝圣为神父。依此法晋升铎品者有万其渊,江西建昌府人。葡名 Banhes,一六六七年入耶稣会,年已四十二岁,五十四岁升铎品。吴历(墨井道人)江苏常熟人,葡名 A Cunha,一六八二年入耶稣会,圣神父已五十七岁;刘蕴德湖广人,官至钦天监监副,一六八四年入耶稣会,已五十二岁,四年晋升司铎,葡名 Verbiest;华人第一人入耶稣会升铎品者,是郑玛诺维信,葡名 Seclueira,在罗玛读书升神父,一六七一年回到中国,二年后即故世。

徐文定公的《辩学章疏》和钟鸣礼修士

一六一六年，沈漼兴起南京教难，徐阁老为西士辩护，曾上《辩学章疏》。这个章疏，徐阁老曾寄给李之藻，以便广传。那时龙华民见了，就令钟鸣礼修士刊布。钟公就在南京城外，一教友家名余成元者，和六个排印教友工人，开始刊印。迨已印成装钉的当儿，不料一邻居外教，密告沈漼；钟修士和排印人都被捕囚狱。沈漼视钟修士为主犯，杖责三次，卒又罚为奴役三年，经教友等赎回，但因备受严刑，已成废人了！

南京恢复传教工作

南京自沈漼教难后，一切恢复教务的工作，毕方济之力实为不少。毕公之所以能进行顺利，得之徐文定公者不少；邓玉函、龙华民在北京因徐公之举荐，奉旨修历，于是亦奉皇上命，命毕公在南京协助修历，因而南京官绅与毕公善焉。一五三七年毕公付洗四百。教友且有献银者，毕公于是建筑房屋二，一在城外雨花台边，这屋的式样，是照北京利玛窦墓的形式；这地成为在京教士之墓，林斐理、邬若望、颜尔定三铎迁葬于此。另一屋，在汉西门，即今之天主堂地址云。

杨光先兴起的教难

一六六四年的圣教艰难，人们都知道是杨光先兴起的；但鳌拜为幕后的指使者，因他知太皇太后很看重汤若望，故不敢自出面，而暗中指使杨光先。这系当时西士所记载的。

杨光先的反教，其第一炮是《辟邪论》，毁谤圣教，无所不至。利类思作《天学传概》以驳之。许之渐李祖白为之作序以赞扬之。

杨忿甚，又著《不得已》以狂吠；利公又著《不得已辨》之辟诬。

杨光先兴起之历狱有鳌拜为之后盾，状告礼部；第一审在一六六四年九月二十五日，提去者有汤若望、南怀仁、利类思、安文思。所审的第一件是汤若望谋反案。

二十六日第二审系天主教是邪教；其罪案惟据教士所著之天主教要。于是提审多日，判决历一月之久。

十月二日晨五下四教士忽又提去，传旨监禁：南怀仁、安文思禁闭一牢，利类思及潘保禄（传教先生）另禁别狱。汤若望以官职在身，不监禁。教士在狱，共历五十三日。

一六六五年一月七日四教士及李祖白、潘尽孝、潘保禄（传教先生）在刑部提审，九日汤公奉旨革职监禁，悉如南公等。十五日礼刑两部会议汤若望肢解，南怀仁、利类思、安文思杖责四十，充军远边。续又大会朝臣，公同定案。

天主上智安排要救免教士于死，公历四月十六、十七、十八、二十日四次大地震，继又震三次。太皇太后用谕赦汤若望等。是狱斩决有教友钦天监官员李祖白、宋可成、宋发、朱光显、刘有泰，时在公历五月十八日。

此案结果杨光先革职处绞；汤若望死后复还原职。

杨光先教难后的传教情形

杨光先难为圣教事平息后，康熙亲政，南怀仁入钦天监管理历法，一六七〇年降旨，开释广州二十五教士各回本省，康熙且亲书“奉旨归堂”四字嘱令分送广州教士；但不准中国人入天主教，不准教士另建新堂；所以信教尚不得自由。教士为防备未来，在教士墓旁，仿北平利玛窦墓式，建立祠堂，备为圣堂，以便聚集教友；因为中国习俗尊敬死者之墓和祠堂也，如陕西、山西、武昌府、浙江、福建、江南等处，在教士墓旁莫不有祠堂式的圣堂。正如罗玛圣教起初时，以地窟为教友聚集之处一般。

杨光先历狱之终局

杨光先兴起历狱，难为圣教，一时胜后，任为钦天监监正，占据汤若望的住院，将圣堂改为客厅；南怀仁、利类思、安文思迁居别一卑小的住院，利玛窦逝世后，明室赐墓地，墓上也有小堂，杨也有意去封闭。但不久之后，康熙皇帝亲政，而历狱就反诉了；康熙八年七月二十日汤若望照原品级赐恤；奉教官员许缵曾给还原职。杨光先革职（康熙八年正月），南怀仁等奉命（七年十一月）入钦天监修历，一场风波，至此告终。

福建桑主教及苏州谭黄神父致命

圣教传入中国后，虽不时遭难，但乾隆十一年前，不是流血之教难，不过神父被拿到官，板责监押，遣送澳门而已。流血之教难始自乾隆十一年（一七四六年），即福建桑主教之致命，及耶稣会谭黄二公在苏州致命（一七四七年）；继而福建圣多明我会四位神父致命。但可异者各省遭教难，而北京之教士能平安传教，官绅视若无睹（《天主教传行中国考》卷七一百十二张）；其原因盖在朝有供职之教士故也（戴进贤郎世宁等）。

罗明坚回欧拟请教皇遣使驻华

范礼安司铎见利玛窦已入中国内地开教，思巩固始诞的圣教，乃选派罗明坚回欧，请求教皇派使来华。罗公于一五八八年离华。

一五八九年到葡之利思鲍纳,不久即进罗玛,请教皇遣使节中国,俾得获自由传教,圣教而有稳妥之基础。不幸四教皇试斯笃第五世,乌尔朋第七世,额我略第十四世,意诺增爵第九,在十七月中,相继去世,致事不果实行;而罗公亦积劳成疾,退隐耶稣会院,于一六〇六年逝世。此事当时如能成就,中国与罗玛宗座,早有使节的驻扎,我们中国的教务,当较今日更发达吗。

金尼阁到罗玛的使命

自利玛窦故世后,中国的传教事业,日益发展;龙华民任会长职,事繁任重,要紧有罗玛方面种种的扶助;所以遭金尼阁到罗玛报告教皇和耶稣会总长,中国教务的一切事情。金公于一六一三年二月中离中国,翌年十二月到罗玛。他到罗玛负有重要的使命,觐见教皇保禄第五时,他上呈奏章,为中国传教请求各种特恩。但在这个奏章上所说的事,我们现在无从详细可考;惟在他求得的特恩上,可以略知一二。就是教皇于一六一五年三月二十五日,出一道谕旨,准许中国教士,用中国文言译成弥撒经,大日课;神父可念中文经作祭,念日课,并准翻译圣经等等。这个请求的意思,是要便利我华人,容易成为铎德,多些神职班,立一国籍的铎曹。但这个准允,不知何故,未曾实行的。教皇又给金公许多的贵重书籍,使在中国为教士创立一图书馆。金公回中国是在一六二一年初。

我人现在所诵的经是怎样辛苦译成的

博学利玛窦司铎入中国内省传教前,在澳门时,曾学习中国语言,说来人已能懂悟。但利公深知为欲洞彻中国文字之意义,非下一番深切工夫之研究、练习、熟思之不为功。故其与人交谈，先将中国语以拉丁字拼合成音，然后乃言，用以避免人之轻视，使不致发生恶感。此种学习语言方法，圣方济各沙勿略始到日本时亦用的。利公起初移译经文，译“Dieu”为“陡斯”，“Gratia”为“额辣济亚”，“Sacramentum”为“撒格辣孟多”，等等。此等译音办法起初皆然，直至教士深知文学之意义，能分辨明白而方改的。徐阁老对于教士学习文字语言问题，帮助甚多，为教士聘请有名学士，为之教授，其中一人谢绝世务，专心神业，竟习拉丁以便更能有助于教士。为编译经文，教士如何专心致志研究文字，及讨论推敲各字之出处来源，有非一言两语可以述之者矣。

概要言之：其择定一语一句，非经过长时之讨论，不敢决定，其慎重可知矣。今在法国皇家图书馆尚藏有古本要理问答，展阅之可见教士之苦心孤诣。圣母经上之圣宠仍为额辣济亚；十字圣号经，后虽译义，而在古本上仍为罢德肋，费略，斯彼利多三多；盖此为传教始期所译之经文也。

经文

我们现在所有的日常念的经文，起初译时，教士们有许多的犹疑，可据一二事为证。一五九五年龙华民对于翻译经文，有不可解决的疑虑；所以起初的试验，竟令教友念拉丁经文，已亡通功也诵拉丁文的。一六〇八年，郭居静到上海开教；也在公众前，高声诵拉丁的已亡通功经；张赓且试验用中国字来拼拉丁音。同时有一个矛盾的事情发生；就是教士热望全中国在不久之后，有大宗的归化，所以也很想有许多中国籍的修道人；因而将拉丁的弥撒经，每日诵的大日课，神工书行圣事的礼典书，也都译成为华文；罗玛教皇且也准许中国神父做弥撒念中文经等。从此可知起初传教士，对于译经问题，何等郑重的。

婴儿付洗

西士在北京传教，对于抛弃之婴儿付洗，及早已注意。据一七三七年传教史记载，北京三圣堂常栽培传教先生外出寻觅婴孩，设法付洗，每年只在北京有二千之数云。有一次是在一七三七年十一月十五日，一传教先生正在付洗之际，为一外教人告之于官，官初次拟判以死刑，既而免其一死，责以竹杖一百，枷禁一月，卒又杖以四十板而放去。

祭巾的来源

凡有年纪的教友，都曾看见过，神父在做弥撒的时候，首戴方角的祭巾；因为依中国的礼貌，秃头是失敬的，所以神父在奉献天主的祭献时也当有这个礼帽。但是做弥撒的祭服，不能由神父自由规定的，当求准于罗玛圣部。这个准允是金尼阁到罗玛去觐见教皇保禄第五时求得的；教皇的准旨是在一六一五年三月二十日出的。但这祭巾自民国成立后，礼制改变，所以也除去了。

华文付洗的经

我们现在付洗时，所念的付洗经："我洗尔，因罢德肋，及费略，及斯彼利多三多，名者"；这遍经，是在利玛窦去世后的明年一六一一年，由龙华民议决准定的。因为向来付洗，是诵拉丁的经；后恐华人口音不正确，易致错误，所以到了龙华民继利玛窦为会长后，就改念华文了。从这事上，可见当时的西士，对于经言，何等郑重将事！中文未曾彻悟前，不敢译义而译音；这也是一个译经的苦心。

澳门

人们都知道，澳门现在是属于葡国的，但是在三百年前，不过我国许葡人到这岛上通商的；一五五七年葡人即据是岛，殖民了；我国政府自以为怀柔的宽大政策，默许葡人居住，年出租金五百两，视为进贡的一种。到了一八四八年，葡人不肯出租金了；一八八七年，我国竟割让于葡人。澳门属广东香山县，故也称香山澳。圣庇护五世允耶稣会总长圣方济各波尔日亚之请，将亚比西尼的主教加尔内略，于一五六七年调任澳门，统管中国及日本的教务。此系耶稣会士元代后第一主教。

葡国和中国传教关系

我们都知道明末时教士之来吾国，大抵从葡国的利思鲍纳口岸动身来的；葡国对于吾国传教事有专办之职，所谓 Protectorat，就是何论何国的传教士，和传教的事情，都要受葡政府的保护；即吾华人入教因为这个缘故，亦有许多另取葡姓名的，另外为教士的都有一个葡名字，如同很有名的墨井道人，做了神父，他的葡名叫做 a Cunha。

葡人在宁波和漳州通商

中国人向来抱闭关自守的主义，不愿同外国人通商交际。但自中世纪美洲和印度的航海路寻获后，葡人向外殖民的思想，非常热烈，他们也到中国来叩关，要求开门了！一五一八至一五二一年间，屡次在广东的三洲岛尝试居住，终不得志，于是改换方向，到浙江的宁波和福建的漳州偷进去了！一时商务兴盛，葡人来去的有大多数，历时有二十多年的久。因为葡人到我国内地通商，不得官府正式的许可，不过在海口的城市，排摊头做小生意似的一般；中国官府大发其怒，乃设法取缔，有类上海租界上巡捕，驱逐沿马路贩卖的人们一般。一五四五年在宁波葡人被杀的有八百；一五四八、一五四九两年，在漳州被杀的有四百七十，被囚的有三十；葡船等都付之一炬。

徐文定公的长孙媳

明末清初上海的传教士潘国光，记载徐文定公之长孙媳俞氏圣名弗拉卫亚（Flavia）的好表，她热心出众，富于救灵神火，明清递嬗之际，徐宅邻居某被诬为反清，逮捕狱中，徐宅佣人，于是惊惶万分，门上所有之耶稣圣名记号，定全毁除净尽；俞氏见之，大为不然，仍命安置，并更要表示自己是天主教人家。

俞氏又为发显自己的信德，又有一好习惯，就是在帽的中央，嵌一银质或金质之十字，上刻耶稣和圣母之名，以壮贫苦教友的胆量；又在九间楼西旁文定公所建之小堂内，聚集教友为她们预备领受圣事的礼仪。

据说俞氏为其子选择一女，为他的未婚妻，依当时的习俗此女童养在徐宅，并已领洗；不料俞氏之子未及结婚而逝，女的父母于是要求她回去再择女婿。但已领洗入教，因而发生许多纠纷，卒焉事平；女的全家也弃邪归正。

许母徐太夫人和传教士

许母是上海徐文定公的孙女，嫁于松江许家。太夫人很有圣德，热心帮助教士传教。一日知悉在各省的教士十分穷困，她非常忧痛；入圣堂跪在耶稣苦像前，许愿设法救济教士。乃以日常亲自工作所积之财，托潘国光司铎分赠散在全国的二十五教士，每位得二百金，她并说：这财是她的私积，无损于子女的费用的；她的信德，是何等活泼！当一六六四年杨光先难为圣教，全国教士集居广东，太夫人又赠教士生活费八〇〇两。

许母徐太夫人之传教心

太夫人圣名甘第大生于一六〇八年，适松江许氏，生子女八人。长子缵曾年十六登乙榜，旋出任江西副使。太夫人随赴任所，在南昌购巨室改建圣堂，其子继迁湖广，太夫人又请穆迪我司铎，前往开教建圣堂，越四年得信友二千二百人。已而缵曾做官四川、河南，太夫人又嘱其子在成都、开封创修圣堂，共计在他省建立大堂九十，小堂四十五，至于在本省得太夫人之资助，而建立之大堂三十，小堂不可以数计。徐文定公为上海开始进教之第一人，其宣传圣教之热忱，得孙女而更扬溢于外省。

许母徐太夫人之圣德

太夫人固然热心传教，然对于一己之内修，尤多足道，居恒诵经默祷不辍，晚年，每日到堂瞻礼，风雨勿惮，汤若望等遭杨光先之诬害监禁时，太夫人跪祷上主，几无片刻暇，卒以事白出狱。太夫人又屡请西士翻译圣书，梓行分送各堂，俾资神益，西士等所译著之科学各书，太夫人又慷慨解囊，广为刊印，又请澳门吕宋名画家，绘画圣像，悬挂圣堂，又献罗玛教皇依诺增爵第十一，以中西书籍四百册，手制祭巾等圣服，献于圣方济各沙勿略墓堂，以及祭服圣爵等物,于罗玛圣依纳爵堂,其他乐善好施,拯穷济困诸德,更难屈指数。

许母徐太夫人热心救婴孩

太夫人热心救灵,在女教友中她见有明白道理,娴于交接者,介绍至外教人家,使之宣扬圣教;又训练一般女教友使之寻觅放弃之婴孩与以付洗,凡临死之外教人亦设法劝化进教。她嘱其子缵曾在松江开一育婴堂俾得多救婴孩之灵,且在婴堂令女教友顾视。今缵曾在鹤沙自序中有曰:

> 母召缵曾谓曰:汝家居年余矣,果有善事以慰我属望乎?愧不能对;又明年正月朔旦子孙罗拜,母勖勉如初,余益惭愧。余乃谋之太守鲁公曰:京省俱有育婴所,而云间独未举行……自康熙十四年正月起,至三十五年九月共收救道上弃婴五千四百八十名,皆悉本母训……

太夫人终期,亦似得天主之默示而预知。太夫人特遣人到上海请潘玛诺神父行祭于家中的小堂,全家领主。及过主日后,潘公要回到上海,太夫人留之,不许去,且曰过了瞻礼五,神父可自由回去矣;果然悉太夫人所言。其子在自序中曰:

> 庚申八月,母偶示疾,忽谓侍者曰:吾九月初将谢世矣;但朔二日吾子诞辰,姑缓之;诞辰与忌辰同日非吾愿也。朔三日乃长逝。

太夫人逝世后耶稣会总长命全会每一司铎作祭三台，每一修士领主三次，因她是一恩人故也。

徐文定公的孙女助修利玛窦墓

杨光先教难后，北京的圣堂毁坏：东堂已坍废，西堂被杨光先占据，改为厅堂，利玛窦墓及其墓堂也坏得不堪，亟须修理。徐文定公的孙女甘第大又献给刘迪我银两千多，为教难后的一切急需。

甘弟大真是一位女公进会的先导，所以上年在沪开全国公教进行会代表大会时，教皇庇护第十一世特举出她为女公进会会员之模范，不是无因的。

圣方济各死在三洲岛

在三百年前，葡人和我国人贸易，大抵在沿海一带，广东的三洲岛，也是中葡商人集会交易之处；圣方济各要到中国传教，所以就在这处登岸的。不料圣人于一五五二年，就在这岛上故世了！圣人去世后，圣德远闻，因而葡人来这岛上敬瞻圣人圣尸的，非常众多。我国的官府，当时就怀疑起来了，就是怀疑葡人将去占据这岛；所以就取消通商，交易改移到近澳门的两白狗（译名）岛上去了。

第一教友奉圣方济各为洗名

一六一九年圣方济各沙勿略，由教皇保禄第五列入真福品。金尼阁从罗玛回华，一六二二年，经过韶州，付洗五人，其中一人就奉圣方济各为圣名，想这人是中国第一教友奉圣人名为洗名的；因为这个列品新闻，自罗玛传到澳门，于这时传到韶州，金公即喜不自胜，以之付洗云。

死在中国内地的第一西士麦安东

一五八九年八月十五日，圣母升天瞻礼，利玛窦和麦安东迫离肇庆府；乃至韶州。翌年麦公病回澳门，少痊，一五九一年又回到韶州，卒于是年十月十七日去世。此为自圣方济各后第一西士去世在中国内地。

最初的国籍耶稣会修士

自利玛窦入中国后，中国人入耶稣会的，开始人有钟巴相（念江）和黄明沙；二人都曾在澳门公学读书，钟公是广东新会县人，黄公是澳门人。他们于一五九一年一月一日在韶州，在利玛窦手下，开始初学；此为最初的国籍耶稣会修士。一六〇八年三月在南昌府又开初学院，共有七位初学，都曾在澳门公学读过书的云。

卫匡国死后不朽

卫匡国神父于一六六一年在杭州故世后，葬在城外之方井。一六七九年殷铎泽神父以方井墓上的教士坟，因故迁葬时，启卫公的棺，见其尸如初死然，并不朽坏，因另移置在一新棺中不盖钉焉。杭州教友有时久不得教士之来临，竟移卫公之尸于坐椅，置诸堂中，诵经祈祷。教外人见这奇事，亦有焚香来敬者。据说即在这时期，卫公的尸也逐渐朽废了。

杭州大方井修士公墓

我们都知道：明末时候，上海、杭州、嘉定三处是传教之中心点，教士也常驻的。所以得到这个好成绩，因为上海有徐文定公，杭州有杨廷筠，嘉定有孙元化等之庇护的缘故。

现在我只讲杭州。杭州在耶稣会史上有一页好纪念:会士曾在该城试办过一座公学,开过初学院;郭居静、艾儒略、伏若望,曾经做过初学神师,庞类思也是当时的初学修士,惜不幸早逝。

杨廷筠在杭城之北,武林门外,为教士整备一坟墓,即今所谓之大方井;现在此墓仍存在,共有石屋三间,用巨石砌成。石屋外门之左右,有碑石二方,刻有"天学耶稣会泰西修士受铎德品级诸公之墓";後开修士名姓共十人;阳玛诺、伏若望、罗如望、郭居静、徐日升、钟巴相、庞类思、黎宁石、金尼阁等(尚有一位名待考,又卫匡国、洪度贞亦葬在该处)。依杭州之习俗,遗骨都安置在瓦瓮中外加封锢,书以姓字,置在石屋之中。距石屋约三十步,有牌坊一座,正面横书"天主圣教修士之墓",反面横书"我信肉身之复活"。两旁石上,刊有"同治十三年仲冬月重修,乾隆元年岁次丙戌超性堂立"字样。

以上掌故资料取高龙磐神父(P. Colombel)之法文本《江南传教史》

徐宗泽先生学术年表*

1886 年(清光绪十二年)

徐宗泽,字润农,洗名若瑟。1886 年 3 月 7 日出生于江苏省青浦县蟠龙镇。为徐光启第十二代孙。父名徐清望。

1893 年(清光绪十九年)

叔父徐允贤入耶稣会,时 23 岁。

1903 年(清光绪二十九年)

马相伯受耶稣会资助,创立震旦学院,自任院长。

1905 年(清光绪三十一年)

参加童子试,中邑庠生(秀才)。

同年,清政府废除科举考试。徐宗泽旋入徐汇公学。

同年,马相伯因与外籍教士意见不和,另与严复、袁希涛等创立复旦公学,为日后复旦大学之前身。

1906 年(清光绪三十二年)

长兄徐宗德(字乃济,号养田,又号颂恩)晋升新科优贡。

1907 年(清光绪三十三年)

入徐家汇耶稣会初学院。

1908 年(清光绪三十四年)

1908—1909 年,于徐家汇耶稣会初学院学习修辞学(Rhetori-

---

* 本年表由刘国鹏编撰。

cae)两年。

同年,叔父徐允贤编定《增订徐文定公集》五卷。

1909 年(清宣统一年)

矢发"三愿",入耶稣会。

叔父徐允贤所编《增订徐文定公集》(五卷)铅印问世。

于上海耶稣会初学院卒业。

1910 年(清宣统二年)

1910—1911 年,前往英国坎特伯雷 Cantuariae(Canterbury)学习修辞学(Rhetoricae)一年。[①]

1911 年(清宣统三年)

前往英国泽西岛(Insula Caesarea)学习哲学,至 1914 年,共三年。

同年八月下旬,潘秋麓神父担任《圣心报》主笔,并发起创办《圣教杂志》。

6 月 8 日,创办《益闻录》、《汇报》之著名天主教神父李问渔去世。

8 月 12 日,《汇报》停刊。

1914 年

重回上海徐汇公学,任教三年,至 1917 年。

《圣教杂志》创刊,以替代一年前停刊之《汇报》。

1915 年

是年 10 月,雷鸣远神父于天津创办《益世报》。

1917 年

1917 年至 1919 年于加拿大蒙特利尔学习神学两年。

---

① Archivio della Conregazione per l' Evangelizzazione dei Popoli (APF), Nuovo Serie, Vol. 1141, N. 119/33, f. 753r.

1919 年

1919 年起于英国海斯廷斯(Hastings)学习神学,直至 1921 年,共计两年。

1921 年

8 月 24 日于英国海斯廷斯晋铎(Sacros ordines suscepit)获神学博士学位。

自欧洲学成归国。

《圣教杂志》主编潘秋麓(字谷声,1867—1921 年)神父去世。[①]

1922 年

出版《哲学提纲》。

1922—1923 年,于浦东南汇县境内从事传教实习工作一年。

8 月 9 日,教宗庇护十一世发布诏书,设置宗座驻华代表一职。8 月 12 日,正式委任刚恒毅(Mons. Celso Costantini,1876—1958 年)为第一任宗座驻华代表。11 月 8 日,刚恒毅总主教抵达香港,正式向外界公开身份,并向中国全体主教发出公函。

1923 年

返回上海徐家汇。

1923—1928 年于徐家汇依纳爵公学教授中文。

1923—1925 年担任《圣教杂志》[②]副主编(Adjutor designates directori),主编为杨维时神父。徐宗泽同时兼任徐家汇藏书楼主任。

1924 年

5 月 15 日至 6 月 12 日,天主教会第一届全国主教会议于上海

① 方豪认为潘秋麓神父于 1923 年去世,有误。参见方豪:《中国天主教史人物传》,北京:宗教文化出版社,2007 年 8 月,第 677 页。

② 《圣教杂志》系潘谷声神父于民国元年元月创办于沪上,为继《汇报》之后的天主教第二份中文杂志。自徐宗泽神父担任主编后,刊物声名鹊起,"声价十倍,风行全国",不独在天主教界独领风骚,全国学术界也颇为侧目。

召开。

7月,《圣教杂志》推出“公教会议专号”,针对首届全国主教会议的召开、经过及决议进行了详实的报道。

1925年

担任《圣教杂志》主编(deinde ejusdem director)。[①]

与著名作家苏雪林相识,后长期担任后者的神师。

1926年

1月10日,著名公教徒、教育家,《大公报》创始人英华(敛之)于北平去世。

于上海土山湾印书馆出版《明末清初灌输西学之伟人》、《妇女问题》、《共产主义驳论》。

10月28日耶稣君王节,教宗庇护十一世在罗马圣彼得大教堂为第一批六位中国籍主教亲自祝圣:宣化代牧区主教赵怀义(北京教区神父)、汾阳代牧区主教陈国砥、台州代牧区主教胡若山、海门代牧区主教朱开敏、浦圻代牧区主教成和德、蠡县代牧区主教孙德桢。

1927年

于上海土山湾印书馆出版《探原课本》、《教育之原理》。

4月25日致函陈垣,谓梵蒂冈图书馆之汉文文献目录,徐家汇藏书楼已收集。

同年起,担任徐汇公学文学院国文副主任。

1928年

于上海土山湾印书馆出版《社会主义鸟瞰》、《社会问题》、《哲

① 按照徐宗泽自己撰写的拉丁文简历,可知其担任《圣教杂志》主编为1925年,但一般资料认为其担任主编的时间为1924年。Cfr. Archivio della Conregazione per l' Evangelizzazione dei Popoli (APF), Nuovo Serie, Vol. 1141, N. 119/33, f. 753r.

学史纲》。并于《圣教杂志》1928 年 10 月第 10 期上发表《三民主义教育公评》一文,文中对孙中山的"三民主义"提出批评,认为其中蕴含"许多讹谬",且有"国家社会主义之错误"。

1929 年

马相伯致信徐宗泽计有五封,其中值得关注者为有关询问是否收到陈垣委托英敛之所寄之《天学初函》,以及马相伯之侄、上海著名实业家朱志尧欲约请苏雪林女士,特请徐宗泽代为转达等事。

1930 年

4 月,于上海土山湾印书馆出版《三民主义节要》,由时国民党教育部部长蒋梦麟作序,书名由时立法院院长胡汉民题写。

7 月,于上海土山湾印书馆出版《天主造物论 · 四末论》、《圣宠论》。

10 月,于上海土山湾印书馆出版《心理学概论》。

1931 年

于上海土山湾光启社出版《信望爱三德论》、《圣事论》、《妇女问题杂评》。

同年,南京代牧、法籍耶稣会士姚宗李(Mons. Propsero Paris)去世。南京代牧区辅理主教惠济良(Augusto Haouisèe)被教廷任命为南京代牧。桑黼翰(Lefebvre)接替山宗泰(Beaucé)为上海耶稣会会长兼上海教区副主教。

1932 年

于上海教区光启社出版《天主降生救赎论》。

1933 年

7 月,于上海徐家汇土山湾印书馆出版《文定徐公上海传略》。

8 月 7 日,徐宗泽由南京代牧惠济良作为即将成立的南京本土代牧区三位候选代牧之一上报给教廷传信部。其他两位候选人为杨维时(绍震),拉丁文名 Yang Lucas;张四维(运之),拉丁文名 Tsang Lucas。

10 月 17 日,刚刚卸任的第一任驻华宗座代表刚恒毅在给时教廷传信部部长毕翁蒂(Card. Fumasoni Biondi)的信中提到应该由徐宗泽担任即将成立的南京本土代牧区宗座署理,而非宗座代牧。①

11—12 月,拜托陈垣向罗振玉惠借徐光启所著《毛诗六帖》。后陈垣自燕京大学借到拜经楼旧藏《毛诗六帖》,并录副本邮寄给徐宗泽,此《毛诗六帖》非全帙。②

1934 年

梵蒂冈驻华第二任宗座代表蔡宁总主教 3 月 10 日自意赴华,4 月 1 日到达香港,4 月 7 日抵达上海。

5 月,于上海徐家汇土山湾印书馆出版《社会学概论》、《教育原理》、《徐文定逝世三百周年纪念文汇编》。

5 月 12 日,陈垣光临徐家汇,与徐宗泽密切交流,后者谓之“得领雅教,甚为快慰”。③

上海天主教电台于成立周月纪念日之机,特由台长、上海正修中学校长陆隐耕邀请徐宗泽在该电台演讲“明相国徐文定公”,该演播节目具体内容包括:“(一)进行曲,弦乐合奏;(二)鸣钟;(三)

---

① Archivio della Conregazione per l' Evangelizzazione dei Popoli (APF), Nuovo Serie, Vol. 1141, N. 118/33, f. 747r.

② 参见徐宗泽 1933 年 11 月 24 日、12 月 19 日致陈垣函,收入陈智超编注:《陈垣往来书信集》(增订本),生活读书新知三联书店,2010 年 11 月版,第 352—353 页。

③ 参见徐宗泽 1934 年 5 月 14 日致陈垣函,收入陈智超编注:《陈垣往来书信集》(增订本),生活读书新知三联书店,2010 年 11 月版,第 353 页。

唱耶稣帝王歌;(四)报告消息;(五)弦乐合奏;(六)博士徐宗泽司铎演讲明相国徐文定公;(七)仰求圣母保佑中国歌;(八)管弦乐合奏;(九)唱祈求大圣若瑟降福歌;(十)念信经”。①

1937 年

于《圣教杂志》1937 年第 10 期发表《抗战时期中吾人之祈祷》,号召国内天主教教友为爱国抗战祈祷。

是年夏,上海耶稣会会长桑黼翰(Lefebvre)任期满,调往扬州担任总铎。法籍司铎姚缵唐(Henry)担任上海耶稣会会长。

1937 年 12 月 30 日,天主教全国公教进行会会长陆伯鸿在上海遇袭身亡。

1938 年

1938 年 9 月,因战事及其他原因,姚缵唐命令《圣教杂志》停刊。《圣教杂志》第 27 卷第 8 期刊布停刊启事。

11 月,《中国天主教传教史概论》于上海徐家汇土山湾印书馆出版,该著系《圣教杂志》第 25、26 两卷之结集。

1939 年

于上海徐家汇土山湾印书馆出版《宗教研究概论》、《伦理答疑》、《天主教之战争观》。

在其叔父徐允希所编订之《徐文定公集》的基础上,再做增订,并将稿件寄给远在云南的天主教会史专家方豪,嘱其对增订本校样进行复校。

11 月 4 日,著名教育家、公教徒、爱国老人马相伯于越南谅山

① 参见《上海演讲徐文定公历史:由第十一世孙徐宗泽博士播音》,载《公教周刊》1934 年第 278 期,第 7 页。

去世，举国哀悼。

1940 年

为庆祝耶稣会创会成立四百周年，辑成《明清间耶稣会士译著提要》，计划由中华书局出版，然因抗战之故，不得已搁浅。

于上海徐家汇土山湾印书馆出版《高级教理课程答解》。

1946 年

专著《明清间耶稣会士译著提要》于中华书局出版。

8 月 30 日，陈垣致函徐宗泽，希望其著作《明季滇黔佛教考》能为传教士借镜重视，藉以促成天主教在中国之进步。

1947 年

5 月 17 日，上海举行中国天主教出版会议，徐宗泽未获邀参加。

6 月中旬，感身体不适，四、五日后更觉精疲力竭，遂卧床静养。6 月 16 日入广慈医院就诊，经检查，罹患斑疹伤寒。19 日病势转剧，遂领终傅圣事。20 日晚 8 时终告不治。享年 61 岁。

6 月 21 日，上海《益世报》等各大报，以显著位置报道了徐宗泽神父去世的消息，均视为我国学术界之一大损失。

7 月 5 日，徐宗泽遗体安葬于上海南市耶稣会墓地“圣墓堂”，时南京教区于斌总主教莅临主持典礼。

7 月 10 日，上海天主教进行会等 30 多个团体，在上海徐家汇天主堂为徐宗泽举行大礼追思弥撒，上海市政府及商务印书馆、世界书局、方益书局等学术界、出版界友好人士前往吊唁。

7 月 20 日，中国天主教文化协进会在南京举行“徐宗泽神父周月追悼会”，于斌总主教任追悼会主席。参加追悼会的有国民政府各部部长、文化团体代表、徐氏家族共计三百余人，由张之江、王德溥及教育部司长英千里先后致辞，最后，徐氏家族代表，徐宗泽之侄徐懋禧将军致答谢词。

此后,南京《益世晚报》、《益世周刊》,都先后出版《追悼徐宗泽神父特刊》。《圣心报》8月号由该报主任王昌祉神父撰写《徐宗泽神父逝世志悼》一文以资纪念。

徐宗泽《中国天主教传教史概论》导读

刘国鹏

徐宗泽(1886—1947),中国天主教神父、耶稣会士、学者。字润农,上海人。徐光启第十二世孙。19岁举秀才,21岁入徐家汇耶稣会初学院,23岁正式加入耶稣会,24岁起前往英国坎特伯雷学习修辞学;1911—1914年,于英国泽西岛(Insula Caesarea)学习哲学,前后计三年;1917—1921年,于加拿大蒙特利尔和英国的海斯廷斯(Hastings)学习神学各两年,合计四年。1920年8月24日于海斯廷斯晋铎。1921年获神学博士学位。同年回国,并于南汇县传教一年。1923年起担任徐家汇藏书楼主任。1923—1925年为《圣教杂志》副主编,1925年起正式担任该刊主编,直至1938年该杂志因抗日战事停刊[①]。《圣教杂志》停刊后,徐宗泽遂致力于藏书楼工作,整理、收集国内各省府县志,使该馆在原收藏的志书基础上达到二千余种,推为全国第一。此外还积极搜罗明末清初来华传教的耶稣会士著作、笔记、信件,加以整理研究,撰成著作。

徐宗泽学识渊博,著述甚丰,举凡哲学、心理学、伦理学、神学、宗教学、社会学、教育学与历史学,无不涉猎。藉长期担任《圣教杂

① 以上生平大事,参见徐宗泽于1933年上呈传信部的个人简历:Archivio della Conregazione per l' Evangelizzazione dei Popoli (APF), Nuovo Serie, Vol. 1141, N. 119/33, f. 753r.

志》主编之机，徐宗泽一方面广邀教会内外精英人士发表宏见，一方面亦依托其广博精深之专业知识和素养积极为杂志撰稿，并辑录成书，收入《圣教杂志丛刊》发行刊布。上述文章，一方面改变了教会内部刊物局限于护教传教之狭窄视野，有意识增强了学术色彩，另一方面，藉由邀请了大量的教会外学术精英为该杂志撰写专稿，促成了教会内外的学术交流和互动，引起社会上许多精英人士对于《圣教杂志》的 关注，而徐宗泽的文章亦相应引起了学术界同侪的广泛关注，尤其深得马相伯、陈垣等学识渊博之士的推重。

代表作计有《明末清初灌输西学之伟人》(1926年)、《妇女问题》(1926年)、《探原课本》(1927年)、《社会问题》(1928年)、《哲学史纲》(1928年)、《心理学概论》(1930年)、《天主造物论·四末论》(1930年)、《圣宠论》(1930年)、《信望爱三德论》(1931年)、《圣事论》(1931年)、《天主降生救赎论》(1932年)、《教育原理》(1934年)、《中国天主教传教史概论》(1938年)、《伦理答疑》(1939年)、《天主教之战争观》(1939年)、《宗教研究概论》(1939年)、《明清间耶稣会士译著提要》(1949年)等二十余部，这还不包括其在《圣教杂志》上发表的、大量尚未汇编成册的独立文章。其学术视野之广博、兴趣之广泛由此可见一斑。且中西兼通，力所能及地借鉴、吸纳了当时西方学术界的最新成果，结合中国固有之文化和社会现实，折衷阐发，诚为当时天主教界不可多得的学术巨擘。

此外，徐宗泽对于学术的探究意识和思想的宽容精神，恰如其所主编的《圣教杂志》的定位一般："现代的思潮，近今的一切主义、学说，与夫圣教的文化、历史，凡足以增进吾人之学问者，无不讨论及之。而此等讨论，允为我侪所急需。盖做现代的人，须有现代人的新思想新观念，而现代人生活于社会上，因有许多问题，正在剧烈变化中，亟需有正确之指导，鲜明之方针以标识之，方能遵轨道而行，不致踯躅道旁。”①

因其作为天主教耶稣会士的特殊身份，徐宗泽对于当时一般之社会人士，可谓相对隔膜，对于今天的社会乃至学人，其程度显然更甚，但是，作为“民国时代最渊博的学者之一”②，他的思想世界还只被微微推开一道门缝，相信随着对其著述和精神世界的深入探究，将有助于我们了解这一“有待被发现的大师”。

《中国天主教传教史概论》（以下简称《概论》），1938年初版于上海土山湾印书馆，系1936、1937年《圣教杂志》上所刊载的同主题系列文章之汇编。1990年该书由上海书店重印，2010年由上海世纪出版集团纳入该社世纪人文系列丛书第一类——“世纪文库”再版印刷，并于卷首附以著名宗教学者晏可佳先生的介绍性文字。

在徐著出版之前，比较有价值的在华天主教通史、断代史著作计有：

（清）黄伯禄的《正教奉褒》二册，内容为将1826年以前历代天主教会与教士所获得的表扬文字③，汇编成册。1883年、1894年共出两版。

高龙鞶（Aug. M. Colomberl，S. J.）：《江南传教史》（Histoire de la Mission du Kiang-nan），共三编五卷，时间跨度从1550年至1900年，共计350年的在华天主教历史，其叙述视野开阔，广采博收，但

---

① 参见《敬告爱护本志者》，载《圣教杂志》第二十五卷第一期（1936年一月），第1页。

② 奥地利学者雷立柏称其为“民国时代最渊博的学者之一”，诚不虚也。参见雷立柏《论基督之大与小：1900—1950年华人知识分子眼中的基督教》，社科文献出版社，2000年，第216页。

③ 方豪：《中国天主教史人物传》，宗教文化出版社，2007年，第641页。

缺点为“对史学工作认识不足,核实不够,引证不确”。① 原著为法文,1896—1904 年分五卷由上海土山湾印书馆出版。由周士良翻译的前三卷中文译本 2009 年起陆续由台湾辅仁大学出版社出版。

史式徽(Joseph de la Servière)的《江南传教史》(Histoire de la Mission du Kiang-nan),共三卷,原著为法文,中文译本 1983 年由上海译文出版社出版(仅出版两卷)。时间跨度从 1840 年到 1900 年,涉及年代较高龙鞶著为短,但风格谨严,言必有据,档案资料详实、丰富,可信度高。

萧若瑟的《天主教传行中国考》,1923 年由河北献县天主堂初版,叙述范围从考证汉代宗徒多默是否来华直至清初顺治朝耶稣会士的传教及文化交流活动。

德礼贤的《中国天主教传教史》,该书 1933 年被纳入商务印书馆的“万有文库”丛书初版,其时间跨度从汉时有关宗徒多默的考辨直至 1932 年,可谓徐著出版前有关中国天主教传教史年代跨度最久的通史性著作。

赖德烈(Kenneth S. Latourette)的《基督教在华传教史》(A History of Christian Missions in China),1929 年初版于纽约,其时间跨度从有关宗徒多默入华传教的传闻说起直至 1926 年,融天主教、东正教、基督新教在华传播史于一炉,视野最为广博,引述宏富,资料详实,考订谨严。

穆尔(A. C. Moule)的《1550 年之前的中国基督徒》(Christians in China before the year 1550),1930 年初版于伦敦,此书迟至 1984

① 参见高龙鞶著、周士良译:《江南传教史》第一册前言,台湾辅仁大学出版社,2009 年初版,第 2 页。

年,才由中华书局出版了中译本,其范围仅限于耶稣会士沙勿略进入中国之前的中、古基督宗教来华史。

巴黎外方传教会会士罗奈(Adrien Launay)出版于1920年的八卷本《巴黎外方传教会中国传教史》(Histoire des Missions de Chine)。里面大量的篇幅涉及在中国的传教方法、礼仪之争等重要事件,叙事范围主要关乎巴黎外方传教会的在华传教区域,每一传教区独立成册,计有《西藏传教史》(1903)、《广西传教史》(1903)、《贵州传教史》(1907—1908)、《广东传教史》(1917)、《四川传教史》(1920)等,或许因为译介不够,罗奈的著作惜乎未能进入中国学界甚至教会知识分子的视野。

与上述通史或断代史相比,徐宗泽的《中国天主教传教史概论》有其显而易见的特点和优长:

首先,徐著中西资料并重,博采众长,视野宏阔,与国际、国内的一流学者及最新研究成果保持同步。

譬如,无论是论述唐代之景教、元代之也里可温教还是蒙元时期的在华天主教,均注重中西资料兼采而未尝偏颇,既将中国本土学界的最新研究成果,如张星烺、陈垣、冯承钧、王治心等人的著述,以及国内权威学术期刊如《禹贡》杂志的最新研究动态尽收眼底,也不遗余力地关注和采纳教会内外的西文资料及学术著述,如法国的著名人文杂志 Etudes、汉学期刊 T'oung Pao(《通报》),International Review of Mission(《国际传教评论》)上刊载的最新学术成果,以及国际一流学者如汉学家高第(Henri Cordier)、伯希和、林辅华(Charles Wilfrid Allan)等人的最新成果,教会学者费赖之(Pfister)、夏鸣雷(Havret)、阳玛诺、古伯察(Evariste Regis Huc)、巴笃里(Bartoli)、裴化行(Henri Bernard)、利玛窦、金尼阁、冯秉正(de

Mailla)等人的传记、游记等相关著述,以及同行们编纂的教会史及传教史著作,如上述黄伯禄的《正教奉褒》、高龙鞶的《江南传教史》、史式徽的《江南传教史》、萧若瑟的《天主教传行中国考》、穆尔的《1550 年之前的中国基督徒》等,无不涉猎。

其次,与同行的教会史或传教史著作相比,徐著的时间跨度最大,从汉代直至作者写作年代(1937 年)。同时,其历史叙事覆盖面广,剪裁得当。一般而言,明代之前的教会史,因资料匮乏,往往揣测的成分大于历史或考古依据,故大多数教会史或传教史只是一笔带过,或匆匆勾勒轮廓,而难以广施笔墨,然而,徐著在此方面显然异于常规,全书共计 11 章,其中,明代以前的内容则占到 5 章,计有"开封犹太教"、"唐景教碑出土史略"、"唐景教论"、"元代之聂斯脱利异教"、"罗玛教廷与蒙古通使史略",而且,其比例异乎寻常地占到全书的近二分之一,共计 111 页,如果对全书第 11 章(系节选自高龙鞶的《江南传教史》)的内容忽略不计,那么,上述 5 章的内容则占到全书分量的一半以上,这在各类有关中国天主教(基督宗教)的通史著作中,可谓一少见的例外。要在资料向来缺乏的领域大肆周章,不广泛收集、吸纳古今中西的资料,善加裁剪,纵横捭阖,实难"无中生有"。

正因为其兼收并蓄、记述详实,国内后起的诸多基督宗教类通史性著作,常不得不对《概论》善加借鉴。其中,大幅引用者亦不在少数,如王治心的《基督教史纲》第 12 章"礼仪问题的争端及其影响"后半部分就基本上采纳了徐著的内容。[1]

① 徐以骅:《教会史学家王治心与他的〈中国基督教史纲〉》,参见王治心《中国基督教史纲》前言,上海古籍出版社,2004 年,第 11 页。

与同类的天主教通史相比，如德礼贤的《中国天主教传教史》，徐著的内容显然更为详实，而德著在厚度上仅为徐著之二分之一，这就决定了其所要叙述的内容只能要而不繁，无法予以深度展开。

此外，徐著对于基督教之入华时间的处理，视角最为独特。

较之徐著，其他同类天主教通史或断代史多将天主教在华传教史的叙事源头，上溯至传说中宗徒多默之抵达汉代，无论著者对此传说持何种态度，其叙事的视野却往往难以忽略这一固定的历史叙事范式。与此相较，徐宗泽的视野则可谓最为独特，他有意绕开有关多默的传说和争议，不从相关文献或考古资料入手顺藤摸瓜，而是另起炉灶，将中国天主教传教史的源头和汉时犹太教之来华挂起钩来。《概论》中对于犹太教之观念，非采取一般教会史学者之观察角度，而是从信仰者固有的角度加以阐发，这一判教态度又反过来支撑了其独特的中国天主教史观念，即在华天主教之传入可远溯至入华之犹太教，而非唐代之景教。当时，犹太教之来华，学界尝有三种意见，周时、汉时、宋时，其中，耶路撒冷覆灭，犹太人自汉明帝时流徙入中国，西方学者当中持此观点者居多，而中国学者陈垣则在其《开封一赐乐业教考》中独辟蹊径，认为“汉以前已有犹太人曾至中国则可，谓开封犹太族为汉所遗留则不可”。徐宗泽的初衷，其实在于融合西方学者和陈垣的观点，从而倾向于将犹太教之流入中国断定为汉代。① 不提宗徒多默的传说，反而提及现如今和基督宗教迥然有别的犹太教，并极力将其来华时间断定为汉代，无疑是想在唐代景教之前，寻找一更古老的天主教踪迹，这一隐含的逻辑似乎在该书第 8 页说得再明白不过，《概论》认为，

① 参见《概论》第 5 页。

犹太教（一赐乐业教）为天主降生前的古教，迨救世主降世救赎人类，则犹太人所信望的弥赛亚已光临人类历史，而古教自当废除，因其仅为过渡性存在。而由于犹太古教与耶稣所立的“罗马新教”在教义上有所抵触，因此，徐宗泽认为，犹太古教应当消灭，再无存在之理由。由此可见，徐宗泽大费周章在此强调犹太教的入华时间，乃是将其视为天主教之前的古教或前身加以对待，一俟天主教真正入华，则此前的异端，无论是汉代之犹太教还是唐代的景教（聂思托里教），均当消隐或存而不论，犹如谬误为真理让路而已。而实际的情形也确如徐宗泽所希望的那样，双双消失于中国历史的长河之中。但是，就其作为真理的虚幻的影子而言，二者则有其历史存在的合理性。

最后，徐宗泽对于中国天主教的本地化，从本土神职人员的视角，予以充分之肯定，这与当时诸多对教会本地化路线持反对或不认同态度的外国传教士恰成对照。首先，徐宗泽对于康乾禁教时期中国神父的作用予以了积极评价，尽管着墨不多，但较一般的传教史只提外国传教士而不涉及中国本土神职人员与信徒的做法而言，已是不小的突破：“当教难危急之时，所赖以施行圣事，扶助教士信德者，中国神父之力居多，其中尤以何天章、龚尚贤、樊守义、程儒良、罗秉中、高若望、陈圣修、沈东行诸人为最著”。[①] 此外，对于民国时期天主教本地化运动的一系列大刀阔斧的举措和高歌猛进，徐宗泽认为其乃天主教自明末传入中国以来，开逾三百年来之“新纪元”。事实上，早在1929年《圣教杂志》第3期上，徐宗泽已“自作主张”发表了教宗本笃十五世1919年所颁布的有关本地化

① 参见《概论》第181页。

的纲领性文件——《夫至大》(Maximum illud)牧函。虽说该牧函中文译稿的发表已推迟了10年之久,但是,对于当时在华传教区内大多数外国传教士对于《夫至大》的消极抵抗态度(甚至不惜以雪藏来表达其不认同立场),徐宗泽的做法已然属于"大胆妄为"了,这或许也是为什么在由法国传教士把持的上海代牧区内,徐宗泽后来常常受到压制的原因之一吧。

除了上述明显的优点而外,《概论》的缺点和遗憾同样不容小视。正如徐宗泽在1938年初版卷首"叙略"中开宗明义提醒的那样"惟杂志论文,迫于初版,每次推敲:措辞也,推理也,布局也,考据也,凡一切关于质与量之方面,难免弊病"、"此书既集旧文,付印前又乏暇润饰"等等,皆提及此书出版之匆促。考虑到1938年抗日战火蔓延,天主教界最为闻名的中文学术刊物《圣教杂志》亦于是年被迫停刊,读者便能明了徐宗泽的以上"安民告示"实非谦辞,而是部分反映了当时迫不得已之实情,在此历史背景下,一些文字上的错讹实在所难免。所幸上述之写作及编辑中的错讹、瑕疵及书中不相统一之处,已在商务印书馆之新版中得以修正。

首先,编辑上的错讹疏忽颇多。①

(1)年代上之讹误:"一一六0年五月三日利子得病,十一日领受圣事,于晚上安然逝世"一句在重要年代上有着显而易见的讹误,因利玛窦之赫赫名声,其回归天乡之年自然属于传教史上的重要时间节点,因此,这一讹误自然不容小觑。可惜,上述讹误在日

① 此处提及的错讹仅限于1938年土山湾印书馆印刷之初版。而本文提到的与讹误有关的页码标示,也均为初版之页码。

后的重版中,并未受到应有的注意,而是一仍其旧,可见相关出版社过于萧规曹随,而未能善加修订[①]。

同样,在论及礼仪之争时,类似的年代错误也未能幸免:“且又遣二教士管末南尔(Guemener)及雅尔马(Charmot)到欧洲办理是案,一七七0年十月十八日竟得到法之沙尔包纳大学(Sorbonne)责斥中国礼仪之宣言焉”。显然,这里的一七七0应改为一七00年。对照较后出版的王治心的《中国基督教史纲》,其虽对徐著有所参照,但并没有亦步亦趋[②]。1929年出版的赖德烈的《基督教在华传教史》,亦同样标明该事件的准确年代为1700年[③]。

(2)手稿或编辑中未能注意到的别字。如将“玛利诺外方传教会”误写为“玛到诺外方传教会”[④];将1937年的教友统计数字2,931,475人误写为20931475人者[⑤];“罗马联合会(St Roman Union)”误作“罗马联合会(St Koman Union)”[⑥];附注中的书名之误:Christians in China before the Year 1550中的before误作bifore[⑦]等,不一而足。

其次,引征上的疏漏。徐著在引征具体的历史资料时,亦不无错漏处,如针对汤若望在晚明宫闱中的传教情形,称“禁中安置圣

① 如上海世纪初版集团2010年再版之第115页中,上述年代之错讹并未得到订正。

② 参见王治心的《中国基督教史纲》,第119页。

③ Kenneth Scott Latourette, A History of Christian Missions in China, p. 140.

④ 参见《概论》1938年版第282页。

⑤ 参见《概论》1938年版第283页。

⑥ 参见《概论》1938年版第288页,此处,译名与原名明显有误,一目便可了然。而且该处资料系引征自德礼贤《中国天主教传教史》第十四节,故稍加对照亦可证明其讹误 。

⑦ 参见《概论》1938年版第105页。

堂一座,汤若望屡次在内举行弥撒,施行圣事”。这里提到的“圣堂一座”,系引征自萧若瑟的《天主教传行中国考》和高龙磐的《江南传教史》,但是,在具体圣堂的数量上,上述两著均注明为两座,而非一座,如萧著称“嫔妃宫女亦多进教者,禁中安治圣堂两所,一为太监、一为宫女,汤若望等屡次在内举行弥撒,施行圣事”①。而高著亦称“汤若望与罗雅各既然同宫中太监有必要的接触,也乘机讲述天主教教义。1631 年,遂有十人接受洗礼,通过他们,能在宫中设立一所合适的小堂。……普罗德还刊印了一本教理摘要。妃嫔中也有数人接受信仰,便另辟小堂一所,布置庄严,以此交给教士。”②显然,《概论》的表述并不准确。

另外,作者极注意中、西文专有名称,尤其是人名的相互对照,这一做法在今日可谓通例,而在当时却属于先锋之举,这一做法的好处在于便利读者查证、回溯原有名称。这一善莫大焉的学术态度,在技术层面上却难免常常出现疏漏,如其引征的 1370 年 3 月 12 日被教皇派往中国元朝担任上都主教的伯拉笃,徐著所引征的德礼贤《中国天主教传教史》一书中的西文名称为 Gugliemo del Prato,而徐著作 Guillaume del Prato,或许徐宗泽试图以法文中的人名 Guillaume 来替换作为意大利名称的 Gugliemo ,不管这一对应是否恰当,都应尊重自己所引征的原始文献。③

第三,文字表述上前后不一。

---

① 萧若瑟:《天主教传行中国考》,河北献县天主堂 1931 年版,第 193—194 页。

② 高龙磐:《江南传教史》, 台北:辅仁大学出版社,2009 年,第 331 页。

③ 赖德烈在其《基督教在华传教史》中将 Gugliemo del Prato 改写为 William of Prato,概因其所引征的原文如此。

《概论》常有译名不统一,或此处附有译名而别处无译名之现象。如 1677 年罗马教廷传信部派往中国的华南代牧陆方济(François Pallu, 1626—1684)(见初版中第 227—228 页)、福建代牧颜珰(Charles Maigrot,1652—1730 年),徐著在初次提及二人时,并未对其人名作翻译处理,而只是保留其原名,这一做法估计与陆方济、颜珰非耶稣会士有关,故对其背景资料熟悉程度不够,中文译名难以轻易确定。不过,令人不解的是,在初版第 234 页,又出现了 Charles Maigrot 的中文译名:满格老。这一前后不一致的地方,说明撰写中的仓促和手稿的有欠整理。

有时,在同一页中,甚至出现不同的译名。如葡萄牙籍耶稣会士 Alvarus de Semedo 在第 65 页,既作鲁德昭,又作鲁德照,让人无所适从。按理无论取哪种译法,都应该前后一致,而非二者混用,从而显得极不协调[①]。

第四,参考文献仍有待完善。

虽然徐著已几近所能地旁征博引,但是,一些看起来举足轻重的教会史著作,仍然未能进入徐宗泽的视野,如 1903—1920 年罗奈出版的八卷本巴黎外方传教会在中国多个传教区的传教史著作,同样,名闻遐迩的赖德烈的著作也不可避免地遭到了作者的冷遇。正因为缺少对上述两著的参考,尤其缺少对罗奈著作的引征,《概论》对明末以来中国多个传教区如广东、广西、贵州、满洲里、西藏、四川等地的传教情形无法不一笔带过或干脆付诸阙如。作为一本通史性著作,《概论》对于明末以来的天主教传教史,无疑过多侧重于耶稣会士的在华活动而未能全面涉及整个传教区,不能不

① 参见《概论》1938 年版第 65 页。

说与作者未能充分考察其他传教修会的传教活动与著述有关。

最后,《概论》不时表现出过于浓厚的护教色彩,某些历史结论有待商榷。

徐著经常诉诸信仰内话语,以自身的天主教信仰立场对许多重大历史事件进行判定,而非从历史事件的内在逻辑出发,以理性的态度,予以还原性理解,其结果是导致非基督宗教信仰者难以采信。如对元时也里可温教的绝迹一现象的解释,作者似乎带着一种幸灾乐祸、甚至必欲灭之而后快的口吻来直白地传达自己的感情:"此实中国宗教史上之一大幸事;否则聂派异端,在中国永传不绝;岂为吾中国公教之福?"①

而对于1935年中华圣公会之纪念景教来华1300周年庆典活动,徐宗泽则出于信仰的立场认为大可不必庸人自扰。其理由是,景教承认耶稣为二性二位,否认圣母乃天主之目,属于"异端","此异端寄生于中国,不即消灭,为圣教之传扬不特是一阻碍,且为信德之一致,是一扰乱,景教之绝迹于中国,实天主上智之安排也"②。照此逻辑,真不知道徐宗泽对否定圣母特殊恩宠地位的新教各宗派持何看法?

同样,对于明末清初天主教福传取得巨大成效的原因的解释,徐宗泽将之归因于天主之降福沙勿略、利玛窦等人的在天祈祷之功效,而非利玛窦等传教士的"适应化"传教方法:"至论教友之数,利玛窦时(一六一〇年)约有二千五百;至一六一五年,增至五千,一六一七年,有一万三千……一六五〇年竟增至十五万。以此区

① 参见《概论》第73页。
② 参见《概论》第75页。

区之教士而传教竟收如此之功效，可见天主之降福中国，及圣方济各沙勿略，利玛窦诸教士在天祈祷之功之宏大也”[①]。

与此相较，同为耶稣会士的德礼贤的态度则显然更合乎理性。比如，上述统计数字，实来自德礼贤《中国天主教传教史》一书，而德本对于上述传教之功效却并未诉诸信仰内话语，而是给出了更为合乎理性的解释：“因着十七世纪中，中国皇帝优礼精通天文的耶稣会士，所以在这一百余年间，天主教在中国朝野得到了使人惊奇的发展”[②]。

而对于耶稣会解散的严重程度及后果，徐宗泽则认为其远过于雍乾之禁教：“雍正乾隆二朝虽圣教遭多艰难，然终未能比耶稣会之解散，为中国圣教所遭打击之更巨更重也”。[③] 这一判断显然有些夸大其辞，而其之所以采取如此轻率之立场，恐与其耶稣会士的身份有关，而这也说明作者将其信仰立场和信仰身份置于学者身份之前，于从学术本身的客观判断难免产生不恰当的干扰。

同样，对于近代以来教会史上最为引人注目的“教案”问题，作者的视野和观点也似嫌太过狭隘和保守，《概论》认为：“自鸦片战争以后，弛教禁，许教士入内地传教，购地造堂；但不见谅于一般民众，猜疑丛生，因猜疑而仇恨，而仇教。无聊文人又推波助澜，著书立说，诬天主教以种种不法事情，民众轻信浮言而闹教起矣。及教案发生，官吏有不肯秉公办理者，教友有仗势以凌人者，教士有被蒙蔽而干涉讼事者，列强则有利用教案而侵占中国权利者。故教案实为民教之不幸事件，而吾天主教固清洁自守，自不知已被人嫁

① 参见《概论》第146页。
② 德礼贤：《中国天主教传教史》，台湾商务印书馆，1970年，第67页。
③ 参见《概论》第183页。

祸而蒙其害矣”。[1] 诚然,教案作为近代中国历史上特有的引人注目的重大民教事件,除作者提及的上述几点外,教会对西方列强政治军事强力的倚重,西方传教士的西方中心论思想,教会本地化程度的低下等,都不能不说是导致“教案”的重大诱因,而这些,作者似乎并未意识到,或即便意识到,出于对教会自身的保护也有选择地予以回避。但有读者因此而误以为徐宗泽不爱国,则显然是一种印象式的判断而非据实。其实,在抗日战争以后,虽然天主教会当局号召保持中立,但是徐宗泽主编的《圣教杂志》上充满了爱国性的文字,此外,徐宗泽本人还发起了“献祭救国”运动[2],以表达一位天主教神职人员的拳拳爱国之情。上述事实说明,徐宗泽并没有以其宗教身份,而覆盖或屏蔽其特定的国民身份及其责任。

上述对于徐著的评析,优缺互现,这也正合乎一本学术著作的常态,它必有其优长,又有其不足,犹如人自身的有限和对无限的跃升的冲动与追求。就今天而言,《概论》虽然有其不可忽视的缺陷,但是,有熟悉徐宗泽所处历史环境之一二者,必会对其学术贡献油然而生敬意。据著名教会史家方豪先生的回忆,当时,但凡能著述的在华外国传教士,基本上都没有杂务,故能专精于著述本身,徐宗泽则远无如此幸运,在其最忙之时,曾身兼六职!这势必使其难以全然投身学术研究工作,为此,方豪先生挺身而出为徐宗泽糟糕的著述环境大抱不平:“我愿正告教会当局,此后如果你们希望产生一二位优秀的作家,我哀求你们,让他们安静写吧!不

① 参见《概论》第191页。

② 方豪:《我怀念许润农神父》,收入张奉箴:《历史与文化》(卷二),台南:闻道出版社,1998年,第936页。

然，你们是毁灭作家！是他们的不幸，也是教会的不幸！”[①]

即便身处如此糟糕的社会和历史环境，徐宗泽仍然创作出令人生畏、数量庞大的各类著作及文章，且涉猎广泛，巨细靡遗，其勤奋、刻苦、颖慧于此可见一斑。这恐与其身为历史伟人的后人有关，也与信仰的热诚有关[②]，更与身为中国人的国族和文化身份有关。而且，即便从今天的眼光来看，《概论》仍然是当时国人能够写出的最好的天主教通史性著作，今日之盖棺定论，不独属于立此存照，更在于推陈出新，以待吾辈之尽善尽美。

① 方豪：《我怀念许润农神父》，收入张奉箴：《历史与文化》（卷二），台南：闻道出版社，1998年，第936页。

② 著名作家苏雪林对徐宗泽的人格推崇备至，曾言：“他整个人格，‘诚’之一字，足以尽之。他对天主诚，故其所表现于信德，至虔至恪，至洁至淳，精金般纯粹，美玉般光润”。参见苏雪林：《我的神师徐宗泽神父》，收入张奉箴：《历史与文化》，台北：闻道出版社，1998年，第926—927页。